2ª edição
Do 3º ao 4º milheiro
1.000 exemplares
Setembro/2023

© 2020 - 2023 by Boa Nova Editora

Capa
Juliana Mollinari

Diagramação
Juliana Mollinari

Revisão
Alessandra Miranda de Sá

Assistente Editorial
Ana Maria Rael Gambarini
Roberto de Carvalho

Coordenação Editorial
Ronaldo A. Sperdutti

Impressão
Gráfica Bartira

Todos os direitos estão reservados. Nenhuma parte desta obra pode ser reproduzida ou transmitida por qualquer forma e/ou quaisquer meios (eletrônico ou mecânico, incluindo fotocópia e gravação) ou arquivada em qualquer sistema ou banco de dados sem permissão escrita da Editora.

O produto da venda desta obra é destinado à manutenção das atividades assistenciais da Sociedade Espírita Boa Nova, de Catanduva, SP e do Grupo de Estudos Espíritas Cairbar Schutel, de Porecatu, PR.

1ª edição: Abril de 2020 - 3.000 exemplares

Fernando

Cirinéia Iolanda Maffei
ditado pelo Espírito Lucien

Instituto Beneficente Boa Nova
Entidade coligada à Sociedade Espírita Boa Nova
Av. Porto Ferreira, 1.031 | Parque Iracema
Catanduva/SP | CEP 15809-020
www.boanova.net | boanova@boanova.net
Fone: (17) 3531-4444

Dados Internacionais de Catalogação na Publicação (CIP)
(Câmara Brasileira do Livro, SP, Brasil)

Lucien (Espírito).
 Fernando / pelo espírito Lucien ; [psicografia de] Cirinéia Iolanda Maffei. -- 1. ed. -- Catanduva, SP : Instituto Beneficente Boa Nova, 2020.

 ISBN: 978-65-86374-01-8

 1. Espiritismo 2. Psicografia 3. Romance espírita I. Maffei, Cirinéia Iolanda. II. Título.

17-02922   CDD-133.93

Índices para catálogo sistemático:

 1. Romances espíritas : Espiritismo   133.93

PALAVRAS DA MÉDIUM

Abençoai e amai sempre. Diante de toda e qualquer desarmonia do mundo afetivo, seja com quem for e como for, colocai-vos, em pensamento, no lugar dos acusados, analisando as vossas tendências mais íntimas e, após verificardes se estais em condições de censurar alguém, escutai, no âmago da consciência, o apelo inolvidável do Cristo: "Amai-vos uns aos outros, como eu vos amei".
(Emmanuel, *Vida e sexo*.)

Nos muitos anos dedicados à Doutrina Espírita, entendendo-a como instrumento de instrução e aprendizagem do Amor, reconhecemos ter deixado de lado o tema sexualidade humana, principalmente por se tratar de um assunto sempre polêmico e de difícil abordagem. Mencionado sem maiores aprofundamentos em algum curso, impossível ignorar o desconforto das pessoas, havendo casos, inclusive, de abandono do estudo.

Por outro lado, em uma ou outra ocasião, ouvimos comentários totalmente destituídos de fundamento, preconceituosos mesmo, envolvendo não heterossexuais, sendo necessário calar-nos para não colocar companheiros em situação desagradável perante os demais. E, como ninguém traz consigo um crachá denunciando sua orientação sexual, assistimos muitas vezes ao constrangimento provocado por tais posicionamentos.

Ao psicografar o livro *Joana*, o autor espiritual revelou que a obra seguinte relataria a história de Fernando, um homossexual, colocando-nos frente a frente com o fato de desconhecermos quase tudo a respeito do assunto, o que provavelmente também ocorreria com a maior parte dos trabalhadores de nossa casa, sem mencionar aqueles que a procuram para auxílio e esclarecimento.

Fernando foi escrito para o nosso coração, alertando-nos sobre a verdade incontestável das diferentes experiências em morfologias sexuais de homem ou mulher, vivenciadas nas muitas reencarnações, cada uma delas muito breve diante da imortalidade do Espírito.

SUMÁRIO

PRIMEIRA PARTE

Fernando 10

Estudando sexualidade novamente 62

SEGUNDA PARTE - Abordagem científica da sexualidade humana

Dimensão biológica da sexualidade humana

    1 - Alguns conceitos básicos de Biologia 86

    2 - O sexo biológico 97

Dimensão social da sexualidade humana

    1 - Conceitos de gênero e papel de gênero 105

Dimensão psicológica da sexualidade humana

    1 - Conceito de identidade de gênero 115

    2 - Conceito de orientação sexual 121

Os quatro elementos básicos da sexualidade humana 131

Causas das diferentes orientações sexuais 136

TERCEIRA PARTE - Abordagem da sexualidade humana segundo o Espiritismo

Dimensão espiritual da sexualidade humana

1 - Alguns conceitos espíritas básicos 146

2 - O sexo dos Espíritos 159

3 - Bissexualidade espiritual.. 165

4 - Múltiplas expressões da sexualidade humana 168

QUARTA PARTE

Entre a vida e a morte 190

Moratória 201

Uma história dos tempos da Guerra dos Farrapos 216

Retorno a Barcelona 236

Tentativa de fuga da desilusão 248

No cativeiro 259

Uma paixão mal resolvida do passado 272

Miguel 291

Lidando com a obsessão.. 302

O mistério dos cravos vermelhos 328

Primeira Parte

FERNANDO

    Cidoca fitava o pano ensaboado em suas mãos, perdida em pensamentos repletos de angústia, sequer sentindo o sol do Rio de Janeiro em sua cabeça desprotegida, o suor escorrendo pelo corpo, molhando as vestes desbotadas. Enquanto isso, a água transbordava do tanque de lavar roupas, deslizando ladeira abaixo, provocando ondas de indignação em uma das vizinhas:

    – Ô, Cidoca, qual é a tua? Onde tu tá com a cabeça?! Olha só a molhacera, entrou água até na minha cozinha, perigando estragar os trem! Feche essa torneira, parece doida da cabeça! Tamo no morro, e não em condomínio de luxo; a coisa toda desce de cima pra baixo! Si num fechá gorinha mesmo, subo aí e num vai ficá legal pra tu!

Cidoca mal podia acreditar em sua distração! Fechou rapidinho a torneira, conversando consigo mesma, repreendendo-se:
— Onde já se viu, Cidoca? Gastando água dessa maneira! No preço que está?

Quanto à injuriada vizinha, nem mesmo se preocupou, ignorando-a! Sentia-se exausta, cansada de tudo e todos, querendo enfiar-se em um buraco... Infelizmente, isso não aconteceria jamais! Embora tentasse, impossível olvidar os infortúnios de sua existência; eles continuavam a assombrá-la. Era o marido que a abandonara por outra mais jovem, mais bonita, mais rica... Ou então o problema da filha desaparecida, provavelmente vítima do tal tráfico sexual, como suspeitavam os policiais. Suspeitas e mais suspeitas, só isso; falatório inútil, nada resolviam... O tempo se arrastava, e nenhuma notícia da sua Joana!

— Quer saber? Zé Luís é que tá com a razão... A culpa foi minha mesmo, que num cuidei dela dereito! Meu Deus do céu, o Zé num vai me perdoá nunquinha!

— Mãe, onde a senhora se enfiou?

— Aqui, meu filho, no tanque, tentando lavá essas pecinha de roupa...

— Mãe, o médico não disse pra senhora descansar? Olhe o seu coração!

— Coração... E quem liga pra isso, filho? Acha que ainda tenho coração? Desde que seu pai se foi, abandonando a gente, só tô viva por conta de Deus, nada mais, pareço mais um zumbi, iguarzinho um daqueles do filme de onte...

— Mãe, a senhora precisa deixar de lado essa história do pai ter ido embora, ele está em outra, não entende? E numa parada nadinha legal, envolvido com droga, coisa da pesada...

— Mentira! Invenção desse povo invejoso! O Zé Luís é um home bão, dereito... O sumiço da Joana, isso sim baratinô a cabeça dele, pobrezinho! Um home tão bão...

Fernando calou-se. Não adiantava tentar convencer a mãe de que o pai trabalhava para um dos maiores traficantes de cocaína do Rio, não se importando com nenhum dos filhos, interessado somente no próprio bem-estar, em mulheres e dinheiro fácil...

Cidoca continuava, alheia às ponderações do filho:

— A fulaninha loira, aquela com apartamento de luxo e emprego bão, ela tratô de aproveitá nossa hora de provação e robô ele da gente... Num é justo, num é...

— Mãe, a fulaninha, como a senhora diz, ela já andava com o pai antes do acontecido com Joana... mais uma iludida! Mas foi esperta, não ficou aí a chorar; deu um belo de um pontapé no traseiro dele quando descobriu quem era o verdadeiro Zé Luís! Mãe, preste atenção, somente a senhora está dando cabo de sua saúde por conta de alguém que não merece nadinha disso. Olhe, amanhã a senhora vai de novo ao psicólogo e...

— Vô não, mas num vô mesmo! Aquele carinha pensa conhecê das coisa, mas num sabe nadinha de nada. Disse que tenho de tirá o Zé da minha vida... *difinitivamenti*! Falô bem assim, de boca cheia, até parecia que tinha um ovo dentro dela! Ah, menino, num encha, vá cuidá de sua vida, deixe eu botá essas peça no varal, antes da siá dona ali de baixo impricá novamente! Parece que hoje tiraro o dia pra me atezaná as ideia...

Fernando desistiu, adentrando o barraco. Graças aos cuidados de Verinha, tudo estava em ordem. Com sua língua cáustica, a irmã colocava todos os irmãos para auxiliar, não dando moleza, pois Cidoca mal se aguentava nas pernas. Quem diria? Uma mulher tão ativa, antes dando conta da roupa de um montão de freguesas, fazendo todo o serviço da casa sem problema, e agora aquele trapo... Depressão, segundo os médicos. Pelo jeito, o tratamento com o tal *psicólogo* não estava dando muito certo... Na verdade, tratava-se de um psiquiatra, porém escondiam isso da mãe, pois ela abominava *médico de loucos*; jamais iria a um espontaneamente. Daí o inocente truque, no intuito de evitar maiores discussões. Pensando bem, talvez ela precisasse de um psicólogo mesmo, daqueles que escutam o paciente, dispondo de tempo para tanto, não aquelas consultinhas de dez minutos do SUS, nas quais o médico se vê obrigado a fazer milagres, enquanto uma fila enorme espera por seu atendimento lá fora.

Ainda no tanque, a mãe resmungava alto:

— Tirá o Zé Luís da minha vida... só purquê ele qué! Sem o meu Zé, eu num vivo! Um dia, se Deus quisé, e Ele há de querê, tenho fé nisso, o meu Zé vai entrá pela porta da frente, arrependido, me chamano de minha nega, como fazia quando a gente se casô...

— Ih, Fernando, a mãe tá de novo num resmungueiro só... Será que ela tomou os comprimidos receitados pelo doutor?

— Tomou, Verinha, eu mesmo dei, antes de sair para o serviço, mas ela continua assim, no mundo da lua e falando sozinha...

— E não esquece do pai... Eita amor doido!

— Se amor for assim, Deus me livre de amar, Verinha!

— Olhe só quem fala... Quando a princesa encantada surgir, a coisa muda de figura: vai ser amorzinho para cá, amorzinho para lá...

— Pare com isso, Verinha; mania de ficar me enchendo! Melhor você deitar uma água no fogo e descolar um macarrão, ou a gente não almoça. Daqui a pouco o João Paulo chega da feira; eu preciso voltar para a lanchonete...

— Coisa mais besta essa, herdar o emprego do Marquinhos, e justo com o cascadura do seu Gérson?

— Mas paga bem, direitinho, não rouba nas contas... e você gosta um bocado quando trago aqueles lanches. Gentileza do *senhor cascadura*...

Fernando desatou a rir diante da cara sem graça da irmã, sempre criticando tudo e todos. Verinha, a *bocuda,* como Cidoca vivia dizendo! Em contrapartida, que seria deles se ela não cuidasse da casa e da menorzinha, a Giovana? E da mãe também, sempre com suas lamúrias, seu mau humor, suas doiduras? Decididamente, uma tarefa demasiado pesada para os catorze anos da mocinha!

Nem bem acabara de contestar a má vontade da irmã quanto a seu empregador, o irmão João Paulo adentrava o barraco, praticamente desabando sobre o rasgado sofá:

— Gente, estou morto de fome... e de canseira! Carreguei tanto caixote, mas tanto caixote, que vocês nem fazem ideia! Não acabava nunca! Pra piorar, uma dona, empregada de madame, me fez levar uma baita compra escada acima, só porque o elevador de serviço estava quebrado! E o social? Não substitui em caso de emergência? A enxerida bem que subiu por ele, e eu ali, com aquela caixa nas costas, degrau por degrau! Estou morto, gente!

— Musculação gratuita, meu irmão!

— Carinha, estou dispensando esse tipo de exercício!

— Pois não devia pensar assim, não devia mesmo... Sabe a Clara?

— Aquela gata?

— É, *aquela gata...* Tava dizendo, lá na lanchonete, que o meu irmão, *você,* tinha um físico de galã de novela. E as amigas concordavam, no maior entusiasmo...

— Ahn...

— Tá duvidando? Verdade, João Paulo, verdade verdadeira.

— Será que tenho chance?

— Qual é? Tá com medo de ser feliz?

— Ô, Fernando, sabe onde aquela menina mora? Naquele prédio de apartamento da beira da praia, pertinho da lanchonete, aquele com elevador panorâmico, cara! Acha que ela vai sair com um zé-mané como eu, carregador de coisas da feira? E sem estudo, ainda por cima?

— Não tem estudo porque não quer; tem preguiça, prefere ficar na frente da TV em vez de batalhar em um curso noturno. Nem vem com essa cara indignada! Tem curso sim, curso bom, de graça! Basta ter força de vontade.

— Ih, lá vem essa conversa de novo! E você, hein, e você?

— Sabe muito bem que a lanchonete é coisa dura, puxada, e preciso de todo o dinheiro das horas extras para a casa. Mas estou pensando em fazer como o Marquinhos, estudar inglês, espanhol... Quem sabe, um dia me dou bem como o sortudo do nosso irmão, motorista particular daquele monumento de mulher, a *ma-ra-vi-lho-sa* dona Cláudia!

Lá das bandas do fogão, Verinha se meteu na conversa:

— Nem pensar! A Lalinha se foi com a dona Cláudia, Marquinhos também... Tá certo, eles mandam um bom dinheiro, senão a gente estava lascada, mas você não vai dar o fora, não vai mesmo! Ah! Assim não dá, eu é que vou ter de dar conta de tudo? Sozinha?!

— E o João Paulo, o Diego, a Giovana? Não contam?

— O João Paulo pode até ser, mas o Dieguinho, a Naninha? São crianças ainda!

— Deixe de choradeira. E esse macarrão, não sai não?

— Ops! Ia esquecendo... O japonês da banca de pastel descolou os que sobraram, uns dez, imaginem! Um cliente encomendou e não pôde buscar, ligou avisando... Mas vai pagar... Aí, sobrou pra mim. Afinal, o japonês não pode mais ver pastel pela frente! Dez! Tem de carne e de queijo. Vamos fazer a festa!

— E cadê, seu bobo, cadê?

— Esqueci na garupa da bicicleta...

— Em tempo de alguém levar embora? Não acredito! Tu é lerdo mesmo, mano!

— Deixo a bicicleta sempre ali, na porta do barraco, e ninguém roubou ela até hoje...

— Quem é que quer aquela velharia, João Paulo? Já os pastéis do japonês, isso é outra história... Ande, menino, pegue lá!

Finalmente diante do prato, Fernando não pôde deixar de recordar o quanto Joana adorava macarrão temperado com massa de tomate refogada no alho e na cebola batidinha. Aquele estava muito bom, a irmã era mesmo danadinha no fogão! Chata, reclamona, mas fazia tudo no capricho. Pena que o queijo ralado acabara...

— Não vai querer pastel, Fernando? Com um micro-ondas, dava pra esquentar legal, ficava como feito na hora, mas a gente *ainda* não tem...

Fernando e João Paulo entreolharam-se. Micro-ondas? Chique a menina! Mais uma indireta para o tão sonhado aparelho, provavelmente necessário devido aos horários de chegada diversificados, cada um precisando aquecer a própria comida, guardada na geladeira para não azedar naquele calor do Rio. E ninguém passava uma água na panela utilizada; sobrava sempre para a Verinha...

— Tá bom, *pidoncha*, precisamos mesmo! Quando a Lalinha e o Marquinhos mandarem o santo dinheirinho deles, compramos um. Prometo, levo você para escolher!

Fernando se enterneceu com o brilho no olhar da irmã, subitamente percebendo que eles, os filhos mais velhos de Cidoca e Zé Luís, haviam perdido a meninice na luta estafante pela sobrevivência. Talvez com Diego e Giovana as coisas pudessem ser mais amenas, menos perigosas. A lembrança da irmã desaparecida bateu forte, angustiante: se Joana não tivesse ido bancar a babá de adolescente rica, provavelmente ficaria livre de ser sequestrada... Ah, onde estaria a irmãzinha tão bela e gentil? Viva, morta...?

— Fernando... será que está acontecendo alguma coisa lá no estrangeiro, com a Lalinha e o Marquinhos?

– *Coisa?* Que *coisa*, Verinha?
– Ah, coisa ruim... Faz quanto tempo não chega dinheiro de lá? Nem carta, ligação...?
– Faz um bocado mesmo, também estou começando a ficar preocupado. Liguei sim, até para o celular da dona Cláudia, e nada! Mas não vou entrar em pânico. Já ouviram dizer que notícia ruim voa? Vai ver estão sobrecarregados de serviço, sei lá!
– Ou a vida está tão boa que se esqueceram de nós...
– Eita boquinha afiada, Verinha... Nossa, gente! Está quase na minha hora; seu Gérson detesta atraso! Por mim, comeria na lanchonete mesmo; ele cansa de insistir, mas a mãe não está nada bem. Até agora, não saiu do tanque... Espie lá, Verinha, veja o que ela está fazendo. Chame de novo pra comer...

Minutos depois a mocinha retornava, balançando a cabeça:
– Está encostada na parede, olhando a roupa esticada no varal, perdida em pensamentos... E chorando, bem quietinha, as lágrimas escorrendo... Com certeza vai recusar a comida, por mais que a gente insista; empacará naquele canto, ou vai sentar na soleira da porta de entrada, olhos fixos na escadaria do morro...
– ... esperando o pai chegar.
– É, esperando o pai chegar! Estive pensando: quando o dinheiro da Lalinha e do Marcos vier da Espanha, o que vocês acham se a gente usasse uma parte para pagar um psicólogo dos bons para ela? Particular, percebem? Os remédios até agora não resolveram, somente deixam a coitada *chapada*... Precisamos descobrir o motivo dessa fixação dela no pai! Ele foi embora, abandonou todo mundo na rua da amargura, humilhou a coitada tudo o que pôde, e ainda assim ela se recusa a enxergar o belo malandro com o qual se casou? Diz que é o homem da vida dela, acreditem, reza pela volta dele, um horror!
– Sabe, Verinha, você tem toda a razão. Nossa mãe necessita de um tratamento melhor... – concordou Fernando.

João Paulo engoliu o último bocado de pastel, declarando:
— Morro de pena da coitada!
— Quem tem pena é galinha, João Paulo! E ela não é uma *coitada,* somente precisa de ajuda para conseguir sair da *pior-zona* na qual entrou...
— Credo, não falei por mal! Ouvi dizer que essa tal de depressão é terrível, pode atingir qualquer um. Agora, rico tem atendimento de primeira, escolhe onde quer o tratamento, mas pobre depende do sistema de saúde, caminhão de gente esperando vez, consulta zás-trás...
— Mas... será que é depressão mesmo?
— Não sei, Fernando; tenho minhas dúvidas também, porque os remédios, se fosse isso, melhorariam pelo menos um pouquinho o estado dela. A gente vai fundo nessa história, não vamos abandonar a mãe assim, esperando a morte, desejando partir deste mundo o mais rápido possível! Vocês sabem quantos anos ela tem?
Diante do olhar interrogativo dos irmãos, Verinha despejou:
— Não tem nem quarenta! Vai fazer trinta e seis, gente!
— *Será?!* Parece bem mais...
— Viva a vida que ela tem e veja se não envelhece cedo! É só fazer as contas! O Marquinhos tem vinte e três, é o mais velho... A mãe casou com treze anos: *tre-ze*! O pai roubou a pobrezinha de uma cidade do interior paulista, como ele contava rindo, achando ter feito grande coisa. Único homem que conheceu... Malandro, mentiroso, a preguiça em vida, mas sedutor, um belo homem... e dominador! Quando partiu, foi um verdadeiro alívio para nós, seus filhos, porque tínhamos pavor dele, de seus berros, de suas surras; no entanto, ela ficou assim, um trapo!
— Nossa, Verinha, nunca pensei que pensasse dessa maneira...

— Pois é, para vocês, estou virando uma cópia da mãe... Lavo, passo, limpo casa, cozinho, cuido das crianças... Não tem nada de errado, porque todos precisamos de uma casa limpa, roupas lavadas e passadas, uma refeição quentinha, crianças bem cuidadas e não perambulando pelas ruas do morro... No entanto, certamente a existência não se resume nisso, entendem? A mãe agiu desse modo a vida toda e olhem o resultado! Antes dependia do pai... agora, de nós!

— Mas a mãe sempre trabalhou, Verinha! Punha mais dinheiro em casa do que o pai! Ele, ainda por cima, tomava o suado dinheirinho dela!

— E o nosso!

João Paulo se intrometeu:

— Nem me lembrem! Para gastar com bebida, mulheres, jogo...

— Não sei explicar muito bem como funciona, meninos... Sim, a mãe trabalhava, ganhando o sustento dela e dos menores, porém dependia *emocionalmente* dele; estava nas mãos dele, percebem? Nosso pai fazia dela gato e sapato! Parece que a pobre parou no tempo, igualzinha àquela adolescente *roubada* por ele, submissa, insegura, amedrontada. Morro de medo de acabar assim! Escutando o que você, Fernando, acabou de dizer a João Paulo sobre estudo, caiu a ficha de vez, pois embarquei na mesma canoa furada, dando desculpa de serviço dentro de casa para não investir em mim, em meu futuro. Para as coisas mudarem, a mamãe precisa recobrar a lucidez, ser menos tola, menos acomodada, ou ficaremos *pajeando dona Cidoca* para sempre! E amanhã, quando ela não estiver mais entre nós, vamos lamentar ter abdicado de nossas vidas! E o pior: por inércia nossa, não por amor filial, pois não acredito que isso possa ser chamado de amor! Parem de olhar para mim desse jeito, não estou louca não!

No ônibus, Fernando mal podia acreditar no desabafo de Verinha, e a irmã tinha toda a razão, pois estavam somente reagindo, empurrando com a barriga, esperando melhoras, e Cidoca piorava dia a dia. Do pai, nem notícias tinham, a não ser por boatos! A mãe costumava colocar tudo nas mãos de Deus, como se bastasse orar e aguardar pela resposta, na forma de divina intervenção, resolvendo tudo por verdadeiro passe de mágica. Apesar de a criticarem, faziam o mesmo, também *aguardavam*, embora não verbalizassem expectativas! Se nada acontecesse, seria porque *Deus não quis*... Mas... por que Deus haveria de *querer* somente para alguns a resolução dos problemas? Bela pergunta!

Uma freada brusca do lotação, acompanhada de exclamações de susto e impropérios dos mais exaltados, arrancou-o de suas reflexões. Finalmente o ponto onde desceria, em tempo de não chegar atrasado!

A lanchonete continuava igualzinha; seu Gérson era *muquirana,* nada de *modernidades inúteis.* Em compensação, a qualidade dos lanches e a higiene impecável persistiam, garantindo a assiduidade da clientela apesar do humor nem sempre cortês do proprietário. E não é que ele estava à porta, conferindo o relógio?

— Seu Fernando! Ora, ora, até pensei que chegaria atrasado, como o seu irmão costumava fazer...

Na cozinha, o companheiro de trabalho ria a bom rir...
— Tá a rir de quê, Nelsinho?
— Do seu Gérson... Ele procura sempre algo para reclamar. Já lhe contei os apuros de seu irmão quando trabalhava aqui?
— Se é a história dos *tais fantasmas*, já! Umas mil vezes... Mas eu, Nelsinho, eu não transo essa de espírito, assombração,

fantasma, ou seja lá o que for! E vamos trabalhar, pois o seu Gérson está olhando de cara feia.

– Ah, quase ia esquecendo! Ontem, quando você saiu mais cedo para entregar aqueles lanches no prédio da esquina, apareceu aqui um carinha procurando o Marcos.

– Mas faz tanto tempo que meu irmão foi para Barcelona... Ele não sabia?

– Pelo jeito, não. Ficou assim, meio surpreso... Disse que ia voltar hoje, na hora do almoço, e voltou, mas tu tava almoçando em casa...

– E tu me avisou na parte da manhã, avisou?

– Foi mal... Desculpe, mano, nem me lembrei; deve ser esse movimento todo! Ele retorna amanhã.

– Deixe pra lá, não esquente. Se for importante, ele volta. Tomara que não seja encrenca, conta atrasada...

– Tem cara de encrenca não. Bem-vestido, até de terno, fala direito, perfumado...

– Quem vê cara não vê coração! Amanhã almoço aqui.

Eram duas horas quando, no dia seguinte, o tal rapaz adentrou a lanchonete. Nelsinho não exagerara na descrição, sendo até parcimonioso, pois esquecera de mencionar a beleza do moço. Talvez fosse algum modelo trazendo notícias dos irmãos em Barcelona, por conta de conhecimento com a patroa deles, a Cláudia...

– Pela semelhança com Marcos, deve ser o irmão dele, o...

– ... Fernando. Algum problema?

– Não, imagine, nenhum, muito pelo contrário. O Marcos adquiriu em uma de nossas lojas uma TV. Fui o vendedor na ocasião, atualmente sou o gerente-geral, subi de cargo... Mas, como estava dizendo, na época ele preencheu um cupom de sorteio para uma viagem a algum lugar do Brasil de sua escolha, prêmio oferecido ao cliente e ao vendedor. E ele foi um dos ganhadores do sorteio, junto com mais duas pessoas! Vim avisar e combinar o local do passeio.

— Mas... ele está em Barcelona, nem sabemos se volta para o Brasil; é motorista particular de uma modelo famosa!

— E como faremos, Fernando? Alguém de sua família pode ir no lugar dele... você, por exemplo! Uma semana em hotel cinco-estrelas, tudo pago, verdadeira maravilha! Podemos combinar um roteiro de nosso agrado, coisa fácil, pois quase não viajo nas férias, somente trabalho, trabalho, trabalho... E meu dinheiro, evidentemente, não chega para esse tipo de hotel!

Fernando limitava-se a escutar... Nelsinho intrometeu-se na conversa:

— É tudo pago, moço? Passagens, hotel, comida, bebida?

— Sim, e ainda tem uma boa grana para gastar no local.

Fernando, pensando na situação da mãe, na necessidade de um terapeuta, indagou timidamente:

— Dá para pegar a parte do Marquinhos em dinheiro?

— Não, nem pensar! Olhe, isso faz parte de uma campanha publicitária de nossa rede de lojas. Pretendem filmar os passeios das três duplas, selecionar o mais interessante e inserir em propagandas pela TV nacional e a cabo. Contrataram uma das melhores empresas de publicidade do Rio... Vai ser um arraso, pode acreditar.

Nelsinho opinou:

— Fernando, o seu Gérson está falando em lhe dar metade das férias, não é? O movimento está maneiro neste mês... Aproveite, cara! Afinal, o Marquinhos não vai largar o serviço *nas estranja* pra passear pelo Brasil!

Fernando mal podia acreditar ser ele mesmo naquele entusiasmo, falando com toda a segurança:

— Eu vou!

— Legal! A que horas sai do serviço?

— Lá pelas onze...

— Passo aqui e trago os prospectos de viagem, para escolhermos o local antes dos demais, é claro, pois não pode haver roteiro repetido, e amanhã os outros vendedores sorteados vão atrás dos clientes ganhadores. Não podemos perder tempo! Ah! Esqueci de me apresentar... Fábio, meu nome é Fábio.

Mal o rapaz partiu, Nelsinho não cansava de louvar a sorte do colega; até seu Gérson se animou, passando a sugerir locais e mais locais, sob os olhares assustados de Fernando e irônicos de Nelsinho. As férias foram imediatamente concedidas e pagas, tudo no intuito de aliviar o orçamento doméstico, permitindo ao rapaz uma viagem sem maiores preocupações.

Na hora combinada, Fábio apareceu com o material e, sentados no carro do gerente, chegaram a um acordo: iriam a Natal!

No dia seguinte, Nelsinho não se conformava:

— Praia, Fernando? *Praia?!* Isso a gente tem aqui, todo santo dia!

— Ah, tem, é? Fique sabendo: faz uma eternidade que não molho os pés na água salgada! E lá as coisas são diferentes...

— Será que *lá* o mar é *doce*?

— Vou fingir não ter escutado esse comentário infeliz, cara! Precisa ver os prospectos do hotel! Coisa de louco, nem sei se vou saber como me comportar, tamanho o luxo! Um quarto daqueles é maior do que o barraco todo onde moro! E o restaurante, então? A sauna, as piscinas, o spa...

— Mas praia é praia...

— Cai a ficha, Nelsinho! Já viu o tamanho do Brasil? A distância daqui até lá? As belezas são diferentes! Além do mais, planejamos dar uma chegada em Fernando de Noronha.

Seu Gerson envolveu-se na conversa:

— Hum... E na sua casa, aceitaram bem?

— A mãe já está todinha se debulhando em lágrimas, perdidinha nos resmungos dela, mas a Verinha e o João Paulo me comoveram, tamanha a alegria deles ao saber do prêmio.

Prometi muitas lembranças de lá, brinquedos para o Diego e a Giovana...

— Resumindo, *comprou bonitinho* a cumplicidade de seus irmãos.

— Seu Gérson, não é nada disso...

— Esqueça, rapaz, estou apenas brincando! Deixe-me ver o tal prospecto. Nossa! Coisa fina, finíssima!

Uma semana depois, Fernando partia para a primeira viagem de férias de sua vida.

Fábio não exagerara! O rapaz sentia-se no paraíso, como nos filmes... Um tanto desconfortável, é bem verdade, pois, apesar de estar envergando sua melhor roupa, ainda assim ela parecia em desacordo com o lugar. Conforme diria a irmã Verinha, *pobre*!

— Fernando, vamos subir para nossos quartos, tomar um lanche lá mesmo, relaxar um pouco, depois desceremos para as compras.

— Compras?

— Claro! Não reparou? Eu trouxe uma mala de roupas grande, mas leve, leve... Chegou quase vazia, no entanto vai voltar pesada, pode crer! Vão pagar um enxoval completinho, do bom e do melhor, para não fazermos feio nas fotos, nos vídeos! É isso aí, Fernando! Peça o que quiser pelo telefone do quarto; não precisa se preocupar em acertar nada, eles marcarão na conta. E quem paga tudo, *quem*? A rede de lojas, meu amigo! Descanse uma hora e vamos à luta.

Fernando respirou aliviado, pois já se perguntava interiormente como vestiria suas outras roupas, se a melhorzinha parecia um trapo sob as luzes daquele hotel!

Duas horas depois, percorriam o comércio, adentrando lojas e mais lojas, experimentando roupas, calçados. Acompanhava-os uma moça muito gentil, dedicada a apontar o necessário para o sucesso da campanha, incluindo um bom corte de cabelo, uma limpeza de pele, fazer as unhas...

– Fábio, estamos gastando demais, cara!
– Enquanto a Lúcia concordar, fique tranquilo!
– Roupas e calçados, tudo bem... Mas limpeza de pele, unhas? Sei não...
– Fernando! Por acaso acha que esses modelos famosos, só porque são homens, não têm todos esses cuidados com a própria aparência?
– Nós não somos modelos...
– Mas vamos funcionar como um... Pare de sofrer, relaxe. A equipe de propaganda sabe direitinho como a coisa toda acontece.

Olhando-se, o filho de dona Cidoca mal podia acreditar na imagem refletida no grande espelho do provador! Onde estaria o jovem envolto em avental, com o boné branco sobre a touca protetora, as unhas partidas pela lavagem de pratos? Agora, parecia um daqueles rapazes ricos que costumavam adentrar a lanchonete!

–Vamos, Fernando, vamos! Está quase na hora do jantar e não quero perder nadinha daquela comida. Não me olhe como se eu fosse um morto de fome! Espere até enxergar aquilo tudo... Ah! A Lúcia vai escolher a roupa para vestirmos, parece não confiar em nosso bom gosto!

Tirando o inconveniente das fotos, pois não eram nada agradáveis aquelas poses todas interferindo no maravilhoso jantar, tudo correu a contento. Sorridente, Lúcia convocou-os:

– Agora, rapazes, vamos a uma das casas noturnas de maior sucesso nesta temporada, onde faremos mais algumas fotos, e depois podem aproveitar a noite como quiserem.

Amanhã, após o café, Fernando de Noronha! Levem algumas roupas transadas; vou apostar na escolha de vocês, mas lembrem-se: tudo muito leve, nada de luxos, tipo bermuda, camiseta. Passaremos o dia lá, voltando à noitinha.

Legal, legal mesmo, mais fotos, mais filmagens... Fernando começava a achar que aquela fora a maneira mais barata de economizar cachê inventada pela rede de lojas! Olhou para Fábio, e ambos caíram na risada: estavam pensando a mesma coisa.

— Deixe quieto, Fernando, amanhã ficaremos mansinhos, pois estou doido para conhecer a ilha, mas, *depois*, me aguarde! Vamos botar ordem neste roteiro de escravidão, meu caro; precisamos aproveitar a viagem!

O dia em Fernando de Noronha parecia um sonho, tamanha a beleza do cenário. Ali a natureza se mostrava em toda a sua magnífica pujança, intocada e bela. Impressionado, enquanto aguardavam o helicóptero da equipe de filmagem para o retorno a Natal, Fernando sugeriu ao novo amigo:

— Fábio, vamos devagar com aquela história de propaganda. Por mais que eles nos explorem, como você diz, nunca me diverti tanto... e de graça! Ah, essas coisas todas compradas para nós... precisaremos devolvê-las?

— Claro que não! Já acertei tudo antes, para não termos surpresas. Esse povo é rápido, não podemos dar moleza! E tem mais: nadinha do que adquirimos até agora entra naquela tal verba para *as nossas compras*...

— Tá brincando?!

— Não estou não, pode contar com uma grana legal para nossas despesas. Presentes, alguma coisa interessante... Viu aquele *smartphone* no shopping? Bem mais transado do que o meu! Não gostaria de um assim?

Fernando pensou em Verinha... Guardaria o dinheiro para o sonhado micro-ondas da irmã! E levaria presentes para todos!

Afinal, já se sentia agraciado em demasia com aquela semana de férias.

O tempo parecia voar! Os dois rapazes estabeleceram com a compreensiva Lúcia um horário de trabalho, reservando o tempo restante para conhecer a região. Desconhecendo o que se passava nos bastidores, surpreendeu-os a boa vontade da moça, aquiescendo com praticamente todas as reivindicações, *boazinha, boazinha...* Claro! Mal os primeiros resultados das filmagens chegaram à empresa de publicidade, tornou-se evidente a incrível interação entre a câmera e o jovem Fernando, constituindo a conhecida *relação de amor*!

— Lúcia, escute bem: *trate esse Fernando como um príncipe*, entendeu?...

— Mas, chefe, não querem nossa presença o tempo todo ao lado deles; assim perdemos tempo... e dinheiro!

— Pois não fiquem, Lúcia, não fiquem na cola deles! Escute! Se conseguirmos convencer esse desconhecido a assinar com nossa agência de modelos, faremos muita grana com ele. *Grana*, entendeu? A última coisa que desejamos é aborrecer nossa *galinha dos ovos de ouro*!

— E o outro rapaz, o Fábio?

— Bonito, mas sem carisma. Trate de ter muita diplomacia com ambos. Quando regressarem, falaremos com o Fernando longe do Fábio e veremos se assina um contrato conosco. Vantajoso, mais para nós do que para ele, logicamente!

Daí a razão da extrema gentileza de Lúcia...

Alguns dias depois, estavam no Rio, retornando à rotina. Acabara-se o sonho!

Fernando olhava o local de trabalho com ares reprovadores:

— Nelsinho, tu não limpou a chapa nesses dias todos em que estive fora? Não acredito, cara!

— Limpei, limpei sim, mas tive um *ajudante*... O danado me deixou louquinho! E, olhe, essa bagunça toda é somente do final de semana!

— E quem é esse *porco*?
— Fale baixo, cara! Não imagina? O seu Gérson!
— Só podia ser! Tem gordura pra todo lado... Pra que tanto óleo? Chega de reclamação, vamos limpar! Antes, porém, olhe aqui uma lembrança pra tu, espero que a cor agrade... Trouxe uma também pra seu Gérson...

Retornando ao barraco no final do extenuante dia, o rapaz deu-se conta de estar sentindo muita falta daqueles dias em Natal. Uma sensação estranha, como se houvesse perdido algo... ou alguém! Talvez fosse melhor evitar contato com aquela realidade muito superior à sua... Besteira! Fora muito, muito bom mesmo! E sobrara alegria, bastando recordar a felicidade dos irmãos, de Nelsinho, de seu Gérson... O patrão até se esquecera de encontrar o lado ruim em tudo, fitando emocionado o belo relógio. Na cozinha, a sós, Nelsinho se rebelara:

— Tu é muito do burro, Fernando! Com esse relógio, agora sim ele vai vigiar a gente! Olhe lá, tá dizendo pra todo mundo que tem fração de segundo! Nossos atrasos serão contados assim, por conta da sua burrice! *Fração de segundo*, onde já se viu? *Seu Nelsinho, o senhor está atrasado meio segundo, vou descontar do seu salário!*

— Ih, cara, não é mesmo? Foi mal...

No barraco, até a mãe calara os resmungos, fitando embevecida a bela blusa de rendas:

— Feita à mão, filho?
— Sim, mãe, por uma rendeira de lá, verdadeira artista.
— Igualzinha a uma que a mãe da Cássia tinha[1]...

A lembrança de Joana veio com força, e a criatura esqueceu a peça sobre o sofá, os olhos perdidos no espaço.

Fernando acenou discretamente para Verinha, e ambos se dirigiram à escadinha dos fundos:

— A mãe piorou?

---

[1] MAFFEI, Cirinéia Iolanda/Espírito Lucien. Joana. 1. ed. Catanduva-SP: Boa Nova, 2014.

— Parece... Não consegui convencer a pobrezinha a ir ao médico, só fala em morrer!

— Minha nossa! Até me arrependo de ter ido viajar...

— Por quê? Faria diferença? Duvido... Ah! Viu se a Lalinha e o Marquinhos depositaram dinheiro?

— Vi... Por enquanto, nadinha. Vamos remediar com o restante do dinheiro da loja; não gastei tudo. Lá se vai seu micro-ondas de novo... Resta-nos esperar, Verinha!

Os dias foram passando lentamente. Fábio apareceu algumas vezes na lanchonete, porém o intenso movimento impedia qualquer papo mais longo. Em casa e no serviço, tudo na mesma, até aquela manhã...

— Lúcia!

— Quem é vivo sempre aparece, Fernando! Vim comer um desses sanduíches tão apetitosos. Por favor, o mais *light*...

Sentada à mesa, a moça observava o rapaz. Até naquele avental horrível, os fartos cabelos ocultos pela touca descartável, parecia prestes a sair de uma página de revista.

— Fernando, viu o comercial das lojas? Não? Está *ma-ra--vi-lhoooo-so*! Sucesso... *Show!* Vai ao ar na próxima semana... Pois é, a dupla escolhida foi a de vocês; *ar-ra-sa-ram*! Faremos um coquetel para comemorar, aqui está seu convite. Ah! Precisará de um *smoking*, por isso reservamos unzinho no shopping ali da esquina. Sossegue! Está tudo pago, é só apanhar... Sabe a loja Estilo? Lá! Traje completo. E mandaremos uma limusine apanhá-lo no sábado, às vinte e uma. Está bem para você?

Fernando ficou mudo. Por que, de repente, a coisa toda parecia um tantinho demasiada? Pensou em recusar, mas seria indelicado, e estava com uma vontade doida de ir ao tal coquetel. Afinal, jamais estivera em um!

— Legal, Lúcia. Peça para o motorista me aguardar no quarteirão anterior ao morro. Sabe, as coisas nem sempre estão calmas por lá, e um carrão desses dando mole... Vou estar à espera na hora combinada.

De longe, Nelsinho e Gérson fitavam-no interrogativamente... Ele respondeu com um leve encolher de ombros, pois também não estava entendendo. Tamanha era a curiosidade, que o patrão lhe sugeriu ir ao shopping pegar o tal traje... *no horário de serviço! Milagre!* Quando retornou, ficaram os três a fitar o conteúdo da luxuosa caixa, até Nelsinho conseguir expressar seu entusiasmo:

— Olhe só esta roupa, cara! Coisa de filme, de entrega do Oscar!

Seu Gérson, de cima de seu inabalável pessimismo, complementou reticente:

— Aí tem, seu Fernando, aí tem... Cuidado!

E *tinha*, realmente, pela maneira como foi recebido à entrada do clube onde se realizaria a cerimônia. Parecia o tapete vermelho da cerimônia do Oscar; Nelsinho acertara em cheio! Sentiu-se encabulado com os elogios, em vão procurando um ponto de apoio. Onde estaria Fábio? Esperava encontrá-lo ali! Lúcia desfez suas esperanças ao informar que o rapaz não fora convidado. Estranhou... Tudo se tornou claro quando assistiu aos diversos clipes, pois haviam aproveitado somente as suas filmagens! Nada de Fábio...

Depois, com uma taça de champanhe na mão e um sorriso nos lábios, Lúcia o apresentou ao *maioral*. Mais elogios, sorrisos, cumprimentos... e o convite para integrar o quadro de modelos da conceituada agência! À menção do salário, Fernando acreditou estar equivocado. Tudo aquilo? Tamanho foi seu espanto que emudeceu, transmitindo a impressão de desagrado.

— Pense, meu caro, amanhã conversaremos. Podemos reavaliar a oferta, acrescentar algumas comissões bem significativas... Chegaremos a um acordo, tenho certeza. Agora, aproveite a festa, meu rapaz. Afinal, você é o centro das atenções!

A noite transcorreu como se estivesse em um sonho. Apesar de encantado com tantas novidades e o tratamento diferenciado, o rapaz mal podia esperar a hora de repartir com os irmãos a novidade. Ele, Fernando, um modelo! E com aquele *pagamentão*, possibilitando o tratamento da mãe, talvez até o aluguel de uma casinha em bairro calmo, sem aquela eterna expectativa de tiros, gritos, sirene de polícia. Demais!

Relembrou com tristeza há quanto tempo esperavam pelo tal apartamento adquirido por Cidoca, cujas prestações pagavam religiosamente à financeira, parecendo nunca sair das paredes iniciais, um sem-fim de desculpas quanto à demora. Ah! Se realmente recebesse aquele *dinheirão*, daria à mãe a imediata alegria de morar em uma casa do jeito que ela sonhava, com um quintal nos fundos e muro bem alto, distante de vizinhos intrometidos, cada um cuidando de sua vida.

Finalmente a festa terminou. Fernando despedia-se dos retardatários, agoniado ao constatar a hora. Como pegaria no batente logo mais?

O dono da agência fazia sinais a Lúcia, e a moça tratava de amarrar um encontro:

— Fernando, precisamos combinar seu novo emprego. Urgente! À noite, passo lá na lanchonete e pego você; iremos direto ao escritório da agência! Se Deus quiser, será nosso novo contratado! Combinado?

O barraco estava silencioso, todos ainda dormiam. Amanhecia. Fez um café, sentando-se no banquinho da cozinha, refletindo sobre a reviravolta prestes a sacudir a rotina de sua vidinha simples de chapeiro. Desejava realmente aquilo? Os poucos dias em Natal haviam servido para perceber que nem tudo se resumia a glamour! Em compensação, *o pagamento*! Resolveu nada revelar aos familiares por enquanto, pois ainda não conseguia acreditar; temia um alarme falso.

Na lanchonete, abriu o coração, revelando temores e incertezas. Seu Gérson e Nelsinho se espantaram. Modelo? Famoso? E com aquele *salarião* inicial? Uau!

— Seu Fernando, não entendo o porquê dessas dúvidas todas. *O senhor deve nos amar de paixão! Só pode ser!* Tome tento, rapaz! Uma oportunidade dessas não aparece duas vezes na vida! Embora aprecie muito o seu serviço em meu estabelecimento, não posso deixar de lhe dizer: pegue, agarre com unhas e dentes! E não largue, ouviu? Se não der certo, o senhor volta, a chapa não vai fugir... Vamos, coragem, menino!

Assim, naquela noite, quando Lúcia apareceu, seu Gérson pessoalmente despachou Fernando, solidário com sua boa sorte. Nelsinho fitava-o, estarrecido com tamanha generosidade!

— O que foi, seu Nelsinho? Nunca me viu? O senhor me tem na conta de um bicho-papão, sem carinho pelas pessoas que trabalham direitinho para mim? Qual é, *seu mané de boné*?

— Marquinhos foi... Fernando vai... e eu aqui, pilotando chapa...

— Meu filho, a vida é assim mesmo, não me peça para explicar, pois não sei o porquê! Na minha opinião, se isso tem importância para o senhor, o Cara Lá de Cima tem seus planos para cada um de nós... Planos diferentes, entende? O grande segredo da felicidade consiste em saber interpretar Suas Vontades, vivendo de acordo com nossas possibilidades. Quer ver? Já se olhou no espelho? Já, não é? E já olhou bem para o Fernando? Reparou nos suspiros quando ele aparece, nos olhares derretidos?

— Seu Gérson, o senhor sabe direitinho como colocar um carinha em seu lugar de *pobre mortal comunzinho*!

— E não é verdade, seu Nelsinho?

— O pior é que é... Eu mesmo gostaria de ser modelo como o Fernando, mas não tenho cacife! Daí, patrão, o jeito é pilotar chapa e esperar que um dia as coisas melhorem...

— Vão melhorar, pode crer; estou com umas ideias...

Nelsinho voltou rápido para seu cantinho na chapa, fugindo do patrão antes que começasse a deitar falação a respeito de como conseguira aquele ponto privilegiadíssimo, vencendo *espetacularmente* na vida. Conhecia de cor e salteado a versão de sucesso de seu Gérson, só não sabia em que isso poderia colaborar com seu futuro.

Finalmente o dia de trabalho terminara. E havia sido dos melhores em termos de faturamento, apesar da trabalheira! Gérson fitou as portas abaixadas, as mesas limpas e arrumadas, o balcão luzidio, o piso cheirando a desinfetante, tudo obra do responsável Nelsinho! Menino danado! Ninguém daria nada por aquela cara de sonso, mas era um pé de boi. E ele achando que *somente pilotava chapa*...

Recordou o dia em que o menino adentrara a lanchonete quase na hora de fechar, sujo, descalço, magrinho, magrinho... Ficara ali, encolhido em um canto, à espera das sobras de sanduíche nos pratos, um restinho de coca talvez. Naquela tarde, porém, o povo estava faminto... e sedento! O rapazinho foi-se retirando devagar, decepcionado, sem coragem de pedir nada. Então, chamou-o:

— Ei, garoto, venha cá! Sente aqui no balcão, vamos comer antes de fechar, também estou com fome. Detesto lanchar sozinho; venha, não tenha medo... Ande logo!

Da conversa, soube que a mãe falecera há duas semanas, o pai estava *por aí* e a irmã trabalhava de doméstica; a *sortuda* comia no emprego. Após o acerto das despesas do enterro, pouco sobrara. Jamais precisara mendigar, comer restos, mas agora...

— Se quiser, pode vir dar uma mão para o Manuel, o nosso chapeiro, e aprender a fazer lanche... Ele é dos bons, o melhor! Também lavar uns poucos pratos e copos, pois sou adepto ferrenho dos descartáveis. Depois da escola, ouviu? Sem escola, nada feito! E, se o fiscal aparecer, você desaparece no depósito, pois não posso dar trabalho para menor. Pois é... Mas menor pode passar fome, pedir e até roubar... Sou do tempo antigo, daquele em que se aprendia uma profissão bem cedo, para não ficar perambulando pelas ruas! Pago meio salário, mais uma porcentagem nas gorjetas, mais as refeições... Agora você também come no emprego, seu Nelsinho!

Há quantos anos aquilo acontecera? Cinco ou seis... Jamais se arrependera. Manuel aposentara, voltando para o interior, onde tinha parentes, e o rapaz assumira seu lugar. E que talento! Um verdadeiro mago do sanduíche, muito melhor que seu mestre, provavelmente o maior responsável pela casa sempre cheia.

Sorriu, satisfeito consigo mesmo, antegozando a surpresa. Um dia... Afinal, apesar de todo o seu decantado sucesso profissional, não tinha família... ou herdeiros!

Naquela noite, retornando ao barraco, Fernando pensava no patrão. Se não fosse a força que lhe dera, verdadeiro empurrão, talvez não houvesse tido coragem para assumir aquele novo emprego, pois se reconhecia com pouco preparo para suas novas funções. Por que não estudara inglês, espanhol? Sempre esperando o dia seguinte... Mas, afinal, quanto aquilo significava? Lembrou-se dos sorrisos de Lúcia e Ricardo, seu novo chefe; não pareciam preocupados com instrução, atentos somente à sua bela aparência!

Tudo bem com seu Gérson, a mãe, os irmãos, mas... e Fábio? Sentia-se constrangido, embora nada houvesse feito para as coisas seguirem aquele rumo. O que pensaria o moço quando o comercial fosse ao ar? Entenderia os cortes, como se ele, Fábio, sequer houvesse participado da viagem?

Dois dias depois, Fábio adentrava a lanchonete, deparando com seu Gérson a auxiliar Nelsinho, uma agitação danada, um novo funcionário perdido em meio à enxurrada de pedidos da hora do almoço.

Da abertura onde depositava os sanduíches e porções, Nelsinho franziu a testa, murmurando para si mesmo:

— Ih, lá vem confusão!

Gérson invadiu a cozinha, ordenando baixinho:

— Seu Nelsinho, a coisa pode ficar feia; o moço quer falar com o Fernando! Ninguém me tira da cabeça que tem a ver com o novo emprego do nosso amigo...

— É só o senhor contar a verdade...

— *Eu?* Nem pensar! *Você* conta, seu Nelsinho! E escute meu conselho: não fique dando a notícia devagarzinho, alisando; fale curto e grosso, direto!

— *Ah, é? É mesmo?* Por que o senhor está empurrando *essa parada* justo pra mim, hein?

— Porque sou *o patrão* e você, *o empregado!*

Diante do incontestável argumento, o pobre Nelsinho foi falar com Fábio, cumprindo as ordens. O rapaz nada retrucou ao se inteirar do acontecido, saindo apressado da lanchonete, não sem antes se certificar do possível paradeiro de Fernando.

No morro, uma aborrecida Cidoca observava a filha adolescente. Desde que Fernando chegara com a notícia, a mocinha parecia ligada em 220 volts, fazendo planos e mais planos, como se toda a novidade dissesse respeito a ela, Verinha.

Mais experiente e muitíssimo mais desiludida, a mulher preferia esperar...

– Vai que num dá certo, menina, que o salário num é esse desparrame todo... Vai que o Fernando num passe na tal da *esperença*...

Era muito *vai que* para a impaciente Verinha!

– Mãe, pelo amor de Deus, pare de agourar!

– Num é nada disso! Devemo de continuá vivendo a nossa vidinha... Essa novidade do seu irmão num vai garanti a gente não...

A chegada de Fábio acabou de confirmar seus receios:

– Num falei? Num é esse daí que foi junto na tal viage? Pela cara, deve di tê perdido o emprego... Essas novidade acaba tudo em encrenca! Fernando, se tivesse juízo, ficava no serviço de seu Gérso, isso sim. Garantido, seguro, sem confusão. Mas eu sempre falo bobage, num é?

Ao constatar a breve chegada de Fernando para o almoço, Fábio pediu licença e se instalou no rasgado sofá, fingindo não perceber a irritação de mãe e filha. Nenhuma cara feia o impediria de ter uma bela conversa com o amigo... Amigo! Assim poderia considerá-lo? Depositara uma enormidade de expectativas naquele comercial! Como explicar sequer ter aparecido em um plano de fundo, em uma cena? Em compensação, Fernando brilhava! E o coquetel, então? Quantas postagens! E ele, Fábio, não merecera nem um simples convite? Tremenda desconsideração!

Um simples olhar confirmou os temores de Fernando: Fábio estava magoadíssimo! Melhor saírem dali, evitando possíveis discussões na frente de dona Cidoca, pois a pobre poderia ficar muito nervosa.

– Vamos, Fábio, vamos conversar lá embaixo... Você deixou o carro onde?

— Vim de carro não... Neste lugar, deixar carro embaixo é acenar para o ladrão!

Fernando calou qualquer palavra ríspida, triste com aquela raiva toda, mansinho respondendo:

— Também não é assim... Vamos, daremos uma volta com o meu carro...

Fábio emudeceu... *Meu carro?* A coisa já estava daquele jeito? Carro... Quem estaria bancando tudo aquilo? A quem Fernando se *vendera*? Conhecia muito bem aquela história: rapaz bonito, pobre, humilde; um figurão assistia às filmagens e resolvia *apadrinhar*...

Estupefato, Fernando escutava o desabafo de Fábio. De onde o rapaz tirara aquela história absurda? Sedução, apadrinhamento? Qual é! Pensara sim no aborrecimento do amigo com o fato de somente ele ter sido selecionado para o comercial e o emprego, não lhe tirando parcial razão se assim fosse... mas achar que ele se vendera? Era demais!

— Fábio... Fábio, escute... Não é nada disso, cara! Por mim você apareceria no comercial, teria sido convidado para o coquetel, porém eu nada decido! Eles organizaram, eles distribuíram os convites... e eles me contrataram como modelo exclusivo da agência, entende? Daí comprei este carrinho porque, pelos compromissos, não posso depender do horário de ônibus, demora demais! E não é nenhuma Ferrari não! Carro popular, de segunda mão... ou de terceira, sei lá! Não estou entendendo qual é a sua!

Fábio ficou parado, quieto. Imaginara tanta coisa... E ali estava Fernando, o novo contratado daquela agência conceituada. Serviço! Sentiu vontade de abrir um buraco no chão e entrar dentro!

— Olhe, Fábio, eu também gostaria que você estivesse no comercial, até considero injusto isso não ter ocorrido. Talvez devesse ter recusado o emprego, não sei... Mas pare e pense;

olhe a minha vida... Sou arrimo de família, cara! Minha mãe precisa de tratamento! Meus irmãos mais novos dependem de mim unicamente... para pagar as contas, estudar, comer, despesas médicas e de farmácia...

— Pelo amor de Deus, Fernando! Peço desculpas, pronto! Não se trata de aparecer no comercial, de ter o mesmo reconhecimento, de emprego novo, dinheiro, nada disso, Fernando. Eu juro! Tem a ver com algo muito maior... Fui um louco... Escutamos tanta coisa, você mesmo me falou sobre a história triste de Joana. Por um momento, pensei que houvesse entrado numa pior, em alguma coisa escusa, aceitando dinheiro de alguém, sendo sustentado. E me mantivesse afastado para eu não tomar conhecimento!

Fernando ficou olhando para Fábio... Não se tratava de inveja com certeza. Então, como poderia ser explicada aquela revolta toda?

— Fernando, por favor, desculpe! Olhe, não quero deixar nada mal resolvido entre nós. Mesmo que não olhe mais na minha cara, vou falar. Desde a primeira vez, naquela lanchonete, não consigo deixar de pensar em você. Aquela semana em Natal foi a melhor coisa da minha vida! Não pelo passeio, não, isso não, mas porque estávamos juntos, porque pudemos conversar, trocar ideias, compartilhar interesses. E você, Fernando, você me pareceu a melhor pessoa do mundo, entende? Vendo sua preocupação com a família, seu desapego, constatei a existência de pessoas que dão valor às outras, não olham somente para o próprio umbigo.

Fernando não sabia o que dizer; aquilo tinha todo o jeito de uma declaração de amor...

— Não vai falar nada, Fernando?

— Não, Fábio, preciso entender... Agora, conhecendo a verdade sobre meu novo emprego, fique sabendo também que jamais, jamais entraria numa dessas de me vender! Se me considera tudo o que disse, como pôde pensar assim? Absurdo, não acha?

— É...

— E também, *se entendi direito*, não quero saber dessa coisa que está insinuando. Vamos dar um tempo nesta amizade, parece o melhor no momento.

— Mas...

— É o melhor, Fábio! Olhe, lá vem o seu ônibus, vai deixar você pertinho da loja.

Ato contínuo, Fernando desceu do carro, fazendo sinal para o veículo de transporte. Ficou olhando o rapaz nele entrar, sentindo-se totalmente desconcertado com a revelação daquele sentimento.

Subiu as escadarias do morro devagar, tentando entender melhor a chocante revelação de há pouco. Depois, conferindo a hora no celular, apressou-se. Precisava almoçar... e se esquivar das curiosas perguntas de Verinha.

As semanas foram-se escoando céleres. Dava muito trabalho ser modelo; exigia demasiado, a ponto de sequer conseguir tempo para pensar em outras coisas. Também, pensar para quê? Melhor esquecer... evitava maiores problemas! Além do mais, urgia mudar do morro para um local mais calmo, com melhores condições.

— Fernando, a mãe disse que não vai sair daqui, a não ser para o tal *condomínio*... aquele que não sai da planta!

— Por que, mãe? A senhora vai gostar da casinha nova, tem até quintal, um quarto para a senhora, um para o Diego e o João Paulo, um para Verinha e Giovana...

— E pra você, num tem quarto? Vai mudá longe de nóis?

— Claro que não, mãe. Tem um quarto sim, um só para mim... A casa tem quatro quartos.

— É muita trabalheira, num vô dá conta, tô velha, cansada...

— Já acertei uma empregada, mãe, porque a Verinha vai estudar e...

— Num quero ninguém discunhecido dentro de casa! Ainda mais mulher, ela pode se engraçá cum seu pai... Essas menina de hoje em dia é tudo danada, sem juízo... num vô arriscá!

Fernando suspirou...

— E num vô pra médico de loco ninhum!

— Claro, mãe, mas lhe fará bem conversar com uma moça muito legal, uma psicóloga. Vão ficar amigas...

— Sei... essa dona vai é dizê que tenho di largá do seu pai!

Estava demorando! Verinha revirou os olhos, enquanto a mãe desatava a questionar como Zé Luís saberia o novo endereço deles. Então, esse era o real problema: comunicar o novo endereço ao pai deles, o *sumido*?

Fernando resolveu sutilmente a questão:

— Mãe, andei pensando: vou deixar com o dono da venda e da farmácia nosso novo endereço. Assim, quando o pai aparecer, ele fica sabendo.

Um sorriso iluminou as feições sofridas de Cidoca.

— Agora tá dereito! Vô fazê a troxa... E os move, quem vai levá?

— A gente dá um jeito, mãe, dá um jeitinho, não se preocupe.

— E o nosso condomino, filho?

— Quando ficar pronto, mãe, a gente muda pra lá, certo? Ficamos combinados dessa maneira, está bem?

Finalmente na nova casa, Fernando sentiu-se mais aliviado. Seu trabalho exigia viagens constantes, e só estaria despreocupado se a família estivesse protegida. Alugara a casa pretendendo, se tudo desse certo, comprá-la futuramente, à medida que o dinheiro dos desfiles e das fotos fosse entrando.

— Fernando, só por curiosidade, recebeu notícias de Lalinha e Marquinhos?

— Nada, Verinha. E não consigo falar com eles, acredita? Queria tanto contar as novidades...

— Tem alguma coisa errada.

Fernando nada comentou. Também estava preocupado, mas não adiantava ficar desesperado com aquilo. Os dois irmãos estavam em Barcelona, com certeza muito bem, a ponto de se esquecerem da família problemática no Brasil. No entanto, não conseguia convencer-se disso; pressentia alguma coisa... e nada boa!

Como se não bastasse, ultimamente a lembrança de Fábio o importunava cada vez mais, tirando-lhe o sono inclusive. Como estaria?

Ah, se soubesse... Estava muito mal, inconformado com a indiferença de Fernando. Para piorar, deparava com fotos em revistas e *outdoors*, comerciais na TV, postagens na internet... Fernando, sempre Fernando! E ele ali, à espera de uma palavra. Jamais se apaixonara daquela maneira. Precisava fazer alguma coisa, ou enlouqueceria.

Assim, naquela noite, ao sair da sessão de fotos, Fernando deparou com Fábio a esperá-lo. Quis recuar, mas fora visto... Decidiu enfrentar a situação.

— Fábio, que surpresa! E daí, vamos tomar uma cervejinha? Que tal no seu Gérson? Aproveito para matar as saudades.

No costumeiro ambiente da lanchonete, Fernando acreditava estar em segurança.

Nelsinho espiou de rabo de olho, comentando com o patrão:

— Sei não... Esse amigo do Fernando... hum...

— Seu Nelsinho, olhe a maldade!

— Nada, constatação purinha, patrão! Olhe só o olhar comprido dele para o Fernando.

— Não me parece muito diferente do olhar do Fernando.

— Não é que é mesmo? O senhor tem razão! Pensando melhor, *por acaso*, alguma vez soube de qualquer namorada do Fernando? Ou de algum galho? Ahn, ahn... E ele jamais se entusiasmou com nenhuma garota, do jeito que eu fico, doidinho... Seu Gérson, *será que*...

– Seu Nelsinho, deixe os dois em paz; não se meta no que só diz respeito a eles. Olhe aí, está queimando o hambúrguer, menino! É no que dá ficar cuidando da vida dos outros!

– Olhe lá, patrão, olhe lá! O Fábio pegou na mão do Fernando... Minha nossa!

– Hum...

Fernando mal podia acreditar no que estava ocorrendo, tamanha a intensidade das emoções; jamais se sentira assim antes. E não queria aquilo, nem pensar!

Fábio ficou olhando o amigo sair às pressas, deixando-o ali, com cara de bobo, sem sequer terminar o sanduíche ou a cerveja. Apressado, deixou o dinheiro da despesa sobre a mesa, correndo atrás de Fernando. Nem sinal, sumira!

Fernando disparara para casa, dando graças a Deus por encontrá-la vazia, silenciosa. Queria ficar quieto em seu canto, pensar, pensar, pensar... A mãe, junto com os irmãos, por certo estaria no culto evangélico. Ainda bem! Apressado, trancou-se em seu quarto, bendizendo a recém-conquistada privacidade.

Deitado na cama, olhos perdidos na escuridão, permitiu aos pensamentos vagarem angustiosamente. Aquilo não estava acontecendo com ele! Verdadeiro absurdo! Só poderia ser coisa de satanás, como a mãe vivia a apregoar! Lembrou-se de Nico, o pobrezinho do Nico, o amigo de infância assassinado daquela maneira terrível. Comentavam o desvio do dinheiro de drogas, todavia alguns mais maldosos relacionavam o caso às preferências sexuais do rapaz; diziam até ter sido castigo pelos trejeitos e pelas roupas extravagantes. Realmente, o jovem usava uns trajes exagerados, mais parecendo uma garota sem juízo, afrontando uns e outros com suas atitudes, embora não prejudicasse ninguém.

Respirou aliviado. Ele jamais se comportara daquela maneira! Era homem, o que necessariamente implicava esquecer aquelas bobagens, cortar pela raiz a amizade com Fábio!

Ficara sim impressionado com a revelação do moço, talvez pelo fato de inesperada, audaciosa mesmo, porém não cederia jamais àquele tipo de sentimento.

De repente, uma ideia brilhante! Arrumaria uma namorada. Urgente! E tudo se resolveria sem necessidade de explicações, de brigas... Fábio entenderia que ele não era *daquelas coisas, indo cantar em outra freguesia*!

Na manhã seguinte, deparou com Verinha assentada à mesa do café, deliciando-se com o queijo, os pãezinhos, os biscoitos, as frutas...

– Fernando, se me dissessem que teríamos um café da manhã destes, riria na cara da pessoa. E não é que temos, meu irmãozinho? Graças a esse seu emprego divino, maravilhoso, que lhe paga tão bem, e ao seu coração *repleto de generosidade*!

– Hum, tanto elogio... O que está querendo, menina?

– Nadinha de muito complicado, meu irmãozinho. Sábado é aniversário de quinze anos desta sua irmãzinha querida, *euzinha*, daí pensei em uma festinha para as amigas, coisinha simples, mas de muita classe...

Fernando desatou a rir. *Simples? Mas de muita classe? Onde já se viu?*

– Já falou com a mãe?

– Ela será contra; afinal, é contra tudo! Deixe comigo, dou um jeito, convenço a danada. Pensei em convidar o pastor, algumas senhoras da igreja...

– Ah! *Areia nos olhos da pobrezinha...*

– Isso! Entendeu perfeitamente o espírito da coisa! Ela se acalma e a gente faz a festa nos fundos, só para os jovens, e...

– ... e a *velharada* na sala?

– Pare de gozação, Fernando! E daí, vai bancar ou não?

– Está bem, Verinha, desde que não sobre encrenca para o meu lado. Conhece bem a mãe quando começa a falar...

Ah, ia esquecendo de contar. Recebi uma remessa de dinheiro de Barcelona, uma grana daquelas! Coloquei na poupança, no nome de nós dois, para o dia em que pudermos comprar esta casinha, pois não quero ficar pagando aluguel a vida toda. Passe no banco para assinar a sua parte da papelada.

— Pode deixar! Voltando ao assunto da festa, minhas novas amigas estão doidas para conhecer meu irmão famoso! Vou convidar alguns gatinhos também... Posso contar com sua *ilustríssima presença*? Ah, convido o Fábio ou não?

A primeira reação de Fernando foi negativa, todavia acabou concordando. Talvez fosse melhor resolver de uma vez aquela história atravessada. Engrenaria um romance com uma das meninas... Isso! Caso resolvido!

Finalmente, sábado! Passara os poucos dias anteriores assombrado com a perspectiva de deparar de novo com Fábio, o que felizmente não ocorrera. A sessão de fotos daquela tarde se estendera um pouco além do esperado e, ao deixar o estúdio, anoitecera. Verinha deveria estar desesperada com sua demora... Realmente! A irmã o aguardava na calçada, toda produzida, investindo contra ele mal descera do carro:

— Onde estava? Esqueceu a festa?

— *Onde estava?* Trabalhando! Para pagar a sua festinha, garota! Calma, para que tanta afobação? Vamos lá!

— Não vai entrar assim não! Deixei a janela do seu quarto aberta. Ande, vá pelo corredor lateral e entre por ela...

— Mas... que besteira! Posso muito bem entrar pela frente.

— Pode não! A mãe está na sala, com a turma toda. Vão pegar no seu pé... Aí, adeus moçada! Use a janela, obedeça! Arrume-se e pule de volta; estarei esperando por você. Chegaremos à galera pelo corredor.

— Eu me livro deles...

— Não se livra não, seu bobo! Não conhece a mãe? Fez a cabeça do pastor, dizendo que você não tem fé, não vai à

igreja de jeito nenhum... Ah, tem mais: onde você trabalha é um perigo, antro de perdição.
— De onde ela tirou essa bobagem? *Antro de perdição?* Dou um duro danado, e não tem nadinha de errado lá...
— Coisas da cabeça da dona Cidoca.
— Estou convencido: pulo a janela.
— Espero você do lado de fora.

Meia hora depois, os dois irmãos se integravam à ala jovem da festa, em meio a muita alegria. Decidido a colocar seu redentor plano em ação, Fernando tratou de observar as jovens, procurando por uma especialmente agradável. Esperava que seu coração disparasse diante da eleita, mas isso não ocorreu. Muito bonitas, todavia nenhuma despertou seu encantamento. De repente, viu Fábio chegando. Agarrou a jovem mais próxima, arrastando-a para a improvisada pista de dança, agradecendo pela música agitada, própria para dançar separado. Para seu desespero, logo uma melodia lenta invadiu os ares, e ele se viu enlaçado pela linda parceira, rostos e corpos colados.

Nas seleções seguintes, formaram par constante. Apesar do sucesso de seu plano, percebeu-se infeliz, ansiando por alguns momentos de solidão a fim de poder respirar, acalmando a angústia que lhe confrangia o peito. Pediu licença à moça, seguindo pelo corredor lateral e escalando agilmente a janela. Qual não foi seu espanto ao deparar com Fábio sentado na cama, aguardando-o:

— *Aquilo* não pode durar para sempre, Fernando! A quem está querendo enganar? A mim, a você mesmo...? De minha parte, sei muitíssimo bem de meus sentimentos... e dos seus, pode crer. A única pessoa que parece querer continuar iludida é você, Fernando. Pode explicar quais seriam suas intenções com aquela garota?

O rapaz permaneceu calado, enquanto Fábio continuava:

– Quando Verinha me convidou, fiquei tão feliz! Pensei que resolveríamos tudo, que você concordaria em conversarmos... Mas não, desde minha chegada tenho observado: está tentando afastar-me, demonstrando interesse por aquela menina... Muito bonita mesmo, contudo não me convence. Eu sei!
– Sabe? Sabe o quê?
– Sei que também me ama, está escrito em seus olhos!

Fernando ficou ali, parado, sem saber como se defender da afirmativa para ele terrível... porém verdadeira.

Fábio enlaçou-o demoradamente, e pareceu-lhe natural corresponder ao abraço, de repente se sentindo protegido, em paz, sem a necessidade de negar o sentimento que lhe dominava a alma. Então, a porta se abriu e Cidoca entrou... em companhia do pastor.

– Fernando! Ai, meu Deus! Bem que eu disse, pastor, meu filho está nas mãos de satanás! Num falei pro sinhor? Coração de mãe num se engana. Uma afrição, uma gastura!

Os acontecimentos seguintes pareciam parte de um pesadelo: a mãe aos prantos, o pastor tentando acalmá-la, a retirada apressada de Fábio, Verinha aparecendo e intervindo, dispensando os convidados, inventando um mal súbito para explicar os soluços e gritos maternos.

Na casa finalmente vazia, Verinha tratou de ministrar um forte sedativo à mãe, um daqueles sossega-leão, como costumava dizer, única maneira de calar o desespero da criatura, pois Cidoca não se conformava com a visão dos rapazes abraçados.

– Verinha, eu vi! Os dois tava namorano...
– Não é nada disso, mãe. Tome aqui este comprimido, durma, amanhã a gente conversa. Vamos, vou rezar com a senhora, só saio daqui quando pegar no sono.
– É bom mesmo, tô cum medo... Satanás entrô nesta casa!

Quando tudo asserenou, a mocinha foi ao encontro do irmão, deparando com ele deitado na cama, chorando.

— Fernando...
— Por favor, Verinha, não diga nada. Foi só um abraço... nem sei como isso sucedeu!
— Mas eu sei... Sei muitíssimo bem!
— Vai dizer que é coisa do demônio, como a mãe vive falando...
— Ei! Pensei que me tivesse em melhor conta... Olhe, Fernando, você vem tentando tapar o sol com a peneira, meu irmão. Isso não vai resolver e...
— Não estou entendendo essa sua insinuação.
— Insinuação? Ora, Fernando, sabe que não sou disso. Quer ver? Qual sua idade? Dezenove, não é? Quantas meninas já namorou? Quando trouxe uma garota para nos apresentar? Já se interessou por alguma, como o João Paulo pela tal garota rica, ou a paixão doida do Marquinhos pela dona Cláudia? Hein? Talvez seja hora de cair a ficha... Fábio é a primeira pessoa por quem se interessa realmente.
— Verinha, eu não sou gay! Pelo amor de Deus, não sou homossexual! Tudo bem essa história de garotas, mas também nunca senti atração por alguém do mesmo sexo, entende? Se sentisse, eu saberia. A desgraça que ocorreu aqui, nesta sua maldita festa, não se repetirá nunca mais, entende? Eu sou homem macho, como diz o pai! E saia do meu quarto, preciso dormir e esquecer tudo. Amanhã falo pra mãe que não era nada daquilo, invento uma boa desculpa, ela se convence e tudo acaba. Quanto ao Fábio, não quero vê-lo nunca mais!
— Fernando, vamos conversar...
— A conversa acabou, Verinha, acabou. E, se a sua amiga, a Camila, aquela com quem dancei o tempo todo, estiver interessada, amanhã mesmo a gente começa a namorar. Chega de doidice!

Na manhã seguinte, Cidoca despertou com a cabeça pesada, a boca com *gosto de cabo de guarda-chuva*. Ficou deitada no leito, tentando descobrir onde estava, até porque ainda não se acostumara à nova casa, estranhando a laje branquinha do teto, as paredes luminosas. Estaria no céu? De repente, uma lembrança da noite anterior desabou sobre ela com o impacto de um bloco de ferro: Fernando e aquele moço... Qual seria mesmo o nome do *infeliz*? Abraçados como dois namorados! Que vergonha! E o pastor assistindo àquilo? Àquela hora, todos da igreja já estariam sabendo, pois certamente o santo homem contaria à esposa, e ela, uma língua solta danada, já teria fornecido o serviço às amigas mais próximas. Que vergonha, meu Deus! Ah, mas aquilo não ficaria assim, ou não se chamava Cidoca.

— Fernando, Fernando!

— O Fernando já saiu para uma sessão de fotos, bem cedinho. Para que esse desespero todo, mãe?

— Desespero? Tu vai vê o que é desespero, Verinha. Sabe quando ele volta?

— Para o almoço, mãe, como sempre...

Cidoca embarafustou pelo corredor, rumo ao quarto, arrumando-se rapidamente e desembestando porta afora, surda às perguntas e aos conselhos da filha. Precisava falar com o pastor! Quando Fernando chegasse, ele o encontraria à espera, pois somente um homem de Deus poderia dizer as verdades ao seu filho desavergonhado. Fora tão cega, sem querer enxergar o que estava na cara, e ela se perguntava há quanto tempo o filho estaria escondendo *aquilo* da família.

Verinha adivinhava as providências que a mãe poderia estar tomando. Falar com o pastor... ou até com Zé Luís! Nesse último caso, pobre do irmão... Precisava avisá-lo!

— Fernando, a mãe saiu como louca.

O rapaz sentiu vontade de arremessar longe o celular, mas se controlou.

— Saiu? Foi aonde?

– Tem a ver com a igreja, espero. Olhe, passou uma ideia terrível pela minha cabeça: e se ela foi procurar o pai? Enquanto não descobrimos, não apareça por aqui de jeito nenhum. Sabe o jeito do pai, um troglodita! Vai fazer picadinho de você! Vou tentar descobrir o que ela está fazendo e ligo depois... Pelo amor de Deus, não apareça antes disso, entendeu?

Felizmente, as tais *providências* da desesperada Cidoca haviam-se resumido ao pastor, que se assentou no sofá novinho comprado pelo rapaz, analisando a sala ampla e os demais móveis igualmente novos, satisfeito comentando:

Parece que a vida da senhora melhorou, dona Cidoca, estou gostando de ver...

– Graças a Deus, pastor, graças a Deus! Incrusive, tava pensano em colaborá mais com as obras da igreja, prometo falá com o meu filho. Ah! Queria a opinião do senhor sobre esse novo emprego do Fernando... Será que num é esse negócio de foto, desfile, recrame na televisão e mais os escambau que tá virano a cabeça dele? Se ele vortasse pra lanchonete do seu Gérso...

– Nem pense numa coisa dessas, dona Cidoca. O emprego certamente não é o culpado. Esse relacionamento com um homem é tentação de satanás, coisa do demônio, irmã, coisa do demônio!

– E o que eu vô fazê, pastor? Tô morreno de vergonha! Todo mundo deve di tá sabeno dessa poca-vergonha... Onde já se viu home com home?

– Daremos um jeito, irmã, acalme-se. Traga um copo de água com açúcar para a sua mãe, menina! Olhe... o caso de seu filho representa uma abominação aos olhos de Deus, mas podemos reverter tudo, tirá-lo desse caminho vicioso, e ele constituirá testemunho vivo do poder de nossa fé.

– Ah, pastor, Deus seja lovado! Só o senhor pra aliviá minha angústia nesta hora de provação!

O tempo foi passando... Depois de muitos cafezinhos, o religioso decidiu retirar-se, para desconsolo da aflita Cidoca:

– Que pena, pastor! Queria que o senhor dissesse das coisa que tão na Bíblia pro meu filho, falasse da condenação eterna...

– Não faltará oportunidade, irmã. Voltarei quando ele estiver aqui.

– Hoje, pastor, hoje? Senão enloqueço de tanta afrição!

– Certo, dona Cidoca, hoje mesmo, lá pelas sete da noite... Espere por mim com um cafezinho, um bolo... Sabe fazer bolo de chocolate, menina?

– Sei, pastor.

– O meu predileto! E também levarei um bom pedaço para casa...

– Gula não será pecado, pastor?

– Verinha! Repare não, pastor, ela é ansim mesmo... Desaforada! Tu me paga, Verinha!

Batendo o bolo, Verinha alisava as doloridas marcas de beliscão nos braços. Cidoca caprichara! Mas valera a pena, valera sim...

Desesperado, Fernando procurava uma saída para a situação. O pastor nada representava diante do perigo maior: o pai. Somente uma coisa calaria a boca de todos, tudo remediando: uma namorada!

Assim, às oito, adentrava a casa em companhia de Camila, mãos dadas, deparando com o pastor confortavelmente instalado, às voltas com o bolo de Verinha.

Cidoca quase desmaiou de alívio. Suas preces haviam sido escutadas!

– Pastor, seja bem-vindo novamente. Ontem nem pudemos conversar... Verinha, mostre seu quarto a Camila, gostaria de uma palavrinha a sós com a mãe e o pastor. Pode ser, meu amor? Rapidinho... Depois iremos ao cinema.

Mal as duas moças saíram da sala, Fernando sentou-se, começando a falar:

— Mãe, pastor, não sei como pedir desculpas pelo ocorrido, um lamentável engano... da parte de vocês, logicamente. Eu e meu amigo Fábio não estávamos fazendo nada de errado. Olhem só: o Fábio perdeu o pai há pouco tempo, sente muita falta dele, pois eram inseparáveis; estava desabafando. Um abraço entre amigos não significa isso que imaginaram! Não quis a Camila presente durante a conversa, pois ela poderia estranhar, resolvendo terminar nosso namoro.

— Era um abraço muito do isquisito, Fernando, abraço de namorado!

— A senhora é que está vendo maldade em tudo, mãe.

— Fernando, dona Cidoca está certíssima em ter medo dessa danação de satanás que está assolando a população hoje em dia. Não assiste aos filmes, às novelas? Mulher com mulher, homem com homem...

— Concordo com o senhor, pastor, mas não precisam ficar preocupados; não está acontecendo *essa coisa* comigo. Se tudo der certo, logo estarei casado com Camila, teremos uma família, filhos... como a Bíblia recomenda. *Crescei e multiplicai-vos...* Não é assim o certo, o normal, pastor?

— Claro, meu irmão, claro.

— Então, agora vamos chamar as meninas. Vou querer um pedaço desse maravilhoso bolo de chocolate e um cafezinho. Mãe, por que a senhora não passa um fresquinho? O café da dona Cidoca, pastor, não tem comparação! Aposto que esse aí, na xícara do senhor, foi feito pela Verinha...

— Como sabe, filho?

— Parece mais um *chafé*, mãe. Pastor, o senhor vai ver a diferença!

Enquanto Cidoca permanecia na cozinha, o religioso deixou implícito, em reticentes palavras, não estar muito convencido da inocência do rapaz, aproveitando para convidá-lo a frequentar a igreja, pois jamais acompanhava a mãe e os irmãos.

— Pastor, o senhor pode não acreditar, mas meus horários de trabalho sempre foram fora do habitual. Antes, na lanchonete... Agora, então, piorou! E dizem que vida de modelo é fácil! Mas peço ao senhor: ore por mim. E, se precisar de alguma coisa, conte comigo.

Naquela noite, Cidoca adormeceu tranquilamente, pois Fernando fora salvo da danação do inferno; tudo não passara de lamentável engano, até o pastor reconhecera.

Céleres, os dias foram passando. Verinha não se conformava. A quem o irmão pretendia enganar? Camila podia ser boba, ou tentar tapar o sol com a peneira, mas ela, Verinha, percebia algo muito estranho naquele relacionamento do irmão com a namorada. Aquela conversa, em pleno século XXI, de somente se relacionarem sexualmente após o casamento? Muitos casais escolhiam agir assim porque realmente acreditavam ser o correto, estando em seu pleno direito, mas o irmão jamais pensara daquela forma. Além do mais, com toda certeza evitava Camila, fugindo de seus abraços e beijos. Pretenderia levar aquela farsa até o fim? O pior de tudo é que ele se recusava a falar sobre o assunto, parecendo acreditar naquela história absurda de danação satânica.

Aparentemente, tudo seguia o rumo almejado por Cidoca. Aquela mãe não conseguia *enxergar* os filhos; com eles convivia e deles cuidava, porém impunha um padrão de conduta condizente com as próprias convicções, desconhecendo que cada um era único, um Espírito criado por Deus, com suas experiências acumuladas existência após existência, determinando suas crenças e valores, sem rezar, obrigatoriamente, por sua cartilha. Assim, a tristeza nos olhos de Fernando, seu silêncio, a franca desaprovação de Verinha, nada lhe dizia respeito. A seu ver, Fernando estava namorando Camila, uma moça de boa família, evangélica, temente a Deus, e logo se casariam, dando-lhe netos. Tudo *normal*; os *problemas* do rapaz estariam resolvidos!

Verinha questionava se deveria revelar a Fernando uma conversa sua com Fábio, quando o rapaz praticamente lhe implorara ajuda. Por fim, resolveu abrir o jogo:

— O Fábio me ligou...

— Fábio?

— Ah, Fernando, não se faça de desentendido! O Fábio, o seu querido Fábio...

— Você só pode estar louca, minha irmã. Meu negócio é mulher... mais precisamente, a Camila.

— Ah, é, não é? E por que você fica aí parado, olhando as fotos da viagem? Tem todas... Onde conseguiu? Na agência? Qual desculpa deu: que queria guardar de recordação? E, quando casar com a pobre da Camila, vai levar na lua de mel?

— Chega, Verinha! Olhe, não sei o que acontece comigo, mas não posso vacilar, percebe? Seria o fim da mãe. Viu como está feliz? E tem o pai...

— E tem você, Fernando, você não conta?

— Isso vai passar, Verinha, vai passar. Conversei com Camila. Completamos seis meses de namoro, estamos pensando em casar.

— Pelo amor de Deus, Fernando! Casamento não vai resolver a questão, vai piorar. Imagine viver com uma pessoa, deitar lado a lado... e pensar em outra, desejar outra.

— Casando, tudo vai melhorar, irmãzinha, pode acreditar. Quanto ao Fábio, se ele ligar de novo, trate de dizer que estou em outra; fale da Camila, de nossos planos...

— Só me diga uma coisa, *uminha* só... Vocês finalmente estão transando? Ou, pelo menos, tornando a relação mais íntima, entende...?

– Conversamos a respeito e concordamos em esperar para depois do casamento. Você já bisbilhotou antes, eu lhe disse...

– Ahn... Ela quer isso? Tem certeza?

Fernando nada respondeu, pois não desejava mentir. Contudo, falar que a namorada discordava daquela abstinência total e irrestrita seria lançar mais lenha ao fogo, reforçando os questionamentos da irmã.

Três meses depois, os dois jovens estavam a alguns dias do casamento. Vestido de noiva, festa, damas de honra, padrinhos, tudo decidido. Naquela manhã, após cansativa sessão de fotos, Fernando deparou com Fábio no saguão da agência de modelos, pacientemente aguardando sua saída.

– Fernando, podemos conversar?

– Estou em cima da hora, Fábio!

– Vai casar com a Camila? Não acredito que realmente queira isso! Amo você, sei que me ama também. Pode afirmar, com toda a sinceridade, que estou mentindo, pode? Por favor, minta para todos, esconda-se, mas não para você, para mim...

– Não podemos...

– Por quê? Se fosse no século passado, até entenderia. Hoje em dia, no entanto, admite-se o amor entre pessoas do mesmo sexo. Ainda existem muitos preconceitos, mas sobrevive-se a eles...

– Não consigo aceitar.

–Ah, agora você colocou certinho... *não consigo aceitar*! Percebe? O maior preconceito está dentro de você! Fernando, não adianta fugir deste sentimento. Se não quer assumir, tudo bem, mas admita nada entender a respeito do assunto, talvez assim consiga aceitar o fato de a afetividade não obedecer a parâmetros impostos pela sociedade. Se assim fosse, não haveria relacionamentos homoafetivos, não é? E eles existem desde que o mundo é mundo!

— Fábio, vou me casar no sábado...

— Por isso estou aqui, para evitar o sofrimento de uma moça inocente; ela nada tem a ver com seus conflitos. Por que metê-la nisso? Como a Camila se sentirá ao descobrir sua traição?

— Mas não pretendo trair a Camila!

— O conceito de traição não está restrito somente à conjunção carnal, meu caro. Você até pode não se relacionar comigo, mas estará pensando em mim, seu coração estará ligado ao meu...

— Eu sou homem! Olhe para mim! Por acaso estou a *desmunhecar*?

— Fernando, quem disse a você que deixaremos de pertencer ao gênero masculino, de ser homens, como diz, por assumir que gostamos um do outro, que queremos construir uma vida juntos? Tem outra coisa: esse argumento de *desmunhecar* não tem nada a ver, não passando de uma crença preconceituosa. Não faço isso, você também não... e nos amamos! O que vem provar que se trata de puro preconceito de pessoas desinformadas. Pense bem, não faça isso com a gente, com Camila...

Quando Fernando entrou em casa, Verinha balançou a cabeça: nada ia bem. O irmão se trancou no quarto, claramente infeliz! E aquele casamento injustificado? Será que Camila não percebia *nadica de nada*?

Como se a jovem lesse seus pensamentos, a porta se abriu e ali estava a noiva... chorando! Às suas primeiras palavras, Verinha entendeu o drama que lhe dilacerava a alma:

— Fernando está?

— No quarto. Quer que chame?

— Deixe pra lá... Preciso falar com você, tirar umas dúvidas, e espero que não minta para mim, pelo amor de Deus! À tarde, fui à igreja com o rapaz da floricultura, para ver onde colocaríamos os arranjos. Entramos pelos fundos, pois não desejava atrapalhar a reunião do pastor com as pessoas que estavam no salão. Deveria ter entrado pela porta da frente! Havia duas ou três mocinhas conversando naquele banco ao lado dos banheiros, não me viram chegar. Falavam do Fernando, de mim! O Fernando é *gay*, Verinha?

    A jovem se viu entre a lealdade ao irmão e a possível verdade.

    – Responda, Verinha!

    – Você é que tem de saber, Camila. O namorado é seu!

    – Saber como? Ele é gentil, sou tratada como porcelana... Sempre me dá presentes. Quis a festa mais chique, e ele bancou tudo, porque minha família não tem posses para tanto. O vestido de noiva foi presente da agência, de um costureiro famoso, nem sei dizer o nome direito. Lindo, um sonho! Apesar de tudo parecer maravilhoso, não sinto nele o desejo de um homem pela mulher amada. Seus beijos mais parecem de irmão. Aquelas liberdades, comuns aos noivos às vésperas do casamento, nada! Se tomo a iniciativa, ele sai pela tangente. Que devo pensar, Verinha?

    Diante do silêncio da futura cunhada, prosseguiu:

    – E o que ouvi hoje? A filha do pastor estava fofocando junto, contando a história de o *santo paizinho dela ter encontrado o Fernando com um rapaz, no quarto dele, aqui na casa de vocês...*

    Verinha permanecia muda.

    – Fale, você é minha amiga, não é?

    – Não me coloque nessa! Talvez deva repetir tudo isso para ele, Camila. Na minha opinião, passou da hora de abrir o jogo; afinal, são muitas dúvidas para quem está prestes a se casar. Trata-se de algo sério, não percebe?

    Assim, a poucos dias do casamento, Camila terminou com o belo e bem-sucedido noivo. Qual teria sido o teor da conversa entre os dois? Ninguém ficou sabendo. Resguardando os próprios egos, ambos silenciaram, negando-se a mencionar as razões do desenlace abrupto e definitivo.

Cidoca não se resignava. Uma suspeita atroz agitava sua alma. Será...?

Após os primeiros dias, Fernando pareceu acalmar-se; voltou a sorrir, a cantar no chuveiro como antes. O rompimento representara um alívio! Quanto a Camila, desaparecera, correndo boatos de estar hospedada na casa de uma tia, em Minas Gerais. Inteligente decisão, pois a boataria corria solta, principalmente no recinto da igreja, encabeçada por dona Zuleica, a esposa do pastor. Cidoca percebia os olhares de escanteio, os cochichos, mas ninguém se atrevia a lhe contar *a verdade*.

Os dias foram passando. Fernando envolvia-se com o trabalho além do necessário, permanecendo em casa cada vez menos. Verinha entendia; o irmão desejava ficar longe da mãe, pois dona Cidoca o importunava com perguntas e mais perguntas, praticamente culpando o filho pelo rompimento, pressionando, insinuando. Quando encasquetava com uma ideia, tornava-se insuportável! Naquela tarde, contudo, foi a vez de a mocinha questioná-la:

– Mãe, recebi uma ligação da doutora Jéssica.

– Hum...

– Ela disse que a senhora não aparece no consultório há mais de dois meses! No entanto, sai daqui com o dinheiro da consulta e pega o táxi, pois Fernando não permite que a senhora ande de ônibus. Pode explicar o que está aprontando, mãe?

– Nada de mais, menina. E pare de me tratar como criança. Deixei de ir porque quis!

– Ah! Deixou de ir... E fica onde? Pois volta tarde para casa, diz que a consulta se prolongou, e até tem elogiado a doutora...

– Menti, pronto!

– Mãe!

— Tá bem, vô vortá a ir naquela chata, mas ela disse que a tal da hora subiu de preço... A gente paga preu ficá falano, falano, falano... e a dotora só escuta! Isso até eu faço, sem precisá de estudo e muito menos de cobrá!

— É assim mesmo, mãe. A senhora vai voltar sim. Pelo menos guardou o dinheiro das faltas?

— Não.

— Gastou? Mas é muito dinheiro, mãe! Gastou em quê?

— Num disse? Me trata como criança! Pronto... Comprei doce, sorvete, chicrete... — e desatou a rir desafiadoramente, para desespero de Verinha, que pressentia algo nada bom naquela história mal contada.

Outra coisa preocupava a mocinha, pois o irmão lhe confidenciara: após o término do noivado, começara a se encontrar com Fábio, reatando os laços de *amizade*, como ele insistia em nomear a relação. No entanto, pouco a pouco as reservas iam sendo deixadas de lado, e o jovem modelo compreendia não mais conseguir viver sem a presença do *amigo*.

Nos meses seguintes, tudo se tornava cada vez mais complicado para o rapaz, pois o preconceito de Cidoca piorava dia a dia, tornando impossível a convivência. Depois de muito trocarem ideias, os dois rapazes chegaram à conclusão de que as coisas ficariam mais serenas se ele saísse de casa, pretextando, por razões de trabalho, a necessidade de morar só, em modesto conjugado cedido pela agência, localizado no centro do Rio. Pura invencionice, pois Fernando tencionava assumir o romance, mudando para o apartamento de Fábio.

Verinha sabia de tudo e concordava com a decisão de Fernando, pois o clima realmente estava insuportável. Dias depois da mudança do irmão, encontraram-se em uma cafeteria, e a mocinha relatou o que estava sucedendo:

— Fernando, a mãe endoidou de vez! Lembra quando faltou às sessões da doutora Jéssica, gastando o dinheiro todinho?

Dei uma dura nela, e a danadinha prometeu reiniciar o tratamento, seguir direitinho. Mentira! Ontem fiquei sabendo: faz mais de mês, *novamente*, que sai de casa e volta tarde, mas não vai ao consultório da psicóloga.

— Vai aonde então?

— E ela conta? *Nem morta!* Não conta, faz troça da gente, toda cheia de razão.

— *Cheia de razão...* Hum... Isso não lembra algo? Quando a dona Cidoca ficava cheia de razão, minha irmã, quando?

— Quando o pai estava por perto, fazendo a cabeça dela!

— Bingo! Pode crer, o dinheiro está indo todinho para os bolsos do danado.

— Não pode ser, Fernando. A gente se mata para dar conta da casa e ela põe dinheiro nas mãos daquele safado? Isso não vai mudar nunca?

— O pai deve estar sabendo de meu sucesso e farejou dinheiro grosso. Mas não vai ficar assim não! Se ela não quer se tratar, não podemos obrigar. Só nos resta esperar. A mãe vai surtar uma hora dessas e teremos de tomar providências mais sérias, pois ela não vai dar conta das armações do pai.

— E as consultas? Continuamos a colocar o dinheiro nas mãos dela? Assim, numa boa?

— Nadinha! Diga à mãe que, como não assume com seriedade o tratamento, decidimos cancelar. E não dê nem um tostão a ela.

A casa caiu! Cidoca esbravejou, gritou, quebrou pratos e xícaras, porém a filha permaneceu inflexível: a partir daquele momento, assumiria a responsabilidade de saldar as dívidas relacionadas à mãe.

— O Fernando recomendou que a senhora tenha do bom e do melhor... mas eu vou e pago pessoalmente.

Nos primeiros dias seguintes àquela decisão, Cidoca persistiu em seu ritual de sair de casa no costumeiro horário das consultas. Depois apareceu com um olho roxo, evidente sinal de pancada, alegando *ter sido assaltada*.

— Culpa sua, Verinha. Sua e do miserave do Fernando. Se eu tivesse dinhero na bolsa, o ladrão num tinha me batido!

Ao saber do ocorrido, Fernando deduziu na hora:

— Foi o pai, Verinha.

— Coitada... O que vamos fazer?

— Dar dinheiro a ela! Pelo menos fica feliz, não leva pancada...

— Mas é injusto!

— Tem tanta coisa injusta neste mundo, minha irmã. Eu não aguento ver a mãe assim. E ela abandonou o tratamento que poderia tirá-la dessa desastrosa dependência afetiva... Meu medo é que ele se torne cada vez mais exigente, querendo mais e mais dinheiro. Aí as coisas vão piorar de vez.

— Quem sabe uma hora a ficha cai, Fernando.

— Só por Deus!

O rapaz acertara em cheio. Zé Luís estava novamente em cena. Sem nenhuma mulher disposta a sustentá-lo, não tendo sequer uma casa para morar, voltara a explorar a pobre Cidoca, desativando-lhe o *desconfiômetro* com as falsas e costumeiras juras de amor. Por algum tempo desempenhou bem o papel de marido arrependido e amoroso, antevendo a oportunidade de nadar no dinheiro do filho famoso, a expor sua máscula figura em *outdoors* por toda a cidade. *Um macho de verdade, como o pai!* Invejava a sorte de Fernando, imaginando a infinidade de mulheres *caidinhas* por ele... Menino sortudo! E ganhando um *dinheirão*, Cidoca dissera. Ele entraria naquela grana toda, pois, afinal de contas, um filho tinha a obrigação de ajudar o pai.

Apesar da generosidade de Fernando, o dinheiro não era tanto assim, embora bastasse para as despesas da casa com folga e os estudos dos irmãos. Cidoca não entendia, exigindo mais e mais, ansiosa em agradar o marido, apavorada com a perspectiva de perdê-lo, até o dia em que Zé Luís decidiu: falaria pessoalmente com o rapaz! Queria o pagamento dele em sua mão; era seu direito de pai. Enfureceu-se ao saber que a esposa lhe desconhecia o endereço. Como podia ser? Ao se convencer da sinceridade da pobre, resolveu ele mesmo descobrir o paradeiro do *filho ingrato.* Fácil, o Rio não era tão grande, bastando o nome da agência onde ele trabalhava, e isso constava nos *outdoors*...

ESTUDANDO SEXUALIDADE NOVAMENTE

Em Barcelona, Lalinha permanecia deitada na enorme cama, naquele quarto luxuoso, que mais parecia saído de um conto de fadas. Os acontecimentos dos últimos tempos passavam por sua cabeça, retrospecto de intensos sofrimentos, mas também de muita aprendizagem e enormes alegrias.

Parecia ter sido ontem... Seu emprego de doméstica em casa da modelo Cláudia. O sequestro da irmã Joana, transformada em escrava sexual. A partida para Barcelona em companhia da patroa, levando a tiracolo o irmão Marcos, na qualidade de motorista e faz-tudo. Os surpreendentes eventos envolvendo o reencontro com a irmãzinha desaparecida. As aulas de Eduardo sobre a sexualidade humana, o primeiro contato com o Espiritismo. E tanta, tanta coisa além, como seu amor por Eduardo, o complicado primo de Cláudia, e o romance entre Marcos e Cláudia...[1]

Algumas horas antes, o som da guitarra cessara, assim como os risos e as vozes na casa, finalmente imersa em silêncio. Apesar de os horrores dos últimos meses haverem passado, ainda sentia como se algo estivesse pendente sobre sua cabeça, ameaçador, prestes a desabar. Sem dúvida, estava muito difícil conciliar o sono.

Pulou da cama, saindo para a sacada e contemplando o cenário de sonho da Barcelona envolta em luar. Ainda não se acostumara com a visão do extenso gramado, os canteiros de exuberante floração, as águas ao longe, agitadas pela suave e perfumada aragem noturna. Tanta beleza, tamanha paz naquela paisagem... No peito, porém, um aperto doloroso, uma inquietação, a impossibilidade de superar as lembranças dos últimos tempos. No entanto, o pesadelo terminara!

Alguém mais perdera o sono, e ela se pôs a chamar baixinho:
– Marcos, Marquinhos...
– Lalinha, pelo amor de Deus, fique quieta; assim acorda todo mundo! Desça aqui, precisamos falar, venha!

A jovem colocou um leve casaco sobre a camisola para se proteger do frio da noite, descendo rápida e silenciosamente a magnífica escadaria, alcançando o jardim.

– Vamos sentar naquele banco; quero trocar umas ideias com você.
– Mas agora, de madrugada?
– Agora, agorinha mesmo... Por que o espanto? Está tão acordada quanto eu! Olhe, tem noção de há quanto tempo não vemos nossos familiares do Rio? Aliás, depositei dinheiro para eles... Fiquei tão desarvorado com essa história toda de traficantes

---
[1] MAFFEI, Cirinéia Iolanda/Espírito Lucien. Joana. 1. ed. Catanduva: Boa Nova, 2014.

sexuais que me esqueci completamente da nossa família no Rio, acredita? Onde já se viu isso, meu Deus?

— Foi aquela loucura, Marcos. Parece mentira que passamos por tudo aquilo.

— Graças a Deus, passamos. Passado, minha irmã, passado! Foi, acabou!

— Não sei quais são suas intenções... Eu gostaria de fazer uma visita ao Rio, estou com saudades da mãe, dos meninos. Mas a dona Cláudia...

O rapaz riu, balançando a cabeça.

— Cláudia, só Cláudia, Lalinha, sem esse *dona*. Você não é mais a empregada doméstica dela. Logo serão cunhadas, lembra?

— Trata-se da força do hábito, Marquinhos. Voltando ao assunto, não posso abandoná-la agora, com a agenda superlotada por conta dos compromissos adiados devido aos nossos problemas familiares. Seria injusto... e ingrato, depois de todo o empenho de sua noiva em nos ajudar. Você mandou o dinheiro, não mandou? Menos mal!

— Dinheiro não é tudo, Lalinha. Será que eles não têm o direito de saber dos acontecimentos? A mãe deve estar pensando que a Joana ainda está desaparecida! Talvez, se a gente telefonasse ou escrevesse...

— Nem pensar! Eles têm de saber, mas não por telefone ou carta. A história precisa ser explicada devagar, com tempo, ainda mais para a mãe; a cabecinha dela anda atrapalhada... Não adianta contar por partes, de maneira incompleta; só vai servir para estressá-los!

— É, tem razão... Vamos estudar uma data e iremos todos; dará tempo até para a Joana voltar.

— Quando, Marquinhos... quando Joana estará novamente conosco? Já deveria ter vindo, não acha?

— O detetive Javier disse que vai demorar um pouco para ela e Nícolas poderem sair da proteção à testemunha. Não é tão fácil como parece; os responsáveis pelo programa precisam ter certeza de que os traficantes não vão importuná-los.

— Será que tem perigo? *Ainda?*

— Sabe como é... Podem querer vingança; com essa gente não se brinca. Apesar do sigilo quanto às informações prestadas por nossa irmã, decisivas na derrocada daquela célula criminosa do tráfico sexual, nunca se sabe... A quadrilha implicada no sequestro de Joana morreu todinha naquele desastre de van, contudo há informantes dos bandidos por toda parte. Todo cuidado é pouco; imagine se alguém se lembrar dela! Melhor esperar. Mas, escute, você não acha que estamos parados demais? Afinal, já faz um tempão que só fazemos comer, dormir e descansar.

Lalinha desatou a rir.

— Bem se vê que fomos *pobres* mesmo! *Um tempão?* Não faz tanto tempo assim, Marquinhos. Na verdade, estamos acostumados a trabalhar sem parar, inclusive nas férias, fazendo bicos.

— Pensando bem, não faz mesmo, mas não aguento essa pasmaceira. Estou com umas ideias...

— Hum... lá vem...

— Quantas pessoas foram libertadas da célula criminosa que nos aprisionou?

— Ah, se contarmos todos, rapazes e moças, o número deve chegar a mais de quarenta...

— Conforme calculei: quarenta, cinquenta... E o que ocorreu depois que se livraram da quadrilha?

— Lembra a explicação do detetive Javier naquela noite? Teriam de deixar a Espanha, não se sabendo para onde... Disse também que ninguém se preocuparia com as feridas emocionais causadas pela escravidão sexual àquelas pessoas; seriam simplesmente devolvidas a seus países de origem.

– Foi assim mesmo. Fiquei arrasado! Isso não me sai da cabeça, minha irmã. O que será delas, tão vulneráveis? Não basta libertá-las, achando que tudo ficará bem, como num passe de mágica. Daí, eu tenho uma proposta deveras interessante... Olhe, está amanhecendo, Lalinha! Vamos para a cama. Não vou contar agora, pois quero todos juntos na hora de expor meus planos. Você poderia reunir todo mundo à noite, às nove, na biblioteca?

A jovem recordou-se com saudade das reuniões no antigo apartamento de Cláudia, na cidade. Haviam suportado a avalanche de infortúnios somente por conta daqueles serões, da fé construída sobre as sólidas bases da razão despertada pelo estudo. Que teria sido deles sem a abençoada luz proporcionada pelos esclarecimentos de Eduardo? Ah, Eduardo!

Por instantes, a figura alta e bronzeada do moço tomou conta dos pensamentos de Lalinha. Amava-o e também sentia o interesse dele por ela; contudo, quando as coisas pareciam entrar nos eixos, o moço se afastava, evitando-a. Nem o noivado e a felicidade de Marquinhos e Cláudia haviam logrado estimulá-lo a sair da concha na qual se ocultava. A mocinha suspirou, uma suspeita apertando-lhe o coraçãozinho: talvez o sentimento fosse somente da parte dela...

O dia transcorreu lento, como se a curiosidade de todos os moradores da mansão tolhesse o caminhar dos ponteiros do relógio. Finalmente, na biblioteca da mansão...

– Lalinha, quando vamos começar? Estamos todos aqui: eu, você, Marquinhos, Manolo... Ah! Falta a Rosa, Manolo. Ela não vai participar?

– Pois é, Cláudia, minha esposa está na cozinha, como sempre... Não se preocupem, depois eu transmito as novidades a ela.

Lalinha complementou:

– Eduardo está viajando a trabalho, uma pena. E o Javier...

– Vocês o convocaram?

Marquinhos interveio:

– Achei melhor, ele pode auxiliar muito. Além do mais, tornou-se um amigo querido.

Cláudia sorriu, insinuando:

– Se a Lalinha quisesse, poderia tornar-se muito, muito mais...

A mocinha avermelhou, abaixando a cabeça. Inconformado com a brincadeira da noiva, Marquinhos atalhou:

– Cláudia, você está cansada de saber em quem minha irmã está interessada!

– Pobre Javier... Ah, parece que ele chegou. Javier, venha, sente-se aqui!

– Todos a postos, vamos começar – falou Marquinhos. – Estive pensando nas pobres vítimas do tráfico, principalmente naquelas com as quais convivemos... e nesta casa *enooooorme*!

– Antigamente as casas eram construídas assim, grandes, espaçosas, destinadas a acolher os parentes, os amigos, que passavam dias e dias hospedados, meses até. Hoje cada um vive a própria vida, agitada, sem tempo para longas visitas.

– Isso mesmo, Manolo. Olhem só o tamanho desta casa! Moramos todos aqui e, ainda assim, resta um espaço imenso, todo desocupado, inútil. E temos dinheiro de sobra. Daí, andei pensando... Que tal se hospedarmos esses jovens por um tempo, disponibilizando calor humano, afeto e, logicamente, tratamento médico e psicológico, até estarem prontos para a reintegração à sociedade?

Javier atalhou:

– Muitos ainda se encontram em Barcelona, aguardando resolução das autoridades, principalmente os sem família, os pertencentes a países em guerra... E muito pouco se tem feito por eles, por conta da burocracia, do descaso.

— Então, Javier! Você, que é do país, poderia conseguir bons profissionais interessados em desenvolver esse tipo de trabalho conosco. Faríamos uma experiência.

O entusiasmo tomou conta de todos, pois o projeto vinha ao encontro de um anseio comum: auxiliar aquelas pessoas retiradas de seu meio, marginalizadas, brutalizadas por longo tempo, subitamente lançadas em lugar algum, como se estivessem em um limbo. Terrível!

Passada a inicial euforia, Javier opinou:

— Acredito ter condições de conseguir profissionais competentes, e rápido. Enquanto isso, vocês preparam as instalações para alojá-los. Farei uma lista dos candidatos.

— Que história é essa de *candidato*? Queremos a *turma inteira*!

— Cláudia, nem todos aceitarão, e não podemos obrigar ninguém a fazê-lo. Alguns já optaram por continuar na prostituição. Outros, por conta do trauma, jamais adentrariam um local onde se sentissem presos, embora nosso projeto signifique liberdade futura, decorrente da recuperação da saúde integral. Não se submeteriam às regras do programa e...

— Deus me livre! Saem daquela situação e embarcam em outra semelhante ou pior...

— Cláudia, nada é tão simples. Estamos tratando com seres humanos, detentores do direito de escolher seu caminho. Muitos deixaram de acreditar na possibilidade de mudança, por conta de sua fragilidade emocional; alguns estão fisicamente enfermos, sabia? Muitos, quase a maioria, foram forçados à dependência de drogas.

A modelo entrou em desespero:

— Isso não vai ser fácil, gente!

Uma voz se ouviu:

— Não, não vai mesmo, se não entendermos as necessidades de cada indivíduo enredado nessas dolorosas tramas, atribuindo-as ao acaso, desacreditando da capacidade de superar adversidades, inerente a todo ser humano. E se, principalmente, não soubermos auxiliar sem cobranças ou expectativas, disponibilizando condições que lhes permitam curar as feridas do corpo e da alma, porém jamais olvidando o livre-arbítrio concedido por Deus a cada um, consistindo na liberdade de escolha e consequente responsabilidade.

Lalinha não se conteve:

— Eduardo!

— Parece que cheguei bem na hora.

A mocinha desabafou:

— Bem na hora da chuva de obstáculos, antes de a coisa sequer começar. O que acha do projeto?

— Estava ali, na entrada da biblioteca, desde o início da exposição do Marcos. Somente considerei melhor deixá-los à vontade. Quanto ao projeto, resta-me aplaudir a excelente iniciativa, fadada ao sucesso, desde que cada um de nós caia das nuvens, firmando os pés no duro e áspero terreno da realidade, sem perder, todavia, a capacidade de sonhar e acreditar.

— Primo, isso é dificílimo!

— Recordam-se de quando começamos a estudar sobre o tráfico sexual? No começo, tudo se resumia à simplicidade de corpos submetidos à degradante realidade do terrível comércio. Depois, no transcorrer do estudo, compreendemos que a questão extrapolava os limites materiais, dizendo respeito à realidade espiritual dos envolvidos. Neste projeto, provavelmente ocorrerá o mesmo. Assim sendo, para obtermos sucesso, precisamos...

— ... continuar estudando as realidades do Espírito!

— Isso, Lalinha, isso! Para que possamos entender cada um de nossos hóspedes e tomar as melhores decisões.

Cláudia determinou:

— Já que é assim, vamos retomar imediatamente os estudos sobre a sexualidade. Quando?

— Estou praticamente no finalzinho de meu atual trabalho. O próximo será aqui mesmo, em Barcelona, então estarei livre para nossas reuniõezinhas.

— E nós, que não participamos dos estudos iniciais? Ficaremos *boiando*? Podemos fazer parte agora?

— Claro, Marcos! Basta querer! Reservaremos um horário à parte para tirar dúvidas, fazer um resumo do estudo anterior... e iremos sanando as dificuldades conforme forem aparecendo. Será muito bom mesmo, sem falar no famoso lanche do final. Vão *adorar*... — afirmou Eduardo.

— Ah, estava demorando... Infelizmente, devo dizer, pois continuo modelo, gente, escrava da balança! Terei de manter o hábito de correr para meu quarto... Assim não dá, meu primo!

— Não entendo o motivo de a reclamação ser dirigida à minha pessoa, como se eu fosse o eterno culpado. Nem sabia desta reunião, sabia? Cheguei *por acaso*... E não tem lanche hoje?

Como em um verdadeiro passe de mágica, a esposa de Manolo surgiu empurrando tentador carrinho, onde se viam sucos, duas belíssimas tortas salgadas e um bolo.

Diante daquela visão celestial, Eduardo caiu na risada, exclamando:

— Parece, prima, que agora temos duas cozinheiras. Comida em dobro, não é?

Lalinha e Rosa entreolharam-se, desatando a rir. Realmente, haviam combinado unir forças para o lanche. Eduardo acertara em cheio!

Marquinhos balançou a cabeça, mal acreditando em tamanha gula:

— Gente, um pouco de paciência, logo acabaremos a reunião. Pode ser, *por favor*? Enquanto Eduardo está preso com o trabalho, vamos analisar os possíveis locais para o desenvolvimento de nosso projeto? Onde seria melhor?

Manolo sugeriu:

— Creio ser conveniente certo distanciamento físico, levando em conta a diversidade de situações e pessoas, e o desejo dos jovens por um mínimo de privacidade, não é? Que tal utilizarmos os alojamentos para hóspedes? São muito confortáveis!

— Aquela construção grande perto do riacho? Os aposentos estão mobiliados, Manolo?

— Na verdade, Marcos, devido à doença de nossa saudosa dona Mercedes, há muito permanecem abandonados. A família se isolou depois de alguns incidentes desagradáveis... Falatórios, entendem? Antes de morrer, o pai, dom Felipe, talvez numa derradeira tentativa de salvaguardar a filha, ocultando do mundo sua triste condição, doou os preciosos móveis a uma instituição beneficente, para um leilão em prol de suas atividades. Assim sendo, encontram-se vazios.

— Amanhã iremos até lá.

— Vou junto, meu amor... Mais a Lalinha e a Rosa. Mulher entende melhor dessas coisas de móveis. Talvez também precisemos de pedreiros, não acham?

Javier ofereceu-se:

— E eu providenciarei a relação dos futuros hóspedes. Assim saberão dividir os aposentos de acordo com o número de pessoas.

— Se for preciso, podemos colocar beliches...

— Imagine, Lalinha, há espaço sobrando. No tempo de dom Felipe, recebíamos quarenta, cinquenta pessoas de cada vez, para as festas de Natal, fim de ano. ..

— Nossa, Manolo!

— Coisa muito comum naqueles tempos... Eu era criança, mas participava de tudo, acompanhando o trabalho de meu pai, mordomo na época. Agora, se me permitem, que tal nos deliciarmos com estas maravilhas? Depois, cama!

Na tarde seguinte, Marcos recebeu um *e-mail* do detetive, surpreendendo-se:

— Lalinha, olhe só a relação enviada pelo Javier!

— *Só isso?* Achei que seriam muitos! Não entendo...

— Veja, ele colocou uma observação no final: *os demais se foram, restando somente estes, perdidos, confusos, sem destino.*

— Talvez seja melhor assim, Marcos. Devido à falta de experiência do grupo de trabalhadores, um número grande de pessoas poderia ser complicado; imagine se fizermos alguma coisa errada, prejudicando alguém. Certamente Deus conhece o limite de nossa capacidade, meu irmão.

— Tem razão. Afinal, são onze, um número significativo se considerarmos os possíveis traumas. Não adianta querer abraçar o mundo... *Menos, Marquinhos, menos.*

— Isso! Em compensação, cada uma dessas pessoas terá a oportunidade de ocupar um quarto individual. Poderemos montar uma sala de TV, de jogos, talvez uma miniacademia. E dispomos daquele riacho cristalino, maravilhoso. Ideal, não acha? Quando estive na mansão de Matilde, as moças dividiam os quartos; cada aposento apertado, calorento! E não havia lazer algum...

— Não estou entendendo... E aqueles quartos luxuosos?

— Somente para as transas, meu caro irmãozinho! Naqueles ambientes, cada menina *posava de princesa*, alimentando a ilusão dos compradores, fascinados pelos jovens e lindos corpos. Passada a encenação, *de volta ao covil!* Por isso, para auxiliar a banir essa lembrança horrível, vamos tratar de mobiliar os aposentos onde ficarão como se fosse o quartinho de cada uma realmente, e não um local despersonalizado, como aqueles destinados aos ocasionais e obrigatórios encontros. Isso fará muito bem a elas...

— *Elas?* Tem um rapaz, olhe aqui!
— É, tem mesmo. Miguel... Brasileiro. Conhece?
— Sim, de relance.

Miguel! Marquinhos estremeceu, todo o horror do passado voltando...[2]

— Algum problema? De repente, ficou branco como papel!
— Não, não...

Um mês depois, a reforma dos alojamentos estava praticamente concluída, restando somente a instalação dos armários planejados. Cláudia impacientava-se:

— Quando os móveis que adquirimos vão chegar, Lalinha?
— Cláudia, esta é a última parte, não adianta arrumar tudo com esses trabalhadores carregando madeira para todo lado. Quando terminarem, entraremos em contato com a loja e entregarão tudo rapidinho; comprometeram-se inclusive a deixar arrumado conforme indicarmos. Pudera, menina... Gastamos uma grana daquelas! Depois, ainda falta montar a equipe de trabalho, não se esqueça. De que adiantarão belos aposentos se não dispusermos de pessoal para atender às necessidades de nossos hóspedes? O Eduardo frisou muito bem: primeiro, eles precisam de carinho, segurança... Depois, de tratamento especializado; nada imposto ou com data precisa. Cada caso é um caso!

— Como pode ficar assim, Lalinha, nesta calma *irritante*?
— Cláudia, acorde! Somos simples instrumentos nas mãos do Senhor; dependemos de Sua vontade. Se acharmos que

---
[2] Maffei, Joana, obra já citada.

vamos *salvar o mundo*, corremos o sério risco de falhar, pois nos decepcionaremos quando esses visitantes não se comportarem de acordo com nossas expectativas. Aí nos sentiremos traídos, passando a considerá-los ingratos; ficaremos com raiva, alimentando mágoas...

— *Será?*

— Claro! Imagine você investindo seu afeto, seu dinheiro, suas esperanças em alguém, e esse alguém nada reconhece, fazendo tudo ao contrário do esperado.

— Ah! Eu *esgano*!

— *Viu?* Segundo Eduardo, grande parte dos programas como o nosso vai por água abaixo devido a atitudes salvacionistas. Tipo a sua! Ame, trabalhe, deixando o restante a Deus e ao livre-arbítrio de cada um dos assistidos. Olhe, Marquinhos está vindo, talvez tenhamos novidades.

— Bem na hora de interromper este merecido sermão! Vou dar mais trabalho do que eles, estou pressentindo.

— Por acaso acredita *realmente* que apenas essas vítimas do tráfico sexual têm necessidade de mudanças? Nessa espécie de empreendimento, somos os maiores beneficiados, pois nossos sentimentos serão colocados à prova, reforçados ou modificados durante o desenrolar do projeto. Pense nisso, Cláudia. Agora, sabe quando Eduardo chega?

— Amanhã, graças a Deus. Estou morrendo de ansiedade!

— Cláudia, Cláudia...

— Estava escutando, Marquinhos? O que vou fazer, amor? Sinto-me assim, apavorada diante da enorme responsabilidade! Olhe, estou pensando em convocar a primeira reunião de estudos para amanhã mesmo, à noite. Quem sabe as coisas melhoram.

— Eduardo estará exausto após a longa viagem de avião.

— Não importa! O primo é jovem, sarado; aguenta o tranco!

Assim, na noite seguinte, as reuniões de estudo reiniciaram. Eduardo chegou antes dos demais, assentando-se atrás da bela escrivaninha de madeira de lei, sentindo o coração bater forte, ligeiramente assustado com a responsabilidade de dar prosseguimento ao estudo sobre sexualidade humana. Intrigado, conversava consigo mesmo:

— Cara, por que essa apreensão toda? Trata-se de um estudo em grupo, ninguém pretende exigir especialidade no assunto; você estudará com os outros. Ah, aquela visita aos alojamentos em fase de acabamento provocou um frio na sua barriga! Medo de falhar, de não conseguir auxiliar os traumatizados jovens ali acolhidos... Relaxe, tudo vai dar certo; peça a Jesus que oriente seus passos e tranquilize-se. Faça a sua parte da melhor maneira possível e entregue o restante nas mãos dEle...

Aos poucos sentiu uma calma imensa tomando conta de sua mente, de seu corpo, uma sensação deliciosa que lhe dava a impressão de flutuar. Respirou fundo e levantou-se, abrindo a porta da biblioteca e recebendo os primeiros participantes com um abraço.

Na dimensão espiritual, o amplo anfiteatro achava-se praticamente lotado, repleto de estudiosos dos mundos físico e extrafísico. Paula, a mineirinha desencarnada em uma das casas de meninas utilizadas no tráfico sexual, também abraçou seus dois jovens instrutores, exclamando feliz:

— É isso aí, meninos, acabou o descanso. Vamos estudar!

Lucien e Adriano sorriram diante daquela disposição toda, fitando satisfeitos a plateia agora completa, reconhecendo muitos dos rostos por terem estado presentes no estudo anterior.[3] Paula comentou:

— O número de encarnados em desdobramento natural pelo sono parece ter aumentado... Por que será, Lucien?

---

3 O estudo anterior aqui referido faz parte da narrativa do livro Joana, citado anteriormente.

— Nada de estranho, Paula. Todos esses encarnados pertencem a casas espíritas, sabia? O motivo de estarem aqui tem tudo a ver com as dificuldades enfrentadas por essas instituições no tocante a atendimentos envolvendo a sexualidade humana, principalmente os relacionados à homossexualidade. Ao despertar, sentirão uma vontade imensa de pesquisar sobre o assunto, *vinda de onde não se sabe*, e depois organizarão cursos, enfrentando, na maior parte das vezes, resistência de diretorias, de pessoas influentes nas casas.

— Isso vai gerar muita polêmica...

— Necessária, minha amiga, pois todas as mudanças passam por uma fase inicial de conflito. Sem isso inexiste reforma íntima e, sem reforma íntima, o planeta permanece mergulhado na psicosfera gerada por velhas crenças, por valores ultrapassados. Ah, o restante de nossos estudantes da mansão chegaram; Eduardo vai começar o estudo.

Eduardo fitou satisfeito o grupo, sentindo uma felicidade enorme em coordenar o novo curso, prevendo imensos desafios e conquistas.

— Gente, aqui estou finalmente. E todos também... Minha prima, Lalinha, Marcos, Manolo, Javier... Falta a Rosa! Vem depois, com certeza. Se permitirem, antes apreciaria inteirar-me da situação de nosso projeto. E então, Javier, o médico e o psicólogo: alguma decisão a respeito?

— Pensei que seria mais fácil. Conversei com os interessados, e muitos se apresentaram por conta do excelente salário.

— Então, qual o problema?

— Durante as entrevistas, percebi uma coisa: os candidatos pouco têm a ver com a realidade de nossos pacientes. Os médicos sugerem medicamentos, mencionando depressão, estresse, doenças sexualmente transmissíveis, uso de drogas... Até aí, tudo bem, porque realmente a maioria se encontra enferma; no entanto, nenhum sequer mencionou as dores da alma, encarando os problemas somente do ponto de vista do corpo físico. Quanto aos psicólogos, pareceram-me aceitáveis, mas falta algo indefinível, sabe? Assim sendo, não me atrevi a contratar sem antes discutirmos a questão.

— Javier, escute, e o doutor Luís?
— Doutor Luís?
— É, aquele médico que trabalhava para os traficantes...[4]
— Impossível, Cláudia. Apesar de nos ter auxiliado muitíssimo, pesam sobre ele acusações de envolvimento, pois jamais denunciou aqueles bandidos. Trabalhou para a quadrilha...
— Está preso?
— Por enquanto, prisão domiciliar.

Marcos procurou esclarecer:
— Eduardo, conheci melhor o doutor Luís no final, quando a célula de tráfico sexual comandada por Matilde estava prestes a desmoronar. Um homem bom, que entrou em uma roubada ao se ver em dificuldades financeiras, acabando chantageado, coagido mesmo, porém ainda assim se arriscou por nós. Se não fez mais e antes, com certeza foi por receio de os traficantes agredirem seus familiares, a esposa, os filhos... Se estivéssemos no lugar dele, não faríamos a mesmíssima coisa? No entanto, sua atuação na hora decisiva foi impecável! Acredito ser a pessoa ideal para trabalhar conosco, pois conhece a realidade desses jovens e amargou na própria carne a violência dos traficantes sexuais.

— Javier, haveria possibilidade de negociar com as autoridades para que ficasse aqui, cumprindo essa tal de prisão domiciliar? Pagaríamos a ele, o que seria excelente. Impossibilitado de exercer a medicina, deve estar passando por apuros de dinheiro... Teríamos alguém de confiança, conhecedor de

---
[4] Fato narrado no livro *Joana*, já citado.

cada caso a fundo, pois todos os jovens foram tratados anteriormente por ele, na qualidade de médico e até de confidente.
— Podemos tentar, Eduardo.
— Não, meu amigo, tentar não é o suficiente. Vamos conseguir! Precisamos dele.
Lalinha inquiriu:
— E os psicólogos, Javier?
— Sinceramente, não me considero apto a opinar qual seria adequado. Eduardo, pensei em lhe passar tal tarefa, pois você entende melhor dessa coisa de psicologia...
— Tudo bem, marque as entrevistas.
— Posso falar uma *coisinha*, posso?
— Claro, minha prima!
— *Pelo amor de Deus*, comece logo essas suas aulas. Quem sabe consigo me acalmar!
— Vamos lá, então...
— Eduardo, tenho uma pergunta, mas não sei se devo.
— Deve sim, Lalinha. Pergunte!
— Em nosso estudo anterior, em nenhum momento mencionamos os homossexuais. Não consigo entender muito bem o que ocorre com eles, nem sei se concordo...
Cláudia interrompeu:
— Nos últimos tempos, tem-se falado muito a respeito da homossexualidade. Lalinha tem razão; seria interessante saber um pouco mais a respeito, até porque, no decorrer de nosso trabalho, uma hora ou outra depararemos com a questão, não acham?
— Claro, minha prima. Poucas pessoas se dão ao trabalho de estudar com seriedade o assunto, resultando nessa enxurrada de *achismos* e preconceitos que infestam o mais atual e impactante de nossos meios de comunicação, a internet, incendiando destrutivamente os corações nos quais encontram guarida.

— Por isso acontece tanto crime de cunho homofóbico!
— Pode ser mesmo, Manolo. O que acha, Javier?
— Para falar a verdade, com muita vergonha me incluo entre os portadores da mencionada visão superficial, limitando-me às muitas ocorrências policiais, indo desde ataques verbais, humilhações, até brutais assassinatos.

Cláudia sugeriu:
— Pessoal, que tal se nos aprofundássemos nessas vertentes ainda praticamente desconhecidas da sexualidade? Heterossexuais, homossexuais, bissexuais...

Os integrantes do grupo entreolharam-se. Assunto polêmico, sistematicamente ignorado na maior parte do tempo, como se não fizesse parte da realidade das criaturas. Ou então atacado, apedrejado!

A modelo continuou:
— Afinal, o que leva uma pessoa a amar outra do mesmo sexo? Será normal? Ou uma doença? Pecado? Ou falta de vergonha mesmo, como muitos afirmam, digna de ser corrigida com pancada? Viram aquele caso do pai que matou o filho de dezoito anos ao encontrá-lo com o namorado, no quarto? Pegou os dois em flagrante e não deu outra! Dois tiros... dois tiros no próprio filho! E descarregou o restante no outro rapaz, dizendo que faria de novo, justificando-se como *muito macho para admitir um filho daquele jeito*... Na minha opinião, está mais do que na hora de estudarmos a respeito disso. Alguém é contra? Não? Ótimo, está decidido! Eduardo, pode preparar as aulas.

Javier cutucou Marcos, murmurando em tom de brincadeira:
— Ela gosta de mandar, meu amigo. Ainda pode pular fora...

Marquinhos abriu um sorriso *amarelo*. Esse era o grande defeito daquela deusa. Mas, afinal, ninguém podia ser perfeito...

Eduardo decretou:

— Amanhã, mesma hora, todos aqui. Cadê nosso lanche, gente? Será que esqueceram?

Na noite seguinte, Eduardo adentrou a biblioteca todo animado:
— Vamos, vamos lá! Quem faz a prece?
Mal as últimas palavras do Pai-Nosso foram pronunciadas, o moço iniciou:
— Primeiro, gostaria de deixar bem claro o seguinte: não alimento a absurda pretensão de esgotar o tema proposto, pois, além de não me considerar um entendido no assunto, estando mais para estudioso, como vocês, precisamos ter em mente que o estudo da sexualidade humana reveste-se de inúmeras e imensas dificuldades. A ciência da Terra, apesar de todos os avanços, ainda não conseguiu respostas definitivas, certamente por apenas deter o olhar sobre o corpo físico, esquecendo-se do mais importante componente do ser integral: o Espírito. Pensei, pensei, pensei, refleti muito sobre qual a melhor maneira de focalizar tão controversa matéria, acabando por me decidir a propor-lhes uma coisa.
— Chuta, primo!
— Que tal se iniciássemos deixando de lado o Espiritismo, como se fôssemos uma turma em que as crenças religiosas não tivessem vez?
— Tipo assim, uma turma de alunos de Matemática, de Biologia, de Física? Ninguém quer saber a religião de alunos e professores; a matéria é a mesma para todos, sejam dessa ou daquela crença.
— Isso, Lalinha! Na qualidade de instrutor, inicialmente apresentarei algumas noções daquilo de que dispomos do

ponto de vista científico, para depois prosseguirmos sob a óptica do Espírito imortal, finalmente chegando a um consenso, reunindo ambos os enfoques de maneira harmônica, equilibrada. Que lhes parece?

Javier acenou em concordância, secundado pelos demais:

— Coerente, Eduardo.

— Inexiste assunto mais polêmico e ainda envolto em tantas incógnitas do que a sexualidade do ser humano. Alguém discorda?

— Ah, Eduardo, sei não...

— Sabe não o quê, Marquinhos?

— Ah, parece que agora virou moda inventar algo além de uma pessoa ser simplesmente homem ou mulher.

— *Virou moda*, como você diz, ou estamos começando a enxergar que os velhos modelos através dos quais se pretendia enquadrar os seres humanos, estabelecendo normas e limites para a sexualidade, baseados em ultrapassados conceitos preestabelecidos, já não funcionam?

— Sei não...

— Vamos pensar um pouco sobre esses modelos. Costumamos usá-los para classificar a sexualidade dos outros, tipo assim: fulano é *isso* ou *aquilo*... *Será que ele é?* Esquecemos que, quando assim procedemos, automaticamente também estamos encaixando nossa sexualidade nesses tais *modelos*, pois lhes conferimos o status de *verdades*, nas quais acreditamos sem maiores questionamentos. Nunca vi palavra mais bem empregada! *Encaixar*... Esses modelos estanques também nos aprisionam, cerceando uma compreensão maior a respeito de nossa própria sexualidade.

— Mas, enfim, o que seria sexualidade, Eduardo?

— *Eita perguntinha difícil*, Manolo! Antes de mais nada, precisamos conscientizar-nos de quão complexo é o conceito de sexualidade e das inúmeras e profundas transformações experimentadas ao longo dos tempos, o que significa não ser possível considerá-lo de forma imutável.

Em 1975, a Organização Mundial de Saúde (OMS) disse o seguinte sobre a sexualidade; vou ler para vocês: *A sexualidade faz parte da personalidade de cada um, é uma necessidade básica e um aspecto do ser humano que não pode ser separado de outros aspectos da vida. Sexualidade não é sinônimo de coito (relação sexual) e não se limita à ocorrência ou não de orgasmo. Sexualidade é muito mais que isso, é a energia que motiva a encontrar o amor, contato e intimidade e se expressa na forma de sentir, nos movimentos das pessoas, e como estas tocam e são tocadas. A sexualidade influencia pensamentos, sentimentos, ações e interações e, portanto, a saúde física e mental. Se saúde é um direito humano fundamental, a saúde sexual também deveria ser considerada um direito humano básico.*[5] O que acharam?

— Não é lá essas coisas, principalmente para quem já estudou um pouquinho sobre as forças sexuais da alma. Explicação *incompletíssima*...

Marcos interrompeu:

— Ah, Cláudia, deixe de ser convencida, assim não vale! Somente você e Lalinha participaram do estudo anterior; nós nem sabemos do que está falando. Não é, Javier? Manolo...? Assim fica difícil! E combinamos esquecer o Espiritismo por enquanto, não combinamos?

Eduardo conciliou:

— Calma, gente! Em 2002, a mesma OMS realizou uma consulta a diversos técnicos no sentido de obter definições para sexo, sexualidade, saúde sexual e direitos sexuais. Os resultados obtidos foram revistos posteriormente por peritos de diferentes partes do mundo, e a conclusão resultante apresenta-se menos incompleta: *A sexualidade é um aspecto central*

---
5 WHO Technical Reports Series, 1975.

do ser humano ao longo da vida e inclui o sexo, gênero, identidades e papéis, orientação sexual, erotismo, prazer, intimidade e reprodução. A sexualidade é experienciada e expressa através de pensamentos, fantasias, desejos, crenças, atitudes, valores, comportamentos, práticas, papéis e relações. Embora a sexualidade possa incluir todas estas dimensões, nem sempre elas são todas experienciadas ou expressas. A sexualidade é influenciada pela interação de fatores biológicos, psicológicos, sociais, econômicos, políticos, culturais, éticos, legais, históricos, religiosos e espirituais.

— Agora ficou bem mais claro. Tem até referência aos fatores religiosos e espirituais. O que acha disso, Eduardo?

— Olhe, Manolo, acredito terem analisado a questão da sexualidade buscando um enfoque integral do ser humano. Quanto aos fatores religiosos e espirituais, certamente passaram bem longe dos conceitos espíritas. Concordemos, no entanto, que ambas as colocações enviam em definitivo para escanteio aquela ideia de a sexualidade ser sinônimo de ato sexual simplesmente, conferindo-lhe a devida importância.

— Será que as pessoas têm noção disso, Eduardo? Sei não... Lá no morro, por exemplo, quem ouviu falar de sexualidade dessa maneira? Tudo gira em torno da transa mesmo.

— Ainda existe desinformação, Lalinha. Felizmente, embora muitos teimem em centralizar a sexualidade humana no corpo físico, restringindo-a tão somente ao ato fisiológico, estudos atuais abandonaram essa ultrapassada concepção, passando a abordar a sexualidade humana por meio de três dimensões: biológica, social e psicológica. Relacionados entre si, esses enfoques não podem ser separados em compartimentos estanques, embora os isolemos somente para efeito didático, como faremos em nosso estudo. Repararam na ausência da dimensão espiritual? A ciência, infelizmente e ainda, deixa-a de lado.

– Mas já melhorou muito, pois antes se pensava apenas no ato sexual...

– Com certeza, Manolo, foi um grande avanço. Vamos iniciar falando um pouquinho a respeito dessas três dimensões, e já posso pressentir momentos em que sentirão a falta de *algo mais*, justamente porque já auferimos determinados conhecimentos, sabendo muito bem que a vida material e a espiritual se mesclam, sendo impossível separá-las sem ocasionar lacunas no entendimento. Não se aflijam, contudo, pois devem lembrar-se do propósito de apresentar primeiro o lado científico e...

– ... depois o espiritual! Amanhã, Eduardo. Lá vem nosso lanche.

– Certo, Javier. Antes, porém, a prece final...

Segunda Parte

Abordagem científica da sexualidade humana

DIMENSÃO BIOLÓGICA DA SEXUALIDADE HUMANA

1. Alguns conceitos básicos de Biologia

– Preparados para nosso estudo?
– Mais do que preparados, primo: *ansiosíssimos*!
– Ótimo! Vamos iniciar com alguns conceitos de Biologia, sem os quais, mais adiante, poderão ficar sem entender sobre o que estaremos falando exatamente. Tudo de uma forma bem básica, muito simples mesmo.

Corpo físico! Pensemos um pouquinho em nosso corpo físico. Somos todos organismos pluricelulares, constituídos por um número enorme de células. Os cientistas ainda não chegaram a um consenso sobre a quantidade, pois contar células não deve ser fácil, mas a coisa provavelmente atinge a faixa de bilhões, trilhões... As células são vistas como a menor parte dos organismos vivos, todas trabalhando de maneira integrada, cada uma com sua função específica: nutrição, proteção, produção de energia e reprodução.

Aí surge uma indagaçãozinha... Como nossas células sabem a maneira de proceder? Resposta: no núcleo de cada uma delas, existe o DNA, o ácido desoxirribonucleico, que poderíamos definir como uma estrutura detentora de informações codificadas destinadas a reger os processos vitais das células. No DNA estão todas as instruções necessárias para o desenvolvimento, o crescimento, o funcionamento e a morte, de acordo com cada espécie de ser vivo.

A molécula de DNA seria como uma central de informações, armazenando os códigos de fabricação das moléculas de proteínas. E as proteínas, gente, junto com a água, constituem a maior fração das nossas células. Quase tudo o que ocorre nas células envolve algum tipo de proteína. Elas desempenham inúmeras e variadas funções. Como exemplo, poderíamos citar a queratina e o colágeno na função estrutural; a amilase e a lípase na função enzimática; a insulina na função hormonal; os anticorpos na função de defesa do organismo.

Mas a mensagem contida na molécula de DNA está em código, lembram-se? Ela necessita ser decifrada... E se consegue isso com sua transcrição em molécula de RNA, o ácido ribonucleico, para que as proteínas possam ser sintetizadas. O RNA funciona como se fosse uma cópia de trabalho criada com base no molde de DNA e usada para expressar a informação genética. Em outras palavras, poderíamos dizer que o controle da atividade celular pelo DNA ocorre de maneira indireta, mediante a fabricação de moléculas de RNA, em um processo conhecido como transcrição. Entenderam?

– O DNA é o dono das informações codificadas, e o RNA interpreta e executa essas informações.

– Isso, Lalinha, acertou em cheio! Agora, gente, apesar da enorme diversidade de espécies de seres, vivos e até extintos, a teoria da evolução aponta para a existência de um ancestral comum. Então, como será que acontece essa diversidade? Para responder, precisamos entender um pouquinho de DNA e conhecer que possui uma estrutura molecular, ou seja, é formado por blocos que se repetem. Cada bloco desses recebe o nome de nucleotídeo.

– Até aqui, fácil, Eduardo.

– Certo, Cláudia! Os tais bloquinhos construtores, por sua vez, são formados por um açúcar, um grupo fosfato e uma base nitrogenada. No DNA, o açúcar é a desoxirribose. Quanto às bases, são em número de quatro: adenina (A), guanina (G), citosina (C) e timina (T). O DNA é formado por duas cadeias de polinucleotídeos que se unem por suas bases nitrogenadas. As bases nitrogenadas não se unem ao acaso: a timina sempre se une à adenina, enquanto a guanina sempre forma par com a citosina. Todas as espécies possuem esses mesmos nucleotídeos, porém em quantidades distintas e ordenados de modo diferenciado em cada uma delas.

– Cão, gato, periquito, *tudo igual...*?!

– Sim, Marquinhos. Alface, banana, mosca, macaco, repolho... O que torna um ser vivo de determinada espécie diferente de outro inserido em espécie diversa, em termos de organização bioquímica, consiste na maneira como o DNA das respectivas espécies codifica a sequência de suas proteínas constituintes, *porém sempre utilizando a mesma matéria-prima*.

O DNA presente em cada uma dessas espécies apresenta esses mesmos nucleotídeos, unidos em longas cadeias, formando as moléculas. Uma molécula de DNA constitui-se de duas fitas de polinucleotídeos enroladas de forma helicoidal em volta do mesmo eixo, semelhante a uma escada em caracol.

— Agora complicou!

— Nada, prima! Imaginem essa escada aí na cabeça de vocês... Daquelas em espiral, como vemos em alguns filmes, em que a pessoa olha para cima e enxerga longa sequência de degraus subindo, subindo... Os corrimãos, correspondentes aos lados da molécula, são formados por grupos fosfato alternados com desoxirribose, enquanto os degraus da escada seriam os pares de bases ligadas daquela maneira há pouco mencionada.

— A adenina com a timina e a citosina com a guanina.

— Isso, Manolo. E a escada subindo, subindo, em forma de espiral, entendem?

— Mais ou menos, primo!

— Que tal uma pesquisa na Internet, gente? Vocês certamente encontrarão uma infinidade de representações gráficas, algumas inclusive animadas, e até fotografias realizadas com microscópios eletrônicos de grande resolução. Interessante, podem acreditar.

— Pelo que entendi, as cadeias de DNA seriam longas.

— Exatamente, Javier! Quanto mais pares de nucleotídeos, maior a molécula de DNA. Os nucleotídeos são muito pequenos, mas a união de milhões deles em longas cadeias pode formar moléculas enormes. Apesar de existirem apenas quatro tipos diferentes de nucleotídeos no DNA, a sequência de bases de cada cadeia polinucleotídica terá bilhões de possibilidades, porque cada um desses nucleotídeos pode estar presente em quantidades variáveis e elevadas, o que resultará em um DNA único para cada indivíduo.

Agora, uma perguntinha... Qual seria o tamanho aproximado de uma única molécula de DNA? *Dizem* que, se conseguíssemos esticá-la em linha reta, ela poderia ter até dois metros! E essas moléculas estão dentro dos núcleos das células, que são microscópicas! Para que isso aconteça, a molécula de DNA precisa ser enroladíssima, compactada e organizada na forma de mola em um espaço minúsculo, recebendo então o nome de cromossomo.

– Então, Eduardo, o cromossomo nada mais é do que um *enroladinho de uma molécula de DNA*.

– Isso, Marquinhos.

– Genial!

– Mais uma *coisinha*... Na espécie humana, o total de cromossomos é de 23 pares, sendo 22 pares de cromossomos que não estão associados ao sexo, iguais para machos e fêmeas, recebendo números de 1 a 22 para designá-los, e um vigésimo terceiro par diferente para homens e mulheres, denominado XX para a mulher e XY para o homem.

Voltando ao assunto das bases, somente para vocês terem uma noção da quantidade de pares delas possíveis em uma única molécula de DNA, encontrei dados de que o cromossomo 1, o maior deles, apresentaria mais de 200 milhões de bases, enquanto o cromossomo Y, o *menorzinho*, teria *somente* 50 milhões... Por que essa cara pensativa, Marquinhos?

– Estava pensando nas tais cadeias de DNA, no tamanho delas... Quantas células mesmo você disse que um corpo humano adulto teria?

– Em torno de bilhões, ou trilhões...

– Se multiplicarmos *tudo, a coisa* vai longe!

– Pois é... *Dizem* que, se pudéssemos pegar o comprimento total do DNA de um homem adulto, ele seria suficiente para dar cinco milhões de voltas em torno do planeta Terra. Curiosidades da internet, gente!

— Uau, primo!

— Vamos voltar aos cromossomos... Poderíamos comparar um cromossomo a um *livro de receitas* de proteínas, onde cada *receita* corresponderia a um gene. E as *receitas* são muitas, a quantidade variando de acordo com o *livro*. Quantos cromossomos temos no núcleo de uma célula humana mesmo?

— Vinte e três pares, Eduardo! Seriam 23 *livros* mais 23 cópias...

— Bem colocado, Manolo. Agora, vamos comparar o núcleo da célula humana a uma biblioteca, onde estariam guardados esses 46 livros, cada um contendo todas essas receitas, que correspondem ao conjunto completo de genes de uma espécie, detentores das informações necessárias à fabricação dos milhares de tipos de proteínas, sem as quais seria impossível a vida. A esse conjunto de genes damos o nome de genoma.

O genoma humano, por exemplo, seria definido como um conjunto de instruções necessárias para formar um ser humano; estariam contidas no DNA, distribuídas nos 23 pares de cromossomos, que carregam os genes compostos por quatro elementos básicos: adenina, timina, citosina, guanina.

Segundo os cientistas, apenas cerca de 2% do material genético humano, representado pelo DNA, é composto de genes, enquanto a maior parte parece existir provavelmente por aquilo classificado como razões estruturais e regulatórias.

— Ou será que *ainda não sabem direito* para que serve essa *pequena quantidade* de 98%, primo?

— É bem possível, Cláudia. Tanto que já existem cientistas pesquisando, procurando respostas nessa parte *aparentemente sem destinação relevante*, até descartável para alguns, a ponto de lhe darem o nome de *DNA-lixo*.

— Concluindo, um gene seria um pedacinho de DNA.

— Sim, Lalinha, mas não *qualquer* pedacinho, e sim um pedacinho específico. São sequências especiais de centenas ou até milhares de pares de nucleotídeos que fornecem informações básicas para a produção de todas as proteínas necessárias para o corpo. Os genes controlam não só a estrutura e as funções metabólicas das células, mas também todo o organismo. Se estiverem localizados em células reprodutivas, eles transmitem sua informação para os descendentes.

– Então, cada espécie tem seu genoma específico?

– Isso, Cláudia!

– Uns anos atrás, não existiu um tal de Projeto Genoma Humano, Eduardo?

– Bem lembrado, Manolo. Para entender como ele surgiu, precisamos voltar ao início da Genética, com os experimentos do monge austríaco Gregor Johan Mendel. Ele estudou ervilhas lisas e rugosas, publicando, em 1866, as chamadas *leis de Mendel*, que regem a transmissão dos caracteres hereditários.

– *Mil oitocentos e sessenta e seis?!*

– Pois é, Javier... Um conceito impossível de ser comprovado na época, passando desacreditado por mais de cinquenta anos, até o avanço da tecnologia tornar possível investigar o assunto a contento, o que ocorreu em 1953, quando James Watson e Francis Crick, da Universidade de Cambridge, na Inglaterra, apresentaram uma proposta para a estrutura do DNA. Posteriormente comprovada, valeu-lhes o prêmio Nobel de Medicina e Fisiologia em 1962. Trata-se daquela comentada há pouco, a de uma longa molécula, constituída por duas fitas enroladas em torno do próprio eixo, recordam?

Marcos confirmou:

– *E como!*

– Essa estrutura do DNA foi denominada pelos biólogos da época de *molécula da vida*, responsável pela transmissão de informações biológicas aos descendentes. Acreditava-se que tudo dependia da carga genética herdada dos pais, desde características de um organismo, como cor de olhos, pele, cabelo, até doenças físicas e mentais.

— Dessa maneira, Eduardo, cada criança nascida estaria com sua vida todinha nas mãos da sorte, boa ou ruim, determinada pela carga genética de seus pais, não lhe parece?

— Sim, *naquela época*, de acordo com o que se deduzia a partir da importante descoberta da molécula de DNA, instalou-se uma verdadeira *ditadura dos genes*, Manolo. Daí à ideia de se mapear o genoma humano foi um passo! Surgiu então o Projeto Genoma Humano (PGH), coordenado pelo Departamento de Energia do Instituto Nacional de Saúde dos Estados Unidos durante treze anos, iniciando formalmente em 1990 e sendo encerrado em 2003. Envolveu laboratórios de todo o mundo, inclusive do nosso Brasil, públicos e da iniciativa privada, tendo como metas principais identificar todos os genes humanos; determinar a sequência dos cerca de 3,2 bilhões de pares de bases componentes do genoma do *Homo sapiens*; armazenar a informação em bancos de dados; desenvolver ferramentas de análise desses dados; promover a transferência da tecnologia relacionada ao projeto para o setor privado; e colocar em discussão os problemas éticos, legais e sociais porventura advindos dessa iniciativa.

— Em resumo, pretendiam conhecer a *receita inteira de um ser humano...*

— E conseguiram, Manolo, porém descobriram tratar-se de uma receita apenas, como a de um bolo de chocolate, por exemplo, que depende de uma série de variáveis, tais como a qualidade do chocolate, a temperatura do forno, a marca de farinha utilizada, o fermento e até o estado de ânimo da cozinheira. Assim, apesar de os envolvidos no projeto a princípio terem acreditado que, mapeando a sequência completa do genoma, encontrariam a resposta para todas as perguntas sobre o funcionamento do organismo humano, os resultados foram um tanto decepcionantes. Mesmo com o sequenciamento das bases nitrogenadas adenina (A), guanina (G), citosina (C) e timina (T) concluído, foram forçados a admitir ainda serem necessários muitos anos, décadas, séculos talvez, para o homem dominar a complexidade do genoma. Por outro lado, muita coisa descoberta já está servindo de base para estudos atuais. Devemos encarar o Projeto Genoma Humano como parte de um momento histórico na evolução do conhecimento científico nas áreas da Biologia Molecular e da Genética. Trata-se do início, entendem? Cientistas de todo o mundo continuam pesquisando, e novas descobertas estão surgindo, algumas já levadas a público, porém ainda necessitando de comprovação.

— Eduardo, o que surgiu de concreto, afinal?

— Do meu ponto de vista, Manolo, duas colocações importantíssimas. *Primeira*: a espécie humana não é superior devido a um número maior de genes. Inicialmente, acreditava-se que teríamos mais de cem mil genes... E, antes disso, chegou-se a falar em uns trezentos mil. Nadinha, gente! Estudando o genoma de diversos modelos e comparando-os, surpreenderam-se. O homem, por exemplo, apresenta um genoma com 3,2 bilhões de pares de bases e um número estimado de 25 mil genes, e há estudos mais atuais reduzindo esse número para 19 mil.[1] Na época do PGH, o camundongo, pasmem, apresentava 2,6 bilhões de bases e a mesma estimativa de genes nossa, 25 mil.

— Mas é *muita humilhação*!

— *Você acha, Marquinhos?* Nosso genoma é formado pelo mesmo número de genes dos ratos, com uma *diferençazinha* de uns trezentos genes somente... Talvez tenhamos de *descer do trono* onde insistimos em permanecer, passando a refletir um pouquinho mais sobre nossas origens... e a pretensa soberania dos genes!

---

1 Disponível em: <https://pt.wikipedia.org/wiki/Genoma_humano>. Acesso em: jul. 2018.

— Agora entendo aquela pergunta: *você é um homem ou um rato?*

Foi impossível não rir. Restou a Eduardo comentar:

— Só você mesmo, Cláudia.

— E depois, primo?

— Diante disso, os estudiosos estão batalhando para entender onde estariam os fatores determinantes de nossa complexidade e também como se processa a ativação dos genes, qual o mecanismo do liga-desliga, pois eles não ficam ativos todos ao mesmo tempo, o que nos conduz à *segunda colocação*: devido às surpresas nos dados encontrados, surgiram novas áreas de estudos, que já estão adentrando o domínio da ciência do Espírito, embora ainda não consigam ou não tenham coragem de estabelecer com clareza tal relação. O restante, gente, virá com o tempo. Quando estivermos preparados, moral e intelectualmente, as revelações surgirão, passando a fazer parte de nosso cotidiano, assim como a molécula do DNA, que um dia, não faz muito tempo, sequer era cogitada. Voltaremos ao assunto mais adiante.

— Eduardo, só mais uma coisinha: quando você mencionou os aspectos éticos, sociais e legais nos objetivos do projeto, o que preocupava os organizadores?

— Algo muito sério, Javier. Acreditavam que, de posse da tal *receita do ser humano*, ao nascer uma criança, poderiam realizar seu mapeamento genético, obtendo assim uma espécie de dossiê sobre como seria sua existência terrena, quais as dificuldades a enfrentar, quais as doenças... Vocês pararam para pensar nas consequências disso em uma sociedade como a nossa, em seu atual estágio de desenvolvimento moral? Logo de início, imaginem, a iniciativa privada queria patentear os genes sequenciados por ela, *como se os houvesse criado*!

— Tem gente muito cara de pau mesmo!

— Sem falar, Javier, na discriminação. Quem contrataria alguém com um *prontuário existencial* relatando ou prevendo determinada enfermidade ou deficiência? Todos teriam acesso a essas informações? E se uma pessoa soubesse que poderia ter uma doença e não houvesse solução para ela? Os benefícios seriam estendidos a todos ou somente aos de maiores posses? O que se faria com os menos dotados ainda no ventre? Ou após o nascimento?

— São questionamentos assustadores realmente.

Lalinha lembrou:

— Faz um tempo, assisti a um filme[2] incrível, que trata disso mesmo, gente!

Javier concordou:

— Assisti também, Lalinha, e você está certíssima. O filme estabelece uma reflexão a respeito da possibilidade do uso indesejável do conhecimento genético, a ponto de criar um novo tipo de preconceito e hierarquia racial, avalizado pela ciência. Além disso, retrata o fato de não só a herança genética ser responsável pelo sucesso ou insucesso de uma pessoa. Tudo isso nos leva a concluir que a humanidade ainda não está pronta para dominar a *divina receita* do corpo humano em toda a sua totalidade.

— Certamente, Javier, mas já pode auferir uma série de benefícios advindos do que se permitiu conhecer por meio do PGH, nas áreas da medicina molecular, do meio ambiente, da agricultura, da genômica microbiana e muito mais. Quanto mais o homem adentra os chamados *mistérios da natureza*, mais acaba convencido da presença de uma Inteligência Suprema, de um Criador. Nós, espíritas, aprendemos, com os Espíritos e Kardec, que as leis regentes da criação são naturais, jamais

---

[2] Gattaca (no Brasil, Gattaca – experiência genética), filme norte-americano de 1997, ficção científica que aborda as preocupações sobre as tecnologias reprodutivas visando à eugenia e as possíveis consequências do desenvolvimento tecnológico para a sociedade e o ser humano.

misteriosas, e as conheceremos gradualmente conforme formos evoluindo, não bastando somente a excelência da parte intelectual; ela precisa ser legitimada pela evolução moral.

— Precisamos saber *disso tudo*, Eduardo?

— *Isso tudo*, Cláudia, representa o *básico do básico* a que consegui reduzir a complexidade do que se denomina corpo humano, sem o qual não estaríamos aqui, neste planeta Terra. Necessitamos dessas informações muito simples para ter condições de entender a sexualidade humana. Você vai ver como as coisas se encaixarão aos poucos, como em uma perfeita engrenagem. E não precisa saber, mas somente conhecer, pois saber, *saber mesmo*, é muito mais complexo. Olhem o lanche! Amanhã prosseguiremos.

2. O sexo biológico

Na noite seguinte, após a prece, Eduardo declarou:

— *Do ponto de vista biológico, um ser humano pode ser macho ou fêmea. O sexo biológico tem a ver com o aparelho reprodutor.* O que isso quer dizer, gente? Simples: quando o bebê nasce, médico, mãe, pai, vovó, todos tratam de lhe conferir ali, *na raça*, os *documentos*, para constatar se é menino ou menina.

— Verdade! Mesmo com a revelação antecipada pela ultrassonografia ou através de teste de sexagem fetal, não dá outra. Todos *conferem* na hora do nascimento. Essa é fácil, primo!

— Exatamente, Cláudia. No entanto, o sexo também está no interior do corpo, tendo a ver com os cromossomos e um tipo especial de glândulas, as gônadas, que são os ovários na mulher e os testículos no homem.

— Quer dizer, então, que a tal *conferência* precisaria ser feita com mais cuidado, não só *na parte de baixo*...

— Isso, Cláudia, é bem por aí. Vamos em frente? As células que compõem os tecidos e órgãos do nosso corpo possuem número par de cromossomos, sendo conhecidas como células diploides. Os dois cromossomos de cada par são do mesmo tipo, pois possuem a mesma forma, o mesmo tamanho e o mesmo número de genes. Em cada um desses pares, um dos cromossomos seria proveniente do pai e o outro, da mãe.

Agora chegamos às células sexuais. Essas são diferentes! Como o próprio nome indica, são aquelas relacionadas à reprodução, sendo também chamadas de gametas. Na mulher, seriam os óvulos; no homem, os espermatozoides. Elas apresentam apenas um cromossomo de cada tipo, daí serem denominadas células haploides.

— *Captei!* Elas têm apenas um cromossomo de cada tipo porque, ao se unirem na fecundação, o pai e a mãe doam seus vinte e três cromossomos cada um, formando um novo ser com características genéticas de ambos: 23 + 23 = 46. Genial!

— Como toda a obra do Criador, Marquinhos. Logicamente, estamos colocando de uma maneira resumidíssima, simplificada, apresentando apenas noções. Nos óvulos, estão presentes somente cromossomos denominados X; nos espermatozoides, pode haver cromossomos X ou cromossomos Y. Dependendo de qual cromossomo, X ou Y, vier a se juntar ao sempre cromossomo X do óvulo, o sexo do bebê será este ou aquele. As mulheres possuem dois cromossomos X e os homens, um cromossomo X e um cromossomo Y.

Lalinha caiu na risada.

— Quer dizer que aquela história de o marido culpar a mulher pelo sexo da criança...

— É injusta, completamente injusta, pois, do ponto de vista científico, o homem sempre define o sexo biológico da criança.

Javier recordou:

– E pensar quantas mulheres, das rainhas às plebeias, foram acusadas e até colocadas de lado por não conceder um filho homem ao marido... O rei Henrique VIII, depois de vinte anos de casamento, livrou-se da esposa Catarina de Aragão, alegando que *ela não lhe dava um herdeiro varão*. A próxima esposa, Ana Bolena, também não lhe *conseguiu* dar o ambicionado filho, o que desagradou profundamente ao rei, influenciando o polêmico processo que culminou com a decapitação da rainha. Ironicamente, a filha de Henrique VIII e Ana Bolena, Elisabeth I, seria uma das rainhas mais importantes da Inglaterra.

Eduardo retomou a palavra:

– Para a ciência terrena, a existência do ser inicia no momento da fecundação, que ocorre quando o espermatozoide do homem penetra no óvulo da mulher. Na relação sexual, milhões de espermatozoides são lançados dentro do corpo da mulher, começando uma verdadeira maratona até chegar ao óvulo. Cada espermatozoide de um único homem apresenta um código genético também único, com padrões igualmente únicos de recombinação e mutação. Em outras palavras...

–... cada espermatozoide transmitirá uma herança genética diferente!

– Isso, Manolo! Quanto ao óvulo, cada um que a mulher ovula por mês é geneticamente um pouco diferente do outro. Resumindo, o código genético contido no núcleo de cada espermatozoide e cada óvulo é sempre um pouco diferente do outro. Então, uma pessoa seria o resultado da combinação de um único espermatozoide sem igual com um único óvulo também sem igual, cuja fertilização se daria em determinado mês.

Segundo a ciência, um único espermatozoide conseguirá chegar ao óvulo, transpondo a barreira de entrada. O *vencedor da corrida*! Aquele que, *teoricamente*, seria o mais rápido...

Marquinhos brincou:

— ... ou o mais *sortudo*!

— De qualquer maneira, gente, esse espermatozoide poderá conter o cromossomo X ou Y.

— Quer dizer que tudo se daria ao acaso? O óvulo, o espermatozoide, o X ou o Y?

— Para a ciência sim, *ao acaso*, embora encontremos menções de pesquisas científicas que começam a questionar isso.

Até o final do segundo mês, apesar de possuir uma combinação de cromossomos que o definirá como homem ou mulher, do ponto de vista do sexo, o embrião pode ser considerado *neutro*.

A partir da sétima semana de gravidez, o cromossomo Y, por meio de uma combinação química, desencadeia a formação interna dos testículos, que são as glândulas especializadas na produção de hormônios sexuais e espermatozoides. Sem o desenvolvimento dos testículos, o aparelho sexual masculino, interno e externo, não será formado de maneira correta. Nos embriões femininos, sem necessidade de combinação química alguma, ocorre a formação dos ovários. Finalizado esse momento, pode ser feito o tal teste de sexagem fetal com o sangue da mãe, mencionado por Cláudia.

Lalinha comentou:

— Queria perguntar que teste era esse, mas fiquei com vergonha; todos pareciam saber. Alguém pode explicar melhor?

— Uma colega modelo fez, deu certinho. É um teste, gente, para saber o sexo do bebê ainda no ventre materno, feito com somente oito semanas de gravidez...

— ... baseado justamente no que acabamos de mencionar, permitindo detectar ou não a presença de células com cromossomo Y (masculino) no sangue da mãe.

— No meu tempo, não tinha nada disso, Eduardo. Eu e a Rosa esperamos até a hora do nascimento do nosso filho para saber se seria menino ou menina.

– A ciência avança, Manolo, mas essa especialização toda ainda tem um custo relativamente alto, inacessível para a maioria. Adiante! No terceiro mês de gravidez, os testículos e ovários produzem hormônios sexuais, que são do mesmo tipo, mas em quantidade e combinações diferentes, de acordo com o sexo. Nesta hora, no embrião masculino, haverá a formação das vesículas seminais, da próstata, do epidídimo e dos canais deferentes. No embrião feminino, ocorrerá a formação do útero, das trompas e da parede superior da vagina. No quarto mês de gestação, forma-se a genitália externa, a partir de uma estrutura que é a mesma para ambos os sexos, denominada tubérculo genital.

– Interessante, nunca pensei que seria assim, pouco a pouco. Agora entendo a razão de só conseguirmos ver o sexo da criança através da ultrassonografia, com certa segurança, a partir do quarto mês...

– Pois é, Lalinha, trata-se de um verdadeiro processo de definição, sujeito a complicações inclusive.

– E o caso dos hermafroditas, Eduardo?

– O termo adequado seria intersexuais, Manolo. Ou intersexo. São pessoas que nascem com genitália e/ou características sexuais secundárias diferindo dos padrões *socialmente* determinados para os sexos masculino ou feminino. Exemplificando, uma criança pode nascer com a aparência do sexo feminino do lado de fora, mas tendo a maioria da anatomia interna tipicamente masculina. Ou nascer com genitais que parecem estar entre as típicas formas masculina e feminina.

– Como isso acontece?

– As causas são muitas, Manolo, mas podemos resumi-las dizendo que, em algum momento de definição biológica durante a gestação, algo não seguiu o caminho geralmente estabelecido. *As tais complicações...*

— A intersexualidade acontece com frequência, Eduardo?

— Segundo as estatísticas, um em cada cem nascimentos, Javier. E, em um a cada dois mil nascimentos, a ambiguidade é tão grande a ponto de suscitar dúvida a respeito do sexo da criança.

— Não me parece tão raro assim...

— Não mesmo, prima, principalmente se levarmos em conta que muitos casos permanecem ocultos a vida toda, por falta de informação, vergonha, preconceito...

— Quando acontece isso, qual o procedimento?

— Quando interna somente, muitas vezes continua desconhecida pelo resto da existência se a pessoa não efetuar exames, geralmente destinados a determinar possíveis causa de esterilidade, cuja incidência é alta nos intersexos. Se externa, antigamente pais e médicos optavam por cirurgias agressivas, tendo em vista definir, o mais rápido possível, se a criança era menino ou menina, muitas vezes levando em conta somente a genitália exterior. Atualmente, no entanto, vários especialistas consideram outros fatores, como os cromossômicos, neurais, psicológicos, comportamentais, colocando em xeque a urgência cirúrgica e até mesmo sua necessidade, pois diversos intersexuais convivem com a condição sem maiores problemas; cada caso é um caso.

— É minha impressão ou isso está relacionado às tais abordagens biológica, psicológica e social?

— *Bingo*, Lalinha! Isso mesmo, *sacaram* ser preciso mais do que uma simples genitália externa para definir algo tão complexo. E tem outro lado da questão: como era muito mais fácil a reconstrução da genitália feminina do que a masculina, geralmente optavam, no passado, pela remoção do tecido testicular.

— Ui!

— Ui *mesmo*, Lalinha, era quando a pessoa ficava com uma genitália feminina e se sentia homem! Por isso, hoje em dia, muitos especialistas aconselham os pais a esperar que os intersexos cresçam e possam fazer a escolha. Uma equipe de profissionais de saúde com experiência em intersexualidade deve trabalhar em conjunto para auxiliar a criança com essa condição, além de entender, aconselhar e dar apoio à família.

— Não teve uma novela[3] que falava sobre isso, gente? Como era mesmo o nome da personagem? Buba!

— Isso, Marquinhos. Assistimos à reprise pela TV a cabo na casa da dona Noquinha, lembra? A mãe ficava dizendo: *coisa do demônio, onde já se viu uma moça tão bonita com as duas coisas lá embaixo...* Mas não perdia um capítulo!

Eduardo complementou:

— Esse personagem da novela, a Buba, emocionou muita gente, que se recorda dela até hoje. Infelizmente, na televisão o assunto não pôde ser aprofundado a contento, porém atingiu, com certeza, o costumeiro preconceito contra quem as pessoas consideram diferente.

— A sua mãe acabou aceitando a Buba, Lalinha?

— Nem pensar, Cláudia. Até o fim, bateu o pé... Quando o namorado da Buba, o filho do coronel José Inocêncio, morreu em uma tocaia, a dona Cidoca teve o desplante de dizer: *castigo de Deus*!

— Veio-me uma dúvida: e na hora de registrar em cartório, como fica?

— Pois é, Manolo, outro *problema* pouco cogitado, decorrente de nossa restrita visão a respeito da sexualidade. Nos casos de genitália convencional, fácil; mas, ocorrendo qualquer diversidade na formação dos órgãos sexuais, a família da criança pode registrá-la imediatamente, optando pelo sexo que

---

[3] Trata-se da novela *Renascer*, exibida pela Rede Globo.

lhe parecer viável, e mais tarde retificar o registro, caso seja diagnosticado o sexo oposto àquele inicialmente mencionado; ou retardar o registro civil da criança, deixando-a, no entanto, sujeita à inexistência jurídica e, em decorrência, sem acesso a seus direitos durante o período do diagnóstico.

— Complicado...

— Sim, principalmente para familiares e equipes de saúde. Tudo porque inexiste, ainda, um posicionamento unânime entre os profissionais do Direito; muitos julgam tratar-se somente de fazer uma cirurgia corretiva, privilegiando o aspecto externo, a *aparência*. Sem dúvida, as normas vigentes continuam carecendo de reexame, com a finalidade de assegurar os direitos dessas crianças.

— Sabe, Eduardo, fico pensando nas famílias mais pobres, menos preparadas. Quando se trata de um bebê de classe média ou rica, já é difícil decidir o melhor. Em ambos os casos, imagine o constrangimento e a revolta de muitos desses pais ao ver que as leis excluíram seus filhos. Pois se trata disso: exclusão. E, por trás de toda exclusão, adivinhem o que há? Discriminação!

— Concordo com a Lalinha, Eduardo.

— E eu também, Cláudia. Mudando de assunto, olhem aí a Rosa com o lanche... *Ma-ra-vi-lha!*

DIMENSÃO SOCIAL DA SEXUALIDADE HUMANA

Conceitos de gênero e papel de gênero

À noite, Cláudia mostrava-se impaciente:
– Estou doida para seguir adiante, não vejo a hora de montar as peças do quebra-cabeça da sexualidade humana. Cadê o pessoal? Mania de chegar atrasado!
Naquele justo momento, Eduardo adentrava a biblioteca.
– Calma, menina! Que tal aguardarmos os outros? Estão chegando e *não estão atrasados...* Você faz a prece?
Minutos depois, Eduardo retomava os estudos:
– Nasceu o bebê! Menino ou menina? Conferindo a genitália externa, geralmente se obtém a resposta. O que ocorre então?

– Ah, Eduardo, *o que ocorre*? A criança tem uma família... Ou, se não tem, alguém cuidará dela.

– Você quase chegou ao ponto, Marquinhos. Em outras palavras, a criança está inserida em um contexto social. Mas... o que se espera dela será igual, seja menino ou menina?

– Claro que não!

– Exatamente. Deparamos, então, com o conceito de gênero. Apesar de sexo e gênero serem usados muitas vezes como sinônimos, sexo diz respeito à parte biológica, a pessoa nasce com ele, enquanto *gênero*, de acordo com a Sociologia e a Psicologia, seria compreendido como *aquilo que, conforme os padrões históricos e culturais atribuídos para os homens e as mulheres, diferencia socialmente as pessoas*. De acordo com o estabelecido *socialmente* para seu gênero, a pessoa desempenha o *papel de gênero, também denominado papel sexual*, definido como o *conjunto de comportamentos associados com masculinidade e feminilidade, em um grupo ou sistema social*.[1]

– Mas... quem estabelece esses papéis de gênero, Eduardo?

– A sociedade, Javier, e ela os define em termos de roupas, atitudes, interesses, fala e ocupações, tendo como base o sexo biológico. O papel do homem e da mulher é constituído culturalmente e muda conforme a sociedade e a época. Começa a ser construído desde que o bebê está na barriga da mãe, quando a família prepara o enxoval de acordo com o sexo; em nossa sociedade, geralmente rosa para as meninas e azul para os meninos. De vez em quando, comete-se um engano na visualização da genitália externa durante a ultrassonografia. Já viram a correria, o desespero para providenciar a mudança de cor no enxoval, sobretudo quando nasce um menino em lugar de uma menina?

---

[1] Disponível em: <https://pt.wikipedia.org/wiki/Papel social de gênero>. Acesso em: jul. 2018.

A partir do nascimento, identificado o sexo biológico, a criança começará a receber *mensagens* sobre o que a sociedade espera dela como menina ou menino. Assim, *de acordo com seus genitais*, ela é ensinada por pai, mãe, família, escola, mídia, a sociedade em geral, enfim, sobre os diferentes modos de pensar, sentir, atuar. Essas *mensagens*, muitas delas sequer verbalizadas, marcam presença em todos os relacionamentos. Dessa maneira, estabelecem-se os comportamentos para um homem ou uma mulher, existindo padrões mais ou menos comuns norteando quais seriam aceitáveis para cada um.

Em nossa cultura, por exemplo, brincadeiras de meninos incluem pipas, bolas, carrinhos, muita bagunça e sujeira, traquinagens, enquanto meninas brincam de casinha e de boneca, fazem comidinhas, enfeitam-se, preocupam-se com a aparência, experimentam maquiagem. Menino não chora; menina pode e deve chorar...

– Ah, Eduardo, mas isso *faz parte* deles. Meninos são de um jeito, meninas, de outro...

Eduardo discordou da colocação da prima:

– Ou são direcionados por padrões comportamentais impostos pela sociedade? Esses padrões fazem parte de nosso dia a dia e, de tanta repetição, acabam incorporados. Todos nos comportamos de acordo com o culturalmente estabelecido, e acreditamos que esses padrões sejam verdades inquestionáveis, até universais.

Javier interrompeu, contestando:

– Será? Não me vejo *monitorado* dessa maneira!

Eduardo sorriu:

– Você aprecia cores neutras, Javier, reparei nisso. Por que não as estampas coloridas, ou cores como o rosa, o amarelo, o lilás?

Javier desatou a rir.

— Não precisa dizer mais nada, convenceu-me. Realmente, não considero *muito masculino* usar uma camisa *assim*; com certeza me sentiria mal! Meu pai, um homem conservador e severo, jamais admitiu que um filho seu exagerasse nas cores; dizia *não ser coisa de homem*.

— Javier, meu amigo, a *coisa* chega a tal ponto, que muitos homens ainda se recusam a usar desodorante, dizendo *não ser coisa de macho*.

— Eca! Haja cheiro de sovaco no ar!

Mal as risadas cessaram, Cláudia comentou com um arzinho maroto:

— Pois você ficaria muito bem com uma camisa rosa, Javier. Ou lilás. Faria um belo contraste com sua pele morena e esses olhos tão negros. Não concorda, Lalinha?

A mocinha avermelhou, e o moço disfarçou:

— Vou pensar, Cláudia.

Eduardo dirigiu um olhar furioso à prima. Afinal, qual seria a dela, praticamente *tentando unir aqueles dois*? O fato de ele não se decidir a um comprometimento com Lalinha não dava esse direito a ninguém! Percebendo a irritação do primo, a modelo fez um trejeito muito leve em sua direção, como se dissesse: *eu é que pergunto qual é a sua...*

O rapaz engoliu em seco, prosseguindo:

— Como mencionamos há pouco, cultura e época influenciam esses papéis.

— Quer dizer que eles variam?

— Com certeza, Manolo! O que agora consideramos um comportamento de *macho* aqui no Brasil pode não ser bem assim em outro país. E tem mais: com o tempo, os hábitos e costumes de uma sociedade, determinantes dos comportamentos considerados aceitáveis para um homem ou uma mulher, vão sofrendo mudanças... felizmente! Vocês mesmos poderiam dar alguns exemplos. Vamos lá...

— *Pilotar fogão* era coisa de mulher antigamente; hoje, o homem vai para a cozinha numa *boa*. Tem propaganda na TV com homens, alguns até galãs, mostrando produtos em supermercado, dando receitas, *mexendo panela*...

— Isso, Lalinha! Antes, um homem não fazia as unhas, nem limpeza de pele, não passava um *cremezinho* na cara.

— Falou, Cláudia! Uma mulher não jogava futebol, não podia ser médica, muito menos caminhoneira, não usava calças compridas, não trabalhava fora.

— Muito bem, Marquinhos. Voltando aos papéis de gênero, se vocês os analisarem, perceberão que têm muito a ver com comportamento social e pouco com a sexualidade em si mesma, embora isso não implique inexistência de normas referentes ao comportamento amoroso e/ou sexual aplicadas às pessoas inseridas em relacionamentos.

— E se alguém não se enquadrar nesses padrões?

— Pode ser mal interpretado, Manolo. Um homem efeminado ou uma mulher masculinizada não são necessariamente homossexuais, assim como um cara todo macho não é necessariamente hétero. Papel de gênero tem a ver com comportamento, não com orientação sexual, embora as pessoas costumem confundir.

— Mas todo mundo raciocina dessa maneira!

— *Pois é*, Lalinha. *Mas não é*... Justamente por isso os papéis sociais de gênero constituem grande fonte de discriminação, pois através deles a sociedade percebe você. Se seu comportamento não estiver de acordo com o esperado para seu gênero, pronto: caiu na boca do povo! Sem falar que tem muita gente vestindo máscara, tentando enganar a si mesma e aos outros.

Agora, vejamos um pouquinho sobre aqueles papéis que têm tudo a ver com relacionamentos afetivos e/ou sexuais.

— Nem pensar, Eduardo! Até nesses relacionamentos tão importantes e íntimos persiste essa coisa de papel? Ah! Sei não... Parece-me que tudo tem a ver apenas com sentimento.

— Será mesmo, Cláudia? Só para começar, a esmagadora maioria das crianças é educada para ter uma orientação heterossexual, porque se considera que a escolha do objeto de desejo nos relacionamentos constitui parte do papel sexual. Por acreditar que meninos *devem se sentir* atraídos por meninas e vice-versa, também precisam *aprender* desde muito cedo quais são os *comportamentos* adequados para tanto. Discorda?

—É, pode até ser, mas...

Marquinhos se intrometeu:

— Lá onde nasci, os meninos, desde novinhos, eram obrigados a seguir à risca o *regulamento de macheza* do morro. Lembro uma vez em que rolei da escada e machuquei o braço. Uma dor daquelas, e todo mundo de olho, para ver se eu chorava...

— E chorou, amor?

— Se chorasse, Cláudia, a coisa ficava feia; era pescoção pra todo lado. No hospital, o vizinho que me levou ficou na sala de espera e fui para dentro, tremendo de dor. Aí o médico fechou a porta, olhou para mim e disse que eu podia chorar à vontade. E eu chorei e gemi *pra burro!* Depois ele me medicou e a dor foi passando, passando; aí enfaixou meu braço. Antes de me liberar, pediu a uma enfermeira que lavasse meu rosto e me providenciasse um copo de leite morno com café. Naquele exato momento, comecei a questionar os mandamentos de masculinidade que regiam minha vida de menino do morro. E ninguém me pareceu *tão macho* quanto aquele médico, que havia entendido minha situação desesperadora e contornado tudo de maneira inteligente, sem briga ou falatório inútil.

— É isso aí, Marquinhos. Vamos adiante? Adolescência, gente! Fase na qual os hormônios estão a mil, o corpo se transformando... Será que, no que diz respeito a sexo e amor, espera-se a mesma coisa para os rapazes e as moças? Querem ter uma ideia? Em nossa cultura, os rapazes são estimulados a desempenhar o papel sexual o mais cedo possível, por familiares da ala masculina ou amigos.

— Pare um pouquinho aí, Eduardo. Isso é verdade! Às vezes, a gente está numa boa, mas ficam insistindo, insistindo... E, se não topar, a coisa pega mal. Zé Luís, *meu excelentíssimo pai*, aprontou *essa* comigo, praticamente me obrigando a sair com uma garota do morro agenciada por ele, e ainda foi conferir com a *mocinha* o meu *desempenho*, imaginem! Graças a Deus, *dei conta*, ou ele me *esfolava vivo*!

— Não gostei dessa história não, amor.

— Foi há muito tempo, Cláudia. Eu tinha treze anos, nem me lembro direito da menina.

— Sei...

Percebendo que a prima estava a ponto de armar uma ceninha de ciúmes, Eduardo tratou de prosseguir:

— Isso é muito comum, Marcos. Tem até um *causo* envolvendo Chico Xavier. Um amigo do pai do Chico teria convidado o conhecido médium, ainda rapaz, para dar um passeio à noite, acabando por levá-lo ao bordel. Intrigado, Chico perguntou o porquê daquilo, e o tal *amigo* acabou confessando a participação do pai do rapaz, pedindo que ele o levasse até ali, pois estava preocupado com a *virgindade tardia* do filho.

— Que fria!

— Verdade, prima! Como já haviam entrado, não deu tempo para bater em retirada, pois as moças o reconheceram de imediato, rodeando-o carinhosamente, solicitando que ele fizesse uma prece e depois aplicasse passes. Tudo terminou em oração! E Chico saiu invicto do bordel.

– Imaginem a cara da clientela!

– Nem me fale, Manolo. Voltando ao que se espera dos rapazes, enquanto o relacionamento sexual é incentivado, a parte afetiva costuma ser transferida para mais tarde, pois não se considera conveniente um namoro sério e muito menos um casamento cedo demais, e ainda menos encarar a responsabilidade de ser pai. Muitos têm relações sexuais sem amor, ou, mesmo amando alguém, fazem sexo com outras pessoas, pois isso é considerado normal para os homens. Os heterossexuais são estimulados a considerar cada mulher, a partir da puberdade ou adolescência, excetuando mãe e irmãs, como *presa em potencial*: *caiu na rede é peixe*; quanto maior a lista de relacionamentos sexuais, mais bem cotado sexualmente, mais prestígio, *garanhão*...

Marquinhos concordou:

– Não é que é assim mesmo, gente?

– E as moças? Aí a coisa muda de figura, pois, apesar de toda a liberação sexual feminina possibilitada pelo advento da pílula anticoncepcional, ainda persiste a preocupação com a virgindade, e, ao contrário dos rapazes, elas não são incentivadas a começar precocemente a vida sexual; *primeiro têm de estudar*... Já escutaram isso? Ao contrário dos rapazes, se a moça ostentar uma longa lista de contatos sexuais, será malvista, recebendo uma série de apelidos pejorativos. E muitas ainda acreditam que o rapaz se diverte com as *fáceis*, mas se casa com a *certinha*!

Voltando-se para Cláudia, Eduardo perguntou:

– Ainda acha que os relacionamentos afetivos e/ou sexuais não estão sujeitos a alguns desses padrões estereotipados de comportamento, prima?

– Realmente... Que decepção, meu Deus; como somos *controlados*!

Eduardo desatou a rir da indignação da jovem; às vezes, ele também se sentia assim.

— Prima, olhe o lanche. Nossa estimada Rosa vai *esfriar os ânimos*... Sorvete! Uma linda torta de sorvete, com calda quente de chocolate e nozes. Uau!

Rosa sorriu, completando *rapidinho*:

— Trouxe também uma torta de palmito para forrar o estômago...

— ... de avestruz do Eduardo!

— Sabe, priminha, essa sua irritação só pode ser por você viver em eterna *privação calórica*. Já nós, pobres mortais, isentos da obrigação de estar sempre *belamente esbeltos*, podemos nos dar o luxo de comer sem culpa.

— Pois hoje vou sair da linha; chega de controle! Antes, só de curiosidade, o que veremos amanhã em nosso estudo?

— Até o momento, focalizamos as partes biológica e social, mas o ser humano não se resume a isso. Existe um aspecto da sexualidade que tem a ver com o psiquismo, remetendo-nos aos conceitos de identidade de gênero e orientação sexual, também denominada orientação afetivo-sexual.

— Primo, *nunca* ouvi falar a respeito *disso*!

— Apesar de muito se opinar sobre a vida sexual do próximo, somente reduzidíssima parcela de pessoas tem conhecimento de como a coisa funciona, principalmente quando se pertence à maioria heterossexual, aquela *considerada normal* e, portanto, livre do ônus da discriminação.

— Nossa, Eduardo, falando desse jeito, sinto-me até culpada.

— Não foi essa a minha intenção. Somente quis dizer que a maior parte das pessoas não se interessa em pesquisar a respeito do assunto, preferindo ignorá-lo, por motivos dos mais diversos. Nenhuma crítica, acredite! Peço desculpas; talvez não tenha me expressado bem.

— Não, você está mais do que certo. Realmente, jamais me preocupei em entender o que se passa com as pessoas no quesito sexualidade; fui até preconceituosa algumas vezes, reconheço. Mas a coisa vai mudar! Como seria mesmo *isso* que você falou?

— Amanhã, prima, amanhã... Primeiro vou querer um *pedação* desta torta de palmito. Depois, o sorvete!

DIMENSÃO PSICOLÓGICA DA SEXUALIDADE HUMANA

1. Conceito de identidade de gênero

– Vocês não vão acreditar! Dei uma *passadinha* pela cozinha; adivinhem o que tem para o lanche?

– Eduardo! Você só pensa em comida?

O rapaz riu:

– Que injustiça! Só por saber apreciar as iguarias servidas nesta casa, sou acusado dessa maneira. Levando em conta o desapego de vocês pelo assunto, não vou contar, pronto!

Fingindo ignorar as indignadas exclamações, fez ele mesmo a prece, tratando de prosseguir imediatamente:

— Hoje vamos focalizar a dimensão psicológica da sexualidade humana, começando pelo conceito de *identidade de gênero*. Antes de mais nada, convém mencionar o seguinte: ainda se desconhece como ocorre o desenvolvimento da identidade de gênero e os motivos de suas diversidades, inexistindo uma regra geral que solucione todas as dúvidas. As teorias são muitas, mas nada de concreto. *Identidade de gênero refere-se a como nos reconhecemos dentro dos padrões de gênero estabelecidos socialmente.*

Vamos voltar um pouquinho, só para recordar? Do ponto de vista biológico, encontramos dois sexos, macho e fêmea, ou, se preferirem, homem e mulher. Sociologicamente falando, existiriam dois gêneros, correspondentes aos dois sexos biológicos: masculino e feminino, com os papéis de gênero estabelecidos de acordo com as diversas sociedades.

Embora a maioria dos homens se reconheça como pertencente ao gênero masculino e a maioria das mulheres, ao feminino, isso nem sempre acontece. Tem a ver com *sentir-se bem em ser homem ou mulher*. Seria como se a pessoa perguntasse para si mesma: *em sua cabeça, você acha que é o quê? Homem, mulher, ambos...?* Em outras palavras, a identidade traduz o entendimento da pessoa sobre ela mesma, como ela se descreve e como deseja ser reconhecida.

Javier resolveu interferir, comentando:

— Percebo a existência de um padrão binário: homem/mulher para sexo, masculino/feminino para gênero. Contudo, andei dando uma olhada na internet e não tem sido bem assim ultimamente.

— Bateu direto no ponto, Javier! Nesta época de intenso predomínio da *cibercultura*,[1] caracterizada pela nova dinâmica

---

[1] *Cibercultura*: cultura que surgiu, ou surge, a partir do uso da rede de computadores através da comunicação virtual, a indústria do entretenimento e o comércio eletrônico. É também o estudo de vários fenômenos sociais associados à internet e outras novas formas de comunicação em rede, como as comunidades on-line, jogos de multiusuários, jogos sociais, mídias sociais, realidade aumentada, mensagens de texto, e inclui questões relacionadas à identidade, privacidade e formação de rede. (Wikipédia. Disponível em: <https://pt.wikipedia.org/wiki/Cibercultura>. Acesso em: jul. 2018.

de publicar, difundir e receber qualquer conteúdo, a qualquer hora e em qualquer lugar do mundo, rápida e facilmente, a sexualidade fugiu da privacidade de cada um para se tornar cada vez mais pública. Daí o número cada vez maior de classificações, constituindo meios de as pessoas se definirem sexualmente, de acordo com a maneira como se percebem.

— Nunca houve tanta discussão a respeito desse assunto; beira o fanatismo, Eduardo.

— Pelo menos, agora as pessoas falam, Javier! E não se trata de estabelecer a validade ou não de tantas proposições, mas sim de admitir a natural diversidade da sexualidade humana.

— Pelo que entendi, a coisa toda tem a ver com gênero, papel de gênero e identidade de gênero, resumindo-se na percepção da pessoa quanto a si mesma e na adesão ou não aos padrões de comportamento determinados conforme cada sociedade para os convencionais gêneros masculino e feminino.

— Sim, Javier. Enquanto o termo *sexo* se refere às diferenças anatômicas e fisiológicas que definem o corpo do homem ou da mulher, o termo *gênero* seria a construção sociocultural do masculino e do feminino, *a socialização da masculinidade e da feminilidade*, o que resulta em algo não estável, sujeito a transformações inerentes ao processo sociocultural. A maneira como as pessoas se sentem quanto a pertencer aos tradicionais gêneros propostos ou a outro qualquer pode gerar muitas classificações, pois cada indivíduo é único, embora a sociedade tente enquadrá-lo em padrões.

— Interessante. Lá no Facebook,[2] no quesito gênero, assinalei feminino rapidinho. Mas a pessoa pode personalizar, sabia? E tem uma perguntinha sobre como você deseja ser chamado: *ele* ou *ela*.

---

[2] *Facebook*: rede social lançada em 4 de fevereiro de 2004, operado e de propriedade privada da Facebook Inc.. Em 4 de outubro de 2012, o Facebook atingiu a marca de 1 bilhão de usuários ativos, sendo por isso a maior rede social em todo o mundo. (Wikipédia. Disponível em: <https://pt.wikipedia.org/wiki/Facebook>. Acesso em: jul. 2018.)

– Pois é, Cláudia. Tem tudo a ver com o que estamos estudando, menina!

– Eu me sinto ótimo em ser homem... e em me comportar como homem.

– Então, Marquinhos, você se identifica psicologicamente com seu sexo biológico e o gênero masculino. Essa sensação interna de pertencer ao gênero masculino ou feminino, assim como a capacidade de se relacionar socialmente de acordo com o estabelecido pela sociedade, é muito natural para a maioria das pessoas. No entanto, existem aquelas que não se sentem assim e, pela falta de identificação, podem fazer mudanças na aparência, no corpo, ou em ambos. Seria o caso de transexuais e travestis.

No caso de transexuais, a identidade de gênero não está de acordo com o sexo biológico, anatômico. Em outras palavras, transexual é o indivíduo que nasce biologicamente pertencente a determinado sexo, mas sente-se, percebe-se e tem a vivência psíquica de pertencer a outro. Assim sendo, mulheres transexuais adotam nome, aparência e comportamentos femininos, desejando o tratamento usualmente conferido às mulheres; o mesmo ocorre em relação aos homens transexuais, tendo como referência outros homens.

– É aí que aparecem as cirurgias de mudança de sexo, Eduardo?

– A forma como essas pessoas pensam e se sentem não bate com o corpo que apresentam, Manolo, surgindo a necessidade de adequar o corpo ao psiquismo, o que pode ocorrer de muitas formas, desde tratamentos hormonais até procedimentos cirúrgicos. Mas, veja bem, o que determina a condição transexual é a maneira como a pessoa se identifica, e não um procedimento cirúrgico. Muitos transexuais decidem não se submeter à cirurgia de redesignação sexual, e nem por isso deixam de ser transexuais, entende?

— Deve ser uma cirurgia difícil...

— Muito! Para ter uma ligeira ideia, Lalinha, por ser um procedimento irreversível e complexo, torna-se imprescindível o enquadramento do paciente, homem ou mulher, em toda uma série de requisitos: maioridade, avaliação multiprofissional por pelo menos dois anos, com equipe de especialistas como psiquiatras, psicólogos, urologistas, ginecologistas, endocrinologistas, cirurgiões plásticos, mastologistas, fonoaudiólogos, otorrinolaringologistas, assistentes sociais, enfermeiros, além de equipe ética e jurídica. E tem mais: a redesignação sexual do gênero masculino para o feminino é muito mais simples, podendo ser realizada em praticamente uma única intervenção, enquanto a do gênero feminino para o masculino pode necessitar de até cinco cirurgias para se completar.

— Mais difícil do que eu pensava.

— Travesti é a mesma coisa que transexual, Eduardo?

— Não, mas as pessoas costumam confundir. No caso de travestis, Marquinhos, tanto homens quanto mulheres (casos raros, mas existem), encontramos uma identidade de gênero dupla, porque é um gênero masculino e outro feminino mesclados dentro da mesma pessoa. Ambas as identidades de gênero estão sempre presentes e não desejam anular nenhum dos dois lados. Como o corpo deles nasceu com apenas um sexo biológico, adaptam-no para alcançar, o máximo possível, essa outra metade que veio faltando. Em outras palavras, ocorre uma não identificação com o sexo biológico, mas a complexidade reside no fato de não se sentirem cem por cento pertencentes a nenhum dos sexos, daí a necessidade de manter características de homem e mulher, alguns indo mais além e se proclamando como um terceiro gênero.

Ao contrário dos transexuais, travestis aceitam a genitália, não sentindo a necessidade de modificá-la, embora não convivam bem com caracteres sexuais secundários, tais como os relacionados a distribuição de pelos e gordura, voz, mamas, daí o uso de hormônios, cirurgias de colocação de próteses de silicone e outros procedimentos.

– Eduardo, e as *drag queens*?

– No Brasil, Javier, uma expressão mais antiga usada para defini-las seria *artistas transformistas*. São artistas performáticos que se vestem com roupas femininas, independentemente da identidade de gênero, para apresentações. No caso de mulheres fantasiadas de homens, denominam-se *drag kings*. Vocês também poderão encontrar o termo *cross-dresser*, que se refere a pessoas com a fantasia de usar roupas do sexo oposto, sem o objetivo de excitação sexual.

Cláudia reclamou:

– A princípio parece tão simples, mas vai *complicando, complicando...*

– Talvez o termo correto seja *diversificando*, não lhes parece? E a tal *complicação* decorre do *desconhecimento* sobre o assunto e dos *preconceitos* arraigados em nós. A melhor maneira de encarar a questão seria reconhecer que não sabemos quase nada a respeito da sexualidade, predispondo-nos a aprender pelo menos o básico, gente!

– Transexual, travesti, *drag queen*... São homossexuais?

– Aí você está adentrando outro aspecto da sexualidade: a orientação sexual; um equívoco muito comum, decorrente de se confundir identidade de gênero com orientação sexual. Uma coisa não tem nada a ver com a outra, minha prima. Amanhã estudaremos esse conceito. Então teremos condições de unir tudo e entender um pouquinho melhor a sexualidade humana.

– Deus o ouça, Eduardo. Nossos hóspedes logo chegarão, e já estou apavorada. Antes deste nosso estudo, eles eram apenas rapazes e moças... Agora, vou querer ficar sabendo *o que cada um é*! Fico me perguntando se não seria melhor ignorar essa *salada de conceitos*, meu primo.

– Ah é? Tem certeza? Vai ver quando estiver frente a frente com a sexualidade desses futuros hóspedes! Sem mencionar que certamente apresentarão traumas, decorrentes do *inferno* enfrentado. Acha que vão bastar carinho e sorrisos compreensivos? Cláudia, minha querida, para auxiliá-los precisaremos entender como se sentem, ou nosso discurso soará falso, vazio. Não se preocupe, tudo fluirá a contento. Por falar em *salada*, olha aí a magnífica salada de frutas com chantili... Amanhã continuaremos, gente!

2. Conceito de orientação sexual

Após a costumeira prece inicial, Eduardo adentrou o assunto:
– Ainda na parte psicológica da sexualidade humana, deparamos com o conceito de orientação sexual. *Orientação sexual diz respeito à atração duradoura que um indivíduo sente por outro, incluindo os aspectos afetivo e sexual.* Ou, em outras palavras, *a orientação sexual define o objeto de desejo.* Quem você quer namorar? Com quem deseja ir para a cama? Com alguém do sexo oposto? Com alguém do seu sexo? Tanto faz? Ou com ninguém? Respondendo a essas indagações, encontraríamos as orientações *heterossexual, homossexual, bissexual* e, por fim, a *assexual*.

Primeiramente, vamos deixar bem claro que todas essas orientações sexuais existem, *não se tratando de opção da pessoa. O indivíduo não escolhe sua orientação sexual*, portanto não adianta negá-la, ignorá-la ou pretender mudá-la.
– Com isso você está querendo dizer...
– ... que todas são consideradas naturais, Javier, não constituindo doenças nem desvios passíveis de correção ou tratamento. Inexistem tratamentos que consigam mudar a orientação sexual de uma pessoa! Precisamos entender uma coisa: qualquer tratamento nesse sentido, seja ele médico,

psicológico, psiquiátrico ou religioso, no máximo resultará em repressão de desejos, desencadeando conflitos, sofrimentos.

— Mas a pessoa se *enquadrará*...

— Isso, Manolo, você encontrou o termo mais do que adequado! Ela se *enquadrará* naquilo que os outros *acreditam ser o certo*, o *normal*. Os familiares respirarão aliviados, pois ninguém mais *passará vergonha com o fulano ou a fulana*... Mas o *fulano ou a fulana* não deixará de ser homossexual! E será infeliz, provocará situações de infelicidade para outros, na tentativa de esconder o que sente. Há casos, inclusive, de suicídio, pois a pessoa não suporta o peso de não conseguir o que o grupo espera dela. Imagine uma mãe chorando dia e noite, um pai gritando e ameaçando, a instituição religiosa condenando *com o fogo do inferno*, ou *com o umbral*.

— Mas, certamente, existem muitos casos que necessitam de psicoterapia.

— Aqui, Javier, entram em cena os conceitos de egossintonia e egodistonia. Aspectos do pensamento, dos impulsos, das atitudes, dos comportamentos e dos sentimentos são egossintônicos quando não perturbam a *própria pessoa*. Ao contrário, quando contrariam e perturbam a *própria pessoa*, são egodistônicos. Repare que tem a ver com a relação do indivíduo com ele mesmo. Um homossexual egossintônico seria aquele que aceita seu jeito de ser, com ele concordando. Ao contrário, um homossexual egodistônico seria o que discorda do jeito de ele mesmo ser; nesse caso vive em conflito, sofre demasiado, pois se *bombardeia* constantemente com preconceitos advindos dele mesmo, de suas crenças e valores, deixando-se atingir em cheio pela forma discriminante como a sociedade ainda trata os considerados *diferentes*.

— Não costumamos raciocinar dessa forma; geralmente, centralizamos a questão todinha no que o outro pensa a respeito. No entanto, pela sua colocação, tem a ver com a própria pessoa, se ela está bem com ela mesma. Assim sendo, Eduardo, o tratamento terapêutico adequado seria aquele que ajudaria o indivíduo a descobrir sua real orientação sexual, aceitando-se?

– Mais ainda, Marcos; o indivíduo deve ter consciência de ser digno de respeito e amor, dono do inalienável direito de buscar relacionamentos que lhe fortaleçam o autoamor, favorecendo condições para poder progredir e ser feliz. Cabe aqui um posicionamento mais do que pertinente, meus amigos: existe uma crença, comum no século passado e infelizmente ainda em voga, de que todo indivíduo com orientação sexual divergente da heterossexual seria um pervertido, um promíscuo. Assim pensando, mais uma vez estaremos incorrendo em erro, confundindo orientação sexual com comportamento. Encontramos comportamentos relacionados à promiscuidade e perversão em indivíduos de todas as orientações! Ou inexistem adúlteros e pedófilos, por exemplo, entre os héteros?

– Promiscuidade tem a ver com o estágio evolutivo de cada um.

– Exatamente, Lalinha! A orientação sexual, seja ela qual for, não constitui *diploma de excelência ou depravação.* Precisamos *desconstruir* imediatamente o *edifício* de crenças absurdas, levantado durante nossas pretéritas existências, perpetuado e reforçado na atual. Seres humanos, qualquer que seja sua orientação sexual, estão na Terra para aprender, para evoluir, e farão isso das mais diversas maneiras, de acordo com seu acervo espiritual. Todos são caminhos da criatura rumo à perfeição! Entendido?

– Parece que sim, primo.

– Agora, gente, por acaso alguém prestou atenção naquela *palavrinha* quando definimos orientação sexual: *duradoura?* Ninguém? Pois fiquem sabendo que ela é essencial. Existem circunstâncias na vida que influenciam o comportamento, como o caso de indivíduos confinados por longo tempo em ambientes com pessoas do mesmo sexo, tais como presídios, internatos, sanatórios, algumas instituições assistenciais...

— E não poderia ser modismo? A pessoa vê celebridades homo ou bissexuais e se empolga...

— Sem dúvida, prima, e também comportamento homossexual devido a traumas ocorridos na infância e/ou na adolescência. São circunstâncias nas quais a pessoa poderá apresentar um comportamento diferente daquele de sua orientação básica, mas a ela retornará quando a situação se alterar.

— Eduardo, e o famoso *troca-troca* entre adolescentes?

— Existe a prática, muito comum, por sinal, porém não caracteriza necessariamente homossexualidade, e sim uma fase de experimentação, de busca da identidade.

Resumindo, enquanto inexiste tratamento que consiga mudar a orientação sexual humana, o comportamento sexual, ao contrário, sofre influência de uma série de fatores, entre os quais meio ambiente, condição social e moral, saúde física e mental, modismos, educação... Assim sendo, um comportamento sexual não define, de maneira alguma, a orientação sexual da pessoa, principalmente se esporádico ou forçado por determinadas circunstâncias. Alguma dúvida? Nada? Então vamos adiante, gente!

Orientação heterossexual diz respeito à atração afetiva, seja ela sexual, romântica ou emocional, entre indivíduos de sexos opostos, sendo considerada a mais comum nos seres humanos.

Orientação homossexual refere-se à situação na qual essa atração afetiva está dirigida a pessoas do mesmo sexo.

— Eduardo, e se o *cara* sente atração por pessoas do mesmo sexo, mas se *segura* e não *transa*? Continua a ser homossexual?

— Transar ou não transar tem a ver com opção, com escolha da pessoa, minha prima. Optando pelo não relacionamento sexual, nem por isso deixará de ser homossexual se a atração pelo mesmo sexo estiver presente e duradoura. Percebeu como ainda insistimos em centralizar o assunto no ato físico?

— Realmente...

— *A orientação bissexual caracteriza-se pela atração afetiva por pessoas de ambos os sexos.*

— Aí, não sei não...

— Não sabe o quê, Marcos?

— Essa história de sentir atração pelos dois sexos. Será que isso não é safadeza, desculpa para sair transando com os dois lados?

— Tem muita gente pensando como você, Marquinhos, considerando tratar-se de promiscuidade, ou achando ser o caso do homossexual *enrustido*, o que esconde sua preferência pelo mesmo sexo e se diz bissexual. Ou daquele em conflito, que ainda se desconhece quanto à orientação sexual e fica buscando respostas por meio dos relacionamentos.

— Estão vendo? Ficam aí me olhando com essas caras de reprovação, como se eu estivesse falando bobagem!

Eduardo riu, pois realmente o rapaz tinha razão: as tais *caras* haviam ocorrido mesmo.

— Vamos combinar uma coisa? Vocês podem e devem externar suas opiniões e dúvidas. Discutiremos em conjunto, buscando solucionar os questionamentos. Se continuarmos a alimentar tabus quanto ao assunto, com certeza marcaremos passo. E, por favor, encaremos nossos preconceitos de frente, não adianta dissimular. Voltando à bissexualidade, considero imprescindível diferenciar orientação bissexual de comportamento bissexual. Disse e repito, gente: comportamento não define a orientação sexual de alguém, sendo influenciado por aqueles fatores que vale a pena mencionar novamente, para vocês não esquecerem: meio ambiente, condição social e moral, saúde física e mental, educação...

— Já entendemos, Eduardo!

– Ótimo, Cláudia! A orientação independe de escolha, não se trata de opção. O indivíduo bissexual sente atração por pessoas de ambos os sexos, não necessariamente no mesmo grau de intensidade, o que não exclui a relação monogâmica de maneira alguma. Vai selecionar alguém e estabelecer uma relação afetivo-sexual da mesma maneira como um heterossexual o faria.

Agora, pensem comigo e vejam se não há muito preconceito no modo como costumamos analisar a questão. Vamos supor um homem hétero... Quando escolhe alguém para constituir uma família, comprometendo-se a amar, respeitar e ser fiel, deixa de olhar para outras mulheres, de apreciá-las, de até sentir desejo? Claro que não, gente! Mas ele se educa, sem permitir a predominância do impulso sexual sobre a razão. O mesmo ocorre em relação ao bissexual; a única diferença consiste na possibilidade de ele se sentir atraído pelos dois sexos. O fato de ser bissexual não quer dizer que a pessoa vai sair por aí *atirando a torto e a direito*. Se isso acontecer, estaremos adentrando o território do comportamento sexual desregrado.

Finalmente, resta-nos mencionar a orientação assexual.

– Para ser sincero, Eduardo, somente agora fiquei sabendo da existência dessa orientação.

– Não é o único, Manolo. Para ter uma ideia, a maioria dos autores cita somente as três orientações iniciais. Sabe o que me levou a incluí-la? Algo falado por Chico Xavier no ano de 1971, em um famoso e conceituado programa da extinta TV Tupi, chamado *Pinga-Fogo*.[3]

– Primo! Mil novecentos e setenta e um? Eu nem tinha nascido!

– Pois é, Cláudia, 1971... Ao deparar com a colocação do nosso Chico, resolvi pesquisar um pouquinho sobre o assunto

---

3 Programa Pinga-Fogo, da Rede Tupi de TV, 1971. Disponível em: <https://www.youtube.com/watch?v=oU4pXinRYwM>. Acesso em: 15 out. 2018.

na internet, encontrando ligeiras menções a respeito da assexualidade em publicações científicas norte-americanas datadas das décadas de 1940 e 1950 e, posteriormente, em 1977. Foi a partir de 2001, no entanto, que estudos mais apurados passaram a ser levados a efeito nos Estados Unidos. Assim, com o aval de Chico e seus mentores ratificando a inclusão, muito embora a definição científica exata ainda seja fonte de controvérsias, pois o conceito se acha em construção, acreditamos poder considerar a *assexualidade uma das formas de manifestação da sexualidade humana, caracterizada pela falta de atração sexual.*

— Ai, ai, ai, Eduardo, dá para explicar melhor?

— Seriam indivíduos, Marquinhos, que podem apresentar uma orientação romântica, porém não sexual, direcionada a algum dos sexos, ou até a ambos, ou não apresentar orientação romântica nem sexual.

— Não tem a ver com hormônios, com opção de celibato ou abstinência, com traumas?

— Não, Javier, a assexualidade não teria nada a ver com baixos níveis de libido devido a problemas médicos ou de saúde, muito embora assim ainda seja considerada pela medicina, ou com repressão de desejos sexuais. A colocação de Chico reforça essa ideia, parece-nos. Não esqueçam, porém, que o tema ainda merece estudo, com muita coisa permanecendo indefinida.

— Lembra quando você falou sobre pessoas que sublimam a energia sexual?

— Sei aonde está querendo chegar, Cláudia. No movimento espírita e até em outras religiões, pelo fato de a pessoa decidir-se pela ausência de prática ou parceria sexual, seja por questões religiosas ou opção de vida, muitas vezes se usa erroneamente o termo *assexuada* para nomeá-la. Uma coisa nada tem a ver com a outra; nesse caso, trata-se de sublimação. São aquelas criaturas que *conseguem perceber as energias sexuais através dos sentidos do Espírito, canalizando a imensa força criadora para o bem e expressões de beleza mais apuradas.*[4] Bem diferente, não é? O indivíduo que sublima pode estar inserido em qualquer das quatro orientações sexuais, não necessariamente na assexuada.

— Eduardo, a sexualidade humana é *muito*, mas *muito* complexa!

— Com certeza, Cláudia. Por isso, meus amigos, não pretendam esgotar o assunto com essas nossas informações *basiquinha*s... Pesquisem, aprofundem seus conhecimentos e lembrem-se: ignorar tamanha complexidade ou negá-la não a elimina, podendo originar lamentáveis equívocos, comportamentos críticos e hostis, bem como a discriminação e a violência baseadas em acreditar e pretender impor que somente esta ou aquela orientação sexual seja válida.

— Você está pretendendo referir-se à homofobia?

— Inclusive. Definiríamos homofobia como sendo ódio, aversão ou discriminação de uma pessoa contra homossexuais ou homossexualidade. Mas as fobias podem atingir as demais formas de expressão da sexualidade também. E os resultados são sempre desastrosos: assassinatos, lesões físicas, traumas psicológicos, discriminação...

— Isso parece existir nos mais diversos segmentos da sociedade: na família, no grupo de amigos, nas escolas...

— ... e nas comunidades religiosas! Mais adiante, Lalinha, vamos dar uma olhada em algumas das razões que possivelmente levariam as pessoas a ser homofóbicas. Agora, vamos prosseguir?

Marquinhos interferiu:

— Nem pensar, Eduardo! Minha cabeça parece explodir com *taaanta* informação. Chega! Rosa, Rosa!

---
[4] Trecho da obra *Joana*, citada anteriormente.

Como sempre, Rosa dispôs sobre a mesa o lanche, retirando-se discretamente em direção à cozinha. Cláudia não resistiu:

— Alguém sabe, *por acaso*, por que a Rosa não está participando do estudo? E não adianta arranjar a desculpa do lanche. Afinal, esta casa tem cozinheira, e das boas! Tudo pode ser preparado durante o dia, gente!

— Talvez tenha vergonha, Cláudia; cada pessoa lida com o assunto sexualidade de maneira muito própria.

— Não pode ser somente isso, Marcos! Manolo, o que você tem a dizer?

— Trata-se de algo pessoal; não me cabe desvendar o que lhe vai na alma, somente compreender e auxiliar. E implorar a vocês que não tentem convencê-la a participar, pois isso seria penoso para a minha Rosa.

— Sério assim, amigo? Desculpe-me... Deixe para lá!

— O mal, Manolo, é que minha deusa é muito xereta.

— Xereta é a sua vovozinha, Marcos. Será que não entendem? Sinto como se estivesse faltando uma parte importante de nosso grupo. Sei de seu grande coração; ela vai dedicar-se de corpo e alma ao nosso projeto, e isso tudo que está perdendo fará uma falta enorme! Além do mais, gosto muito da Rosa, não estou bisbilhotando não...

Percebendo as lágrimas nos olhos da prima, Eduardo interferiu:

— Tenho plena certeza de que nossa Cláudia teve a melhor das intenções, gente! Não quis se intrometer na vida alheia. Agora, Manolo, que tal se você convencesse a Rosa a se juntar a nós pelo menos na hora do lanche? Há muito combinamos banir qualquer comentário a respeito do estudo após a prece final, limitando-nos a saborear estas delícias e jogar conversa fora. Disso ela pode participar, não é?

Manolo concordou:

— Transmitirei o convite.

Lalinha disfarçou a emoção, exclamando:

— Chega de conversa. O que temos aqui? Pão de queijo, doce de leite em gruminhos, coalhada fresquinha, uai! Lembrei da Joana... Que saudade! Hoje a prece vai ser rapidinha: *obrigada, Jesus, por seu imenso amor*!

OS QUATRO ELEMENTOS BÁSICOS DA SEXUALIDADE HUMANA

A aula seguinte começou um tanto atrasada, pois Javier demorou a chegar, provavelmente por estar acertando alguns detalhes referentes ao projeto. Mal ele se assentou, Eduardo tratou de iniciar imediatamente o estudo, antes que Cláudia recomeçasse a reclamar da demora:

– Vamos adiante? Recordam-se dos três componentes da sexualidade humana: *biológico*, *social* e *psicológico*? Neles encontramos os quatro elementos essenciais da sexualidade humana, do ponto de vista da ciência terrena: *sexo biológico*, *papel de gênero ou sexual*, *identidade de gênero* e *orientação sexual*. Vamos resumir rapidinho cada um deles? Sexo biológico... Cláudia?

– Macho e fêmea!
– Gênero?
– Masculino e feminino, primo! E, nos dias atuais, uma lista enorme, para aqueles que não se identifiquem com esses dois gêneros convencionais.
– Papel de gênero ou papel sexual?
– O conjunto de comportamentos associados à masculinidade e à feminilidade.
– Certo, Javier. E identidade de gênero?
– Seria como a pessoa se sente, como ela se vê, independentemente de seu sexo biológico e do gênero a ela atribuído pela sociedade?
– Isso, Lalinha! E, finalmente, orientação sexual...
– É por quem a pessoa se sente atraída: alguém do sexo oposto, do mesmo sexo, de ambos os sexos, ninguém.
– Legal, Marquinhos! Das diversas combinações desses elementos –*sexo biológico*, *identidade de gênero*, *orientação sexual* e *papel sexual* – resultariam as múltiplas expressões da sexualidade humana, porque cada indivíduo vai lidar com os quatro de uma maneira própria, pois cada ser é único. A sociedade estabelece modelos, padrões de comportamento, mas somente a pessoa sabe o que lhe vai na alma quanto ao quesito sexualidade. Assim sendo, toda e qualquer tentativa de classificar a vida sexual de alguém, procurando enquadrá-la em parâmetros estanques, poderá ser desastrosa, motivando discriminação e sofrimento.
– Mas a mania de colocar a orientação sexual à frente continua persistindo, Eduardo!
– Não podemos mudar a maneira de pensar dos outros, Javier, porém a nossa sim, deixando de posicionar a orientação sexual como ponto central da sexualidade, acostumando-nos a considerar sexo biológico, papel de gênero, identidade de gênero e orientação sexual igualmente importantes e parte

da composição da sexualidade humana, segundo a ciência da Terra. Querem ver? Imaginemos um rapaz de vinte anos... Sexo biológico: homem (macho). Papel de gênero: masculino. Identidade de gênero: masculina. Orientação sexual: heterossexual. O que isso quer dizer? Quem se *arrisca*?

— Fácil! Ele terá um *bilau* e se sentirá *muito bem em ser homem*, será atraído por garotas e assumirá o comportamento esperado para um homem pela sociedade: usará roupas de *macho*, não poderá ver uma garota sem se *animar todo*, contará *vantagem de suas conquistas...*

— Nossa, Cláudia!

— Ora, Marquinhos, falei mentira, falei? Não é assim, primo?

— De maneira geral, tenho de concordar. Agora, vamos supor um outro rapaz. Sexo biológico: homem (macho). Papel de gênero: masculino. Identidade de gênero: masculina. Orientação sexual: homossexual. Comparando com o caso anterior, a única diferença está na orientação sexual. Ambos são detentores do sexo biológico masculino, gostam de ser homens e se reconhecem como tal, comportam-se como a sociedade espera para os homens, mas o primeiro sente-se atraído por mulheres e o segundo, por homens.

Marquinhos virou-se para a noiva, exclamando:

— Viu, Cláudia, eis aí uma explicação *cheia de categoria. Bilau!* Onde já se viu?

— Agora, pensem em uma garota de quinze anos. Sexo biológico: mulher (fêmea). Papel de gênero ou sexual: feminino. Identidade de gênero: feminina. Orientação sexual: heterossexual. Como a veríamos?

— Uma garota com roupas próprias de meninas dessa idade, acessórios mil, maquiagem... e que *adora* rapazes!

— E se essa mesma garota não gostasse de vestidos, brincos, saltos altos, maquiagem, preferindo roupas masculinas, dirigir um trator, cortar o cabelo bem curto para não precisar ir ao salão direto? Sua orientação continuaria heterossexual; no entanto, como seria reconhecida?

— As pessoas estranhariam...

— ... e poderiam até dizer que ela se sente um rapaz e gosta de mulheres, não é, Marcos?

— É.

— Mas *não é*! Ela continua se identificando como mulher e *adorando* rapazes. Perceberam aonde eu queria chegar? Fica muito difícil estabelecer a identidade de gênero com base no comportamento. E muito menos a orientação sexual. Somente a própria pessoa sabe!

— Estava pensando... Estão rindo de quê? Loira pensa! Então, travestis, transexuais, *drag queens*...

— Para resumir, Cláudia, todas as denominações...

— ... podem se referir a indivíduos com orientação hétero, homo, bi ou assexual?

— Sim, cada caso é um caso.

— Eduardo, tem ideia de como as pessoas misturam todos esses termos? Homossexual, travesti, transexual, transformista... Uma salada daquelas!

— Tenho sim, Javier. Desconhecendo o conceito dos quatro elementos anteriormente mencionados, as coisas ficam complicadas. Além disso, convém sempre ter em vista que, *teoricamente falando*, tudo parece muito fácil de esquematizar; existem até algumas tabelas que procuram *encaixar* a sexualidade das pessoas, combinando as quatro bases.

— E isso dá certo?

— Nem sempre, Manolo, nem sempre. O ser humano é tão complexo que se torna praticamente impossível *enquadrá-lo*! Peguemos, por exemplo, a maioria heterossexual... Será que a sexualidade segue os mesmos rumos para todos os héteros? Quando se desconhece a lei da reencarnação, fica ainda mais difícil entender a complexidade do assunto. No entanto, o simples fato de a ciência considerar esses quatro aspectos representa um avanço incrível; basta que se recordem de quando se pensava apenas no sexo biológico...

CAUSAS DAS DIFERENTES ORIENTAÇÕES SEXUAIS

Na noite seguinte, logo no início do estudo, Eduardo deparou com uma pergunta que Marcos estava guardando para si mesmo há dias:

— Mas, afinal de contas, se a maioria das pessoas é heterossexual, por que uma minoria é homossexual?

— Belíssima pergunta! Do ponto de vista científico, ainda inexiste uma resposta definitiva para esse questionamento. Muitas têm sido as pesquisas focalizando homo e heterossexualidade, mas até o momento não se chegou a nada decisivo. Analisaram uma série de fatores biológicos, tais como hormonais, genéticos, anatômicos, cognitivos, adentrando também o campo da Psicologia, da Sociologia...

— E nada de conclusivo?

— De conclusivo, *conclusivo mesmo*, não. Muitos cientistas compartilham a ideia de que a orientação sexual da maioria das pessoas seria moldada nos primeiros anos de vida, envolvendo fatores biológicos, psicológicos e sociais.

— Quer dizer que juntaram tudo? Muito prático! O que *você* acha?

Eduardo desatou a rir. Como se ele tivesse a resposta para algo tão difícil! Mas *achar* ele até podia...

— O que eu acho? Simples... Responderei com uma outra pergunta, para colocar um *piolhinho* na cabeça de vocês: *essa tal moldagem seria comandada por quem ou pelo quê?* Ela se daria ao *acaso*? Em uma família com três filhos homens, por exemplo, em um mesmo ambiente, tendo a mesma mãe e o mesmo pai, e idêntica educação, por que somente um apresentaria orientação homossexual? Percebem a complexidade? Ah, deixem para lá por enquanto. Voltaremos ao assunto, prometo! No momento, o mais importante consiste em considerar a diversidade sexual algo natural, inerente à nossa condição humana.

— Portanto, normal!

— Aí é que está, Cláudia... Embora os termos *normal* e *natural* usualmente sejam considerados sinônimos, não é bem assim. O termo *normal* refere-se a um conceito social, subordinado às normas de uma sociedade em determinada época...

— ... e, como conceito social, está sujeito a mudanças ao longo do tempo!

— Certíssimo, Javier! Quando a mudança ocorre? De acordo com a evolução das pessoas integrantes daquela sociedade. Por outro lado, o termo *natural* refere-se a *estar presente na natureza*.[1] A homossexualidade tem existido como orientação

---

[1] MOREIRA, Andrei. *Homossexualidade sob a ótica do espírito imortal*. 1.ed. Belo Horizonte: AME, 2015, p. 101.

sexual humana *desde sempre*; ela é natural, mas ser ou não considerada normal tem a ver com as tais normas de cada sociedade. Entenderam? Exemplificando: atualmente ainda existem países que penalizam o homossexual com a morte, como o Irã, o Sudão, a Arábia Saudita e o Iêmen, de acordo com as leis do direito islâmico, além de certas partes da Somália e do norte da Nigéria.

– Que horror! Que lei é essa?

– Lei que tem tudo a ver com a concepção de normalidade das pessoas daqueles lugares, Cláudia. E tem mais: mudar as leis apenas não basta; vai ficar no papel. Conquanto a mudança nas leis seja imprescindível, mais importante é a reforma íntima de cada um de nós, seres humanos, a fim de admitir a alteridade: as pessoas são diferentes e isso não tem nada de errado, nem pecaminoso, nem doentio.

– Ih, Eduardo, sei não... Vocês, espíritas, falam muito a respeito dessa tal de reforma íntima, mas ela inclui esse aspecto referente à homossexualidade? *Aceitam numa boa mesmo?*

O moço sorriu, entendendo a ironia da prima.

– Ainda não, mas acabarão tendo de enfrentar a realidade, principalmente quando ela se refletir em seus entes amados, ou em si próprios... Questão de tempo, Cláudia. Tudo tem sua hora certa, que não é a mesma para todas as pessoas. Vamos adiante?

Marcos, herdeiro inconsciente de muitas das ideias machistas repassadas pelo pai durante a infância e a adolescência, fez cara de dúvida:

– Será que é *assim mesmo*, Eduardo? Pra mim, o *cara é*, ou *não é*!

– Será? Só para terem uma noção, nas décadas de 1940 e 1950, o biólogo norte-americano Alfred Charles Kinsey e sua equipe entrevistaram mais de dezoito mil voluntários em seu país, pesquisando o comportamento sexual humano. Foi então elaborada uma escala de avaliação sexual[2] que procurava descrever o comportamento sexual de uma pessoa ao longo do tempo e nos episódios ocorridos em determinado momento de suas vidas. Essa escala ia do nível 0 ao 6, acrescida depois do nível X, podendo ser assim resumida:

Nível 0 – indivíduos com comportamento exclusivamente heterossexual.

Nível 1 – indivíduos predominantemente heterossexuais, mas com experiências homossexuais esporádicas, quer de atos, emoções ou fantasias.

Nível 2 – indivíduos predominantemente heterossexuais, mas com considerável atividade homossexual.

Nível 3 – indivíduos com atividades homossexuais e heterossexuais mais ou menos equivalentes em frequência.

Nível 4 – indivíduos predominantemente homossexuais, mas com considerável atividade heterossexual.

Nível 5 – indivíduos predominantemente homossexuais, mas com alguma atividade heterossexual esporádica.

Nível 6 – indivíduos exclusivamente homossexuais.

Nível X – indivíduos assexuais.

– Em termos numéricos, o que isso representaria, primo?

– Podemos resumir assim: 11,9% dos homens brancos, com idade entre 20 e 35 anos, foram classificados no nível 3 da escala em determinado período da vida; 10% dos homens norte-americanos pesquisados eram mais ou menos exclusivamente homossexuais durante pelo menos três anos entre as idades de 16 e 55 anos, sendo classificados nas faixas 5 e 6. Em relação às mulheres, 7% das mulheres solteiras, com idade entre 20 e 35 anos, e 4% de mulheres já casadas, com idade entre 20 e 35 anos, foram classificadas no nível 3 em certo período da vida; 2% a 6% das mulheres com idade entre

---

[2] Baseado em: <https://pt.wikipedia.org/wiki/Escala_de_Kinsey>. Acesso em: jul. 2018.

20 e 35 anos classificaram-se no nível 5; 1% a 3% das mulheres solteiras com idade entre 20 e 35 foram classificadas no nível 6.

– E os assexuais?

– Durante as pesquisas, Kinsey e seus colaboradores descobriram que aproximadamente 1% dos entrevistados não sentiam atração sexual nem manifestavam nenhum interesse pela atividade sexual. Contudo, mais preocupados com os 99% efetivamente ativos, deixaram de explorar com mais profundidade essa minoria de 1%. Décadas depois, os Estados Unidos se tornariam o país pioneiro e mais importante no desenvolvimento das pesquisas ainda incipientes nessa área. E então, o que acharam?

– Surpreendente, Eduardo. Mas aí, parece-me que a coisa tem mais a ver com comportamento...

– Sim, Javier. Apesar de ter sido mal interpretada muitas vezes, a escala foi criada para entender melhor a complexidade que envolve a sexualidade humana, derrubando por terra a crença então vigente de que o indivíduo sempre teria comportamentos de acordo com o padrão hétero ou homo, inexistindo assim a intenção de usá-la como teste ou questionário para determinar a orientação sexual dos indivíduos. Precisamos lembrar, ainda, a época em que isso ocorreu. Kinsey foi pioneiro em pesquisas sexuais em 1947, chegando a fundar o Instituto de Pesquisa do Sexo,[3] um verdadeiro feito!

– A integração dos aspectos biológico, sociológico e psicológico é bem mais atual, não é?

– Sim, Manolo! Naquele tempo, Kinsey e seus companheiros de trabalho limitaram-se a listar, a catalogar comportamentos. O instituto criado por ele em 1947 continua a fazer pesquisas no campo da sexualidade humana, porém focaliza não mais

---

[3] Atual Instituto Kinsey para Pesquisa do Sexo, Gênero e Reprodução.

aquilo que as pessoas fazem, e sim o porquê de fazê-lo. Atualmente o interesse recai sobre a sexualidade em um contexto integral, por isso os cientistas de diversas áreas da Biologia, da Psicologia e da Sociologia têm procurado conhecer as razões das diferenças, concentrando-se, de preferência, na minoria homossexual. Até o momento, no entanto, tais estudos não forneceram evidências conclusivas que tornem possível determinar com certeza as causas da homossexualidade ou da heterossexualidade, e muito menos da assexualidade.

– Aí fica difícil...

– Será, Marquinhos? Parece-me que nossa maior dificuldade reside em superar os preconceitos contra a natural diversidade da sexualidade humana. Sem falar em nossa tendência de considerar tudo de uma maneira binária na vida: oito ou oitenta, preto ou branco, hétero ou homo...

– Sabe o que me incomoda mais, Eduardo? O comportamento dos homossexuais, principalmente dos homens! Lá no morro, usam o termo *desmunhecar*... Pronto, falei! E não fiquem me olhando assim; incomoda mesmo, e daí?

– O Marcos tocou em um ponto-chave da questão. De maneira geral, as pessoas encaram a homossexualidade como o inverso da heterossexualidade, além de atribuir ao homossexual uma personalidade semelhante à do sexo oposto. Assim, um homossexual homem assumiria papéis e comportamentos femininos; no caso de homossexuais mulheres, seriam masculinizadas, assumindo a maneira de ser de um homem.

Essa visão baseia-se em falsas generalizações, em julgamentos destituídos de fundamentos sólidos, formados a partir de padrões comparativos fixos e preconcebidos, distanciados da realidade. Repararam a maneira preconceituosa, desmoralizante mesmo, como a mídia costuma apresentar os homossexuais? São personagens e mais personagens ostentando uma imagem distorcida, *curtidos* em filmes, novelas, programas humorísticos.

E quem convive com isso tudo? A população, desde a mais tenra idade, aprendendo que assim deve e precisa ser. Querem ver? Qual é o comentário quando se descobre a orientação homossexual de um rapaz que não incorpora essa imagem estereotipada?

Cláudia respondeu rapidinho:

— *Gay? Mas não parece... Tem certeza? Gente, até rezei para ser o meu genro, apresentei a minha filha! Este mundo está perdido mesmo!*

— Amor, você está na profissão errada; deveria ser atriz! Parece aquela amiga da nossa mãe... Não é, Lalinha? Igualzinha!

Marcos ainda não se convencera:

— Mas alguns se comportam desse jeito mesmo, Eduardo!

— Acabamos de estudar que a orientação sexual independe da vontade da pessoa. O biólogo belga Jacques Balthazart, heterossexual, coloca: *nasce-se homossexual, não se escolhe sê-lo*.[4] Imaginem as dificuldades enfrentadas, tanto maiores quanto mais hostil for o meio; o bombardeio emocional; a fragilização da autoestima. Não se esqueçam: os homossexuais não têm nada contra seu sexo biológico, harmonizando-se com ele; no entanto, uma enormidade de vezes são considerados verdadeiras caricaturas do sexo oposto! E vocês se espantam com o fato de alguns terem baixa autoestima, aceitando o padrão de comportamento a eles imposto pela maioria hétero, assumindo-o como verdade incontestável, vivenciando-o, contribuindo para reforçar a discriminação!

— Pode ser também o caso de um transexual ou um travesti com orientação homossexual, não pode?

— Pode, Cláudia.

— Pensando bem, sabe o filho da dona Noquinha, meu amigo de infância? Cansei de ouvi-lo falar que desejava um

---

[4] BALTHAZART, Jacques. *Biologie de l'homosexualité-on nait homosexuel, on ne choisit pas de l'être*, p. 272, apud Moreira, *Homossexualidade sob a ótica do espírito imortal*, p. 116.

corpo de mulher, que queria fazer cirurgia... Ah, se fosse hoje, depois deste nosso estudo, poderia entender o que sentia e não mangar dele como os outros moleques.

— Pois é, Marcos. Não se culpe; a desinformação sobre o assunto é praticamente total. Eu mesmo não conhecia quase nada!

— Ouso dizer, Manolo, que essa desinformação se estende a muitos dos homossexuais inclusive!

— Essa história de *assumido* ou *não assumido*... Alguém, *em são juízo*, precisa sair com um cartaz dependurado no pescoço revelando sua orientação sexual? Nem homo, nem hétero, nem bi, nem assexual! Na minha opinião, trata-se de algo de cunho pessoal; ninguém tem nada a ver com isso. Conheço muitos casais de homossexuais que vivem em equilíbrio, realizados afetivamente, adaptados aos papéis esperados para seu sexo biológico, sem essa coisa de *desmunhecamento*... Ou de *sapatona*...

— Sim, Cláudia. Há outro ponto interessante: o modelo de interação entre parceiros homossexuais ainda surge na cabeça das pessoas com base na maioria hétero, relacionado inclusive a papel ativo ou passivo.

— Ah, Eduardo, tenha dó! Mesmo num casal hétero, isso é ultrapassado, de um tempo em que o homem dominava o ato sexual e a mulher ficava quietinha, não sentindo ou não devendo sentir prazer!

— Certo, Cláudia, mas o modelo persiste, sabia? E se estende aos relacionamentos homossexuais, tentando impor a obrigatoriedade da figura masculina ou feminina: um tem que ser o homem e o outro, a mulher, embora cada relacionamento seja único.

— Assim como é único cada relacionamento hétero, primo! Duvido que exista um casal igual a outro na cama.

— Mas, Eduardo, olhe... Em um casal de héteros, um é o marido e a outra, a mulher. E num casal homo? Duas mulheres, por exemplo. Quem é o marido? E no caso de dois homens, quem é a mulher?

— Marquinhos, é justamente sobre isso que acabamos de falar! Em um relacionamento hétero, as designações de marido e mulher são conferidas pela sociedade, atreladas a papéis para cada parceiro, persistindo não obstante as enormes mudanças dos últimos tempos. Há uma razão sólida para serem repassadas a casais homossexuais, estabelecendo quem representa o quê e quais seus direitos e deveres? Duvido! Em seu exemplo, acredito tratar-se de duas pessoas que se amam e se uniram para uma vida em comum, dividindo e compartilhando tarefas e atividades de acordo com o combinado entre si, e que não deixarão de ser mulheres nem homens, ou de se sentir assim.

— Sabe de uma coisa, gente? As pessoas se preocupam em demasia com a vida amorosa das outras, deixando de lado a própria. Se dermos conta da nossa, já está mais do que bom!

— Falou, Manolo! E vem o lanche! Rosa, o que temos hoje? Uau! Prece, meninos e meninas! Rapidinho, senão esfria!

Terceira Parte

Abordagem da sexualidade humana segundo o Espiritismo

DIMENSÃO ESPIRITUAL DA SEXUALIDADE HUMANA

1. Alguns conceitos espíritas básicos

– E aí, prontos para a parte do estudo baseada no Espiritismo?
– Claro, primo!
– Da mesma maneira como repassei a vocês alguns conceitos básicos sobre Biologia, necessários ao entendimento da sexualidade humana, pretendo repetir a dose em se tratando de Espiritismo, deixando de lado o quanto cada um conhece. Vamos lá, gente!

A Doutrina Espírita apresenta três aspectos igualmente importantes: o filosófico, o científico e o religioso. Poderíamos assim resumi-los: o aspecto filosófico analisa a Criação Divina, explicando as razões de Deus ter criado o ser humano, qual sua origem e destinação, refletindo sobre as causas da felicidade e infelicidade humanas. O aspecto científico fornece comprovações a respeito da natureza e imortalidade do Espírito, a influência por ele exercida e o intercâmbio mediúnico estabelecido entre encarnados e desencarnados. Finalmente, o aspecto religioso trata das consequências morais do comportamento humano, definido pelo uso do livre-arbítrio e governado pela lei de causa e efeito, sendo que a melhoria moral orientada pelo Espiritismo fundamenta-se nos preceitos doutrinários do Evangelho de Jesus.

— Será que a parte científica da sexualidade estudada até o momento, baseada na ciência da Terra, bate com esse tal aspecto científico do Espiritismo?

— Muito mais do que possam pensar, Javier! Prevendo questionamentos como o seu, em janeiro de 1868, Kardec[1] declarou que o Espiritismo e a ciência se complementam reciprocamente. A ciência, desvinculada do Espiritismo, acha-se impossibilitada de explicar certos fenômenos somente através das leis da matéria, assim como o Espiritismo, sem a ciência, ficaria destituído de apoio e comprovação.

— Da maneira como você está colocando, Eduardo, os ensinamentos espíritas constituiriam admirável antecipação de verdades?

— Sim, Javier! Verdades comprovadas depois, conforme a ciência terrena fosse avançando. Tudo porque os Espíritos instrutores de Kardec detinham elevados conhecimentos, estando muito à frente da época do Codificador. Embora muitas vezes as ideias espíritas possam parecer incompatíveis com

---
1 KARDEC, Allan . *A Gênese, Catanduva-SP: Nova Visão,* capítulo I, item 16.

a ciência em determinado momento, no decorrer do tempo ocorre uma harmonização, conforme novos fatos e interpretações científicas forem aparecendo. Kardec acreditava nisso com tamanha convicção, a ponto de afirmar: *Caminhando de par com o progresso, o Espiritismo jamais será ultrapassado porque, se novas descobertas lhe demonstrassem estar em erro acerca de um ponto qualquer, ele se modificaria nesse ponto. Se uma verdade nova se revelar, ele a aceitará.*[2] Repararam? Não disse *quando*, disse *se*... Ele compreendia a impossibilidade de os Espíritos lhe passarem uma doutrina completa, mas somente aquilo que os homens, em um primeiro instante, conseguiriam entender e tinham precisão de saber para prosseguir investigando e aprendendo. O Espiritismo não é estático, e sim dinâmico. No entanto, embora incompletos e restringidos pela pobreza da linguagem humana, os ensinos então repassados eram verdadeiros, resistindo assim ao crivo do tempo e das descobertas científicas!

— Esse Kardec devia ser muito corajoso para enfrentar a barra de ser o mensageiro de ensinamentos impossíveis de comprovar naquela ocasião.

— Com certeza, Cláudia! Vamos adiante? Lembram-se de como iniciamos nossos estudos atuais?

— Pelos conceitos de Biologia: células, DNA, cromossomos, reprodução, genes...

— Isso, Marcos! O corpo físico... Tratando-se de Espiritismo, iniciamos dizendo da existência de Deus como a Inteligência Suprema, causa primária de todas as coisas.[3] Em outras palavras, Criador do mundo material e do mundo espiritual.

— Ora, ora... Até o momento não tínhamos ouvido falar em Deus.

— Exatamente, Javier. A Doutrina Espírita prioriza a existência de Deus, todavia deixa bem claro não compactuar com

---
2 KARDEC, Allan. A Gênese, capítulo I, *Catanduva-SP: Nova Visão*, item 55.
3 KARDEC, Allan. *O Livro dos Espíritos*, *Catanduva-SP: Nova Visão, 2019,* questão 1.

a noção de um Deus antropomórfico, tanto que Kardec não pergunta aos Espíritos *quem é Deus*, mas sim *que é Deus*. Perceberam?

— Nada daquela imagem de um velho imponente, retratado por Da Vinci na Capela Sistina...

— Exatamente, Manolo. E quanto ao ser humano: como a Doutrina Espírita o enxerga?

— Com certeza, não somente corpo físico.

— Isso, Cláudia! Segundo o Espiritismo, o ser humano é formado por três partes essenciais: corpo físico, espírito (alma) e perispírito.[4]

— Isso é *meio complicado*, não é?

— Não, Marquinhos, já vai ficar fácil, fácil. Comecemos pelo espírito ou alma, definido como o elemento inteligente da Criação. Falando assim, parece algo distante, não é? *Espírito*... No entanto, eu, você, a Lalinha, o Manolo, o Javier, a Cláudia, a Rosa, todos somos Espíritos encarnados em um corpo físico, e esse corpo tem tudo a ver com o que estudamos há pouco: células, DNA, cromossomos, genes. Agora, todos fomos criados simples e ignorantes...

— Todo mundo *burrinho*?

— Se quiser assim resumir, Cláudia, embora o mais correto seria dizer que fomos criados sem conhecimentos nem consciência do bem e do mal, porém aptos a adquirir o que falta, a evoluir.[5] E como conseguimos isso? Através de sucessivas reencarnações, exercendo o livre-arbítrio,[6] que consiste na capacidade de tomar decisões por conta própria.

— Quer dizer que o Espírito é sempre o mesmo, embora em encarnações diferentes?

---
4 KARDEC, Allan. *O Livro dos Espíritos, Catanduva-SP: Nova Visão, 2019,* questão 135
5 KARDEC, Allan. *O Céu e o Inferno, Catanduva-Sp: Boa Nova, 2019,* Primeira Parte, capítulo VIII, item 12; e *Livro dos Espíritos, Catanduva-SP: Nova Visão, 2019,* questão 121.
6 KARDEC, Allan. *O Livro dos Espíritos, Catanduva-SP: Nova Visão, 2019,* questão 121.

– Sim, Marcos. Antes, durante e após cada reencarnação, o Espírito constitui um mesmo eu.[7] Poderíamos dizer que seria uma só vida e muitas existências. A encarnação tem a finalidade de proporcionar aos Espíritos a oportunidade de vivenciar experiências que lhes permitam progredir moral e intelectualmente.

– Hum... E esse *tal de perispírito*?

– *Esse tal de perispírito*, Marquinhos, poderia ser explicado, resumidamente, como o elemento semimaterial, sutil, que serve de envoltório ao Espírito, possibilitando sua ligação ao corpo físico. Além disso, sobrevive à morte do corpo, acompanhando o Espírito em seu retorno ao mundo espiritual. Mas a coisa vai muito, muito mais além... Diríamos que uma de suas funções consiste em atuar como estrutura modeladora, organizadora e gerenciadora do corpo físico, o molde energético onde se encontram os mecanismos responsáveis por todas as funções orgânicas, desde a seleção dos princípios hereditários até a organização da célula-ovo e seu desenvolvimento em um novo ser.

– Isso não tem a ver com o que estivemos estudando, o genoma?

– Bingo, Javier! Tem *tudo* a ver. O perispírito funciona como uma matriz de nosso desenvolvimento como espécie e indivíduo.

– Se o perispírito funciona como um molde de nosso corpo físico, tudo o que temos no corpo, como células, órgãos, DNA, genes, ele também tem?

– Boa pergunta, Lalinha! O Espírito André Luiz coloca que nosso corpo físico é o reflexo de nosso perispírito, e que neste encontramos todos os recursos adquiridos vagarosamente pelo ser durante milênios e milênios de evolução,[8] levando-nos a deduzir a existência de tudo o que você mencionou, embora em

---

[7] Kardec, *A Gênese*, Catanduva-SP: Nova Visão, capítulo XI, item 22.
[8] XAVIER, Chico; VIEIRA, Waldo/Espírito André Luiz. *Evolução em dois mundos*. Rio de Janeiro: FEB, 2007, capítulo II.

uma frequência vibratória diferenciada, pois se trata de uma matéria muito mais sutil que a corpórea.

Em outras palavras, diríamos que, por ocasião de um novo reencarne, todos os registros genéticos mantidos no perispírito poderão ser utilizados para a moldagem do novo corpo físico. A condição evolutiva do Espírito que utilizará esse corpo determinará suas características, acrescidas das alterações realizadas por Espíritos Geneticistas, estabelecendo assim uma programação cármica de modo a permitir a quem vai renascer o desempenho necessário à evolução desejada na nova existência.

— Espere aí, Eduardo! Quer dizer que, se alguém vai renascer e precisar ter determinada doença...

— ... decorrente dos desacertos praticados anteriormente...

— ... então um geneticista espiritual vai lá e seleciona um certo cromossomo para que isso ocorra, em determinada época da próxima existência, e o registro aparece no gene do corpo físico?

— Marquinhos, a Genética materializa na existência do encarnado suas predisposições cármicas. E essas manipulações tornam-se necessárias para adequar a experiência evolutiva àquilo que o reencarnante tem condições de suportar, para que a lição seja proveitosa. Os espíritas brincam, dizendo que os débitos são acertados em *trocentas prestações existenciais*.

O rapaz respirou fundo, comentando depois:

— Graças a Deus! Nossa, dá trabalho preparar a gente para renascer! E ainda tem muitos acreditando que todo Espírito *descansa* do lado de lá ...

— Pois é... Lembrando que um Espírito jamais regride em sua evolução, deduzimos que o mesmo ocorre com o DNA perispiritual.

— Ah, por isso não podemos renascer como gato ou cachorro, conforme vemos em alguns filmes?

— Exatamente, Marquinhos.

— Eduardo, esse perispírito parece um computador altamente sofisticado.

— Interessante comparação, Manolo. Assim como um computador registra apenas o que seu usuário repassa, o Espírito, verdadeiro proprietário do acervo de potencialidades decorrentes de sua trajetória evolutiva, transmite ao perispírito tais informações, tornando possível o acesso, tanto no plano físico como no extrafísico, de acordo com as necessidades evolutivas, sob a perfeita imposição das leis de causa e efeito.

— Arre, não dá para enganar nada *nunquinha*...

Eduardo desatou a rir.

— Esqueça, Marquinhos, está tudo ali, e as pessoas ainda insistem em culpar Deus por seus problemas. Vamos falar um pouquinho sobre a reencarnação? Segundo o Espiritismo, a reencarnação deve obedecer às leis da Genética, pois o que vai ser gerado é o corpo físico. O Espírito, ser imortal, existia antes da formação do corpo, criação de Deus; os pais apenas lhe fornecem o invólucro corporal.[9] Os seres vivos celulares têm armazenado no núcleo de suas células o DNA, molécula que carrega toda a informação genética de um organismo. Recordam-se disso?

— Se estou lembrando bem, o corpo físico de um bebê seria gerado com base nas informações presentes no DNA das células reprodutivas do pai e da mãe. Mas... e quanto às informações que constam em seu próprio DNA perispiritual?

— Interessante questionamento, Lalinha! Vou tentar explicar, de maneira muito resumida, pois o assunto é tão complexo que requisitaria um módulo de estudo inteirinho só para ele. Segundo a ciência terrena, o nascimento de um novo ser envolveria dois personagens, o pai e a mãe, mas a Doutrina Espírita acrescenta a participação importantíssima de um terceiro: *o Espírito reencarnante!* A escolha dos pais não

---

[9] KARDEC, Allan. *O Evangelho segundo o Espiritismo*, Catanduva-SP: Nova Visão, 2019, capítulo XIV, item 8.

ocorre ao acaso; existem razões sólidas para tanto: os três envolvidos já compartilharam muitas e muitas encarnações anteriores, acertaram e erraram juntos, estabelecendo vínculos de afeto e desafeto ao longo dos séculos, existindo enorme probabilidade de o DNA perispiritual dos envolvidos, inclusive de familiares próximos, apresentar características bastante parecidas, determinadas pela convivência e por desempenhos reencarnatórios anteriores.

— São velhos e comprometidos conhecidos.

— Mais ou menos assim, Javier, a não ser em casos envolvendo missões, como a de pais movidos pela caridade, que se propõem a aceitar Espíritos com problemas, embora inexista vínculo anterior; ou no caso de Espíritos evoluídos, renascendo porque desejam realizar algo importante para o progresso de determinada comunidade.

Kardec perguntou aos Espíritos quando se daria a união da alma ao corpo, recebendo como resposta: *começa na concepção, mas só é completa por ocasião do nascimento. Desde o instante da concepção, o Espírito designado para habitar certo corpo a este se liga por um laço fluídico, que cada vez mais se vai apertando até ao instante em que a criança vê a luz.*[10]

— O que seria exatamente essa concepção, Eduardo?

— O momento da fertilização, Cláudia; o instante em que se fundem os núcleos do óvulo e do espermatozoide. O livro *Missionários da Luz*,[11] publicado em 1945, contém uma descrição muito interessante e pormenorizada do processo de reencarnação; pretendo basear-me nela para tentar explicar a vocês. Primeiro, cada reencarnação é única, inexistem duas iguais, porque cada espírito é único no momento de sua criação; Deus não faz cópias dele.

— Viu, Cláudia, Deus não tem preguiça!

---

10 Kardec, *O Livro dos Espíritos*, Catanduva-SP: Nova Visão, 2019, questão 344.
11 XAVIER, Chico/Espírito André Luiz. *Missionários da Luz*. Rio de Janeiro: FEB, 2001, capítulo 13.

– Não sei por que está dizendo isso, amor...

Todos começaram a rir, parando rapidinho quando a moça os fuzilou com o olhar. Javier ainda sussurrou para Manolo:

– Se Cláudia fosse Deus, teríamos produção em série de espíritos.

Prevendo tempestade à vista, Eduardo tratou de prosseguir:

– A reencarnação de Espíritos como nós, pertencentes à enorme classe média dos habitantes do planeta Terra, *nem altamente bons, nem conscientemente maus*, obedece às diretrizes mais comuns, sendo assistida por Espíritos encarregados de acompanhar todo o processo antes, durante e depois. Isso incluiria a elaboração de um programa reencarnatório, inclusive com determinação de sexo, mapas cromossômicos, preparação dos futuros pais e do Espírito do futuro reencarnante.

– Esses mapas cromossômicos, Eduardo, como funcionariam?

– A partir do instante em que são escolhidos os pais, os Espíritos geneticistas verificam quais de suas heranças cromossômicas deverão ser consideradas para a nova existência do reencarnante, providenciando inclusive a normalização dos genes defeituosos dos futuros pais, se as características por eles determinadas não fizerem parte da experiência educativa daquele que vai reencarnar.

– Pronto, começou a cair por terra a tal teoria da supremacia dos genes do pai e da mãe!

– Exatamente, Javier.

– Sabe aquela história de espermatozoide chegando ao óvulo *por acaso*? Impossível, não acha?

– Exatamente, Lalinha. André Luiz descreve muito bem esse momento, falando que o Espírito responsável pelo bom andamento do processo de ligação *podia ver as disposições cromossômicas de todos os princípios masculinos em movimento, depois de haver observado, atentamente, o futuro óvulo materno, presidindo ao trabalho prévio de determinação do sexo do corpo a organizar-se. Após acompanhar, profundamente absorto no serviço, a marcha dos minúsculos competidores que constituíam a substância fecundante, identificou o mais apto, fixando nele o seu potencial magnético, dando-me a ideia de que o ajudava a desembaraçar-se dos companheiros para que fosse o primeiro a penetrar a pequenina bolsa maternal. O elemento focalizado por ele ganhou nova energia sobre os demais e avançou rapidamente na direção do alvo.*

— Isso é muito legal!

— Incrível mesmo, Lalinha! Vamos adiante? A reencarnação de um Espírito envolve a miniaturização do perispírito, para possibilitar sua união ao óvulo desde o momento da concepção. A modelagem fetal e o desenvolvimento do embrião ocorrem devido a um automatismo biológico, obedecendo a leis físicas naturais, de acordo com os automatismos estabelecidos pela evolução de cada espécie, porém o Espírito, através do perispírito, induzirá as mudanças físicas necessárias ao seu progresso, durante o processo de divisão celular, tendo em vista o acréscimo de características não herdadas ao corpo físico, fato que a ciência terrena ainda não consegue explicar.[12]

— Impressionante, Eduardo!

— Sem dúvida, Lalinha, e estou resumindo ao máximo. O que foi, Marquinhos? Por que essa cara de tristeza?

— Meu Deus do céu! Então o *seu Zé Luís* já fez parte de minhas existências passadas? Nosso tal de DNA perispiritual...

— ... possivelmente apresenta grande semelhança na base genética. Reforçando o mencionado há pouco, nas estruturas do DNA do perispírito está registrado aquilo que impactou o Espírito imortal em suas múltiplas existências, determinando

---

[12] Provavelmente Eduardo se referia a cruzamento cromossômico. Cruzamento cromossômico (*ou crossing-over*) consiste em uma troca de material genético entre cromossomos homólogos. (Disponível em: <https://pt.wikipedia.org/wiki/Cruzamento_cromossomico>. Acesso em: jul. 2018.)

assim as condições em que o novo ser reencarnará, sua saúde ou enfermidades genéticas, conforme os acertos ou desacertos anteriores. Lei do retorno...

— Mas eu sou muito diferente dele, Eduardo! Fico me vigiando; quando percebo estar repetindo o que ele faz, trato de me corrigir.

Cláudia, ainda irritada com a insinuação a respeito de sua *preguiça*, não perdeu a oportunidade de alfinetar o noivo:

— Tão diferente a ponto de repetir o que o pai faz...

Eduardo atalhou a discussão prestes a emergir, prosseguindo:

— A reencarnação existe, Marquinhos, justamente para nos melhorarmos do ponto de vista moral e intelectual. Ser portador de determinada carga genética não quer dizer que somos obrigatoriamente comandados por ela ou vamos sofrer-lhe os efeitos.

— Ufa, que alívio!

— Como viram, nada se faz ao acaso. Para um Espírito conseguir um adequado aproveitamento na próxima encarnação, torna-se necessário elaborar um planejamento reencarnatório cuidadoso, efetuado sob a orientação de Espíritos de elevada hierarquia espiritual.

— E quem vai reencarnar pode opinar sobre isso?

— Depende, Lalinha. Quando o Espírito reencarnante não tem lucidez nem maturidade para fazer as escolhas, os benfeitores espirituais decidem por ele. No caso de Espíritos com estrutura emocional para deliberar sobre as questões relevantes a respeito de ocorrências que surgirão em sua próxima existência, ele pode opinar, sempre contando com o assessoramento de Espíritos mais evoluídos.

— Ah, mas, assim sendo, quem é que vai escolher coisa ruim? Doença, dificuldade financeira... *só se for louco*!

— Escolhe, escolhe sim, Marquinhos, porque as escolhas são feitas tendo em vista o melhor para o processo educacional do reencarnante. E não são ao acaso, ou como o *espertinho* deseje! Elas se submetem à lei de causa e efeito, isto é, não são livres a ponto de o Espírito ter acesso a qualquer tipo de opção. Ocorre ainda que, *do lado de lá, cai a nossa ficha sobre o que é bom realmente para nós*, entende?

— A história do *remédio amargo, mas necessário*.

— Realmente, Javier! Uma escolha consciente pode recair sobre um corpo doente, envolvendo doenças existentes desde o nascimento ou que surgirão no decorrer da vida física. Concordamos, inclusive, com o sexo adequado às experiências que necessitamos vivenciar. Viram a grande diferença quando se conhece o lado espiritual? E tem mais: dependendo da maneira como a pessoa vivenciar sua reencarnação, aí entra o livre-arbítrio, o tal gene da doença pode não ser ativado! Ela modificou seus sentimentos de tal maneira que a doença se torna desnecessária à sua evolução.

— Parece que isso tem a ver com as pesquisas científicas a respeito do mecanismo de ativação dos genes !

Eduardo sorriu.

— Parece, Manolo... Mais uma coisinha: não pensem que programas e mapas significam destino ou fatalismo, pois cada um pode fazer seu melhor, independentemente dos genes recebidos, e até mudar sua história. Adiante!

Concluindo, nossa herança genética perispirítica é responsável pela manifestação e organização do novo modelo perispiritual formador da matriz do futuro corpo físico, enquanto a escolha igualmente cuidadosa de nossos pais tem tudo a ver com os vínculos anteriores e a possibilidade de proporcionar experiências e situações reeducadoras. De acordo com nossa evolução, somos nós, com a ajuda de Espíritos encarregados do processo reencarnatório, que priorizamos certos aspectos das estruturas genéticas assim como o meio ambiente no qual nos movimentaremos. Ativar ou não determinados genes terá tudo a ver com a gravidade do que praticamos no passado e a maneira como nos portarmos na nova reencarnação. Em outras palavras, à medida que ocorre salutar mudança de sentimentos, existe a possibilidade de as pessoas conseguirem reparar o mal efetuado anteriormente por meio da prática do bem, da caridade.

Lalinha ponderou:

— Ignorando a realidade do Espírito, a ciência materialista atualmente depara com um imenso desafio...

— ... desafio imenso e extremamente benéfico, a ponto de, na última década, muitos cientistas estarem estudando os mecanismos bioquímicos e moleculares através dos quais os genes são *ativados* e *desativados* sob a influência do meio ambiente.[13] Mas nem tudo se resume aos estímulos ambientais, tendo a ver também com as decisões decorrentes do livre-arbítrio de cada ser e a evolução espiritual.

— Parece que a ciência humana está a um passo de admitir a ciência do Espírito! Acredito...

Impaciente, Cláudia intrometeu-se na conversa, impedindo que Manolo continuasse:

— Primo, demora muito para você iniciar a parte da sexualidade propriamente dita?

— Cláudia, meu amorzinho... Para que tanta pressa? Eduardo vai chegar lá!

— Vê se entende, Marcos! Estou *agoniadíssima*, amor! Logo o pessoal do projeto estará aqui, e nós sem sabermos *nada*... E se não der tempo para acabar o estudo? E se não soubermos lidar com eles? Ai, meu Deus...

Eduardo riu, tratando de acalmar a moça:

— Amanhã começamos, pronto! Se faltar alguma coisa, repassarei durante o estudo, está bem? Aí vem nossa querida Rosa com o lanche. Bem na horinha; meu estômago está roncando.

Cláudia perdeu a paciência:

---

13 Disponível em: <https://www.significados.com.br/epigenetica/>. Acesso em: jul. 2018.

— Eu aqui, toda preocupada, e você vem falar do ronco do seu estômago, Eduardo? Deve ser porque repetiu apenas uma vez o frango do jantar, duas vezes o rocambole de carne... E as sobremesas? Pudim, sorvete, salada de frutas. Comeu todas! *Todas!* Ah, assim não dá... Vou para o meu quarto!

E foi mesmo, deixando os outros perplexos diante de tamanha indignação. Rosa tratou de colocar rapidinho o lanche sobre a mesa, recomendando:

— Comam antes que esfrie. Vou fazer um chá de erva-cidreira... Está acontecendo algo; a Cláudia não é assim. Tem estado muito estressada. Andem, tratem de comer!

2. O sexo dos Espíritos

Na noite seguinte, todos estavam um tanto preocupados. Cláudia passara o dia fora, envolvida com os preparativos de importante desfile, tendo saído muito cedo, antes que pudessem com ela falar. Para alívio geral, escutaram a porta sendo aberta e os apressados passos da moça escada acima, rumo a seu quarto.

— E agora, começamos sem ela? Esperamos?

— Vamos aguardar um pouco; minha prima deve estar exausta, precisando de um banho. Talvez esteja com fome...

— Pelo amor de Deus, Eduardo, nem pronuncie essa palavra perto da minha deusa: *fome*! Ou será que devo ir até a cozinha e fazer um *lanchinho levezinho* para o meu amor?

Manolo balançou a cabeça, dizendo:

— *Lanchinho*, Marcos? A Rosa disse que, nos últimos dias, a Cláudia anda comendo somente duas folhas de alface e umas rodelinhas de pepino ou tomate... e suco. A tal agência quer que ela emagreça não sei quantos quilos para o desfile!

— Mas... por que isso, gente? Minha deusa está linda! Vou falar com a Rosa.

Minutos depois retornava, cabisbaixo, informando:

— Rosa já estava preparando o suco: um *negócio verde... credo*! E nem uma fatia de pão, um queijinho, só *aquilo*! Não me admira a pobrezinha ter surtado ao se recordar do tanto que você comeu, Eduardo, e do que ainda pretendia comer!

Eduardo fez uma cara compungida, apressando-se em justificar:

— Entendo, Marquinhos, mas não sou modelo; meu peso é considerado ideal... e tenho um *baita apetite*, gente!

— Entendo sua posição. Se tem fome, deve mesmo comer! Minha deusa mandou o recado, logo virá. Ah, a Rosa disse que não vai trazer lanche hoje. Quem quiser, quando a Cláudia for dormir, pode pegar na cozinha; deixou uma torta no forno e um bolo na geladeira.

— Tudo bem. Enquanto a prima não chega, vamos fazer uma leitura do Evangelho e orar... estamos precisando!

Vinte minutos depois, a moça entrou na biblioteca, olhando ressabiada para os demais, receando acusações, acalmando-se ao deparar com fisionomias calmas e carinhosas.

— Vamos ao estudo da sexualidade humana segundo a Doutrina Espírita. O material a ser utilizado procede de mentores espirituais de alguns dos médiuns mais conceituados, de autores espíritas e da própria Codificação. Neste ponto, meus amigos, sinto-me na obrigação de dizer que a maioria das casas espíritas prefere deixar de lado o estudo da sexualidade.

— Deixar de lado? Por quê?

— Por razões diversas, Lalinha. Em minha opinião, principalmente porque o sistema de crenças e valores da maioria das pessoas ainda considera sexo um assunto *proibido*, constrangedor, no mínimo delicado. Homossexualidade, então, nem se fala! E o espírita, pelo simples fato de ser espírita, não foge à regra geral. Assim, estuda-se praticamente tudo, mas, na hora de abordar o tema sexualidade, sempre há os que se recusam a tocar em *tão melindroso assunto*. Afinal, *seu fulano* ou *dona sicrana, esteios do centro, não gostariam disso... Corremos o risco de muitos se afastarem... Polêmico demais... Para que estudar isso?* As desculpas são muitas, e acaba-se abandonando a iniciativa para não gerar maiores atritos na casa, *que deve ser um local de união*... Uma quantidade enorme de espíritas de carteirinha, trabalhadores incansáveis, jamais estudou sexualidade ou sequer teve interesse em fazê-lo.

— Mas... não aparecem casos para atendimento envolvendo homossexuais?

— Sim, e casos envolvendo bissexuais, heterossexuais, assexuais... Para explicar as razões dos conflitos existenciais, costuma-se lançar mão de um diagnóstico comum: *obsessão*.

— Obsessão? O que é isso?

— Obsessão, Marquinhos, consiste no domínio que alguns Espíritos exercem sobre certas pessoas. Somente Espíritos inferiores a praticam, pois os Espíritos bons não impõem nenhum constrangimento a alguém.[14] Quando a influência de um Espírito inferior se torna constante, podemos classificá-la como obsessão.

— E esses tais Espíritos inferiores têm esse poder?

— Aí é que está, Lalinha: inconscientemente, as próprias pessoas lhes conferem essa ascendência. Vai entender rapidinho...

Entre as causas da obsessão, podemos citar as imperfeições morais do Espírito encarnado, sua má conduta atraindo maus Espíritos que com ele se afinizam. Estão sintonizados, entende? A princípio deparamos com um simples processo de permuta, porém a coisa se complica quando, mais tarde, a vontade do encarnado for gradualmente substituída pela do desencarnado, anulando assim seu livre-arbítrio.

---
14 KARDEC, Allan. *O Livro dos Médiuns – Catanduva-SP: Nova Visão, 2020,* item 237.

Existem também aqueles casos em que o encarnado fez mal a outras pessoas em existências passadas, gerando ódio e desejos de vingança, estando sujeito a um processo de ajuste, conforme a lei de ação e reação.

— Em se tratando de sexualidade, isso ocorre do mesmo modo?

— Claro, Javier. O conflito na área sexual pode ser decorrente de obsessão? Sim, pode, mas será que o assunto deve ser tratado de maneira tão simplista? Se conseguirmos afastar os tais *obsessores*, a homossexualidade se *extinguirá num passe de mágica*? Ou já passou da hora de entendermos um pouquinho melhor o que se passa com as criaturas na área da sexualidade, sejam elas *hétero*, *homo*, *bi* ou *assexuadas*?

— Primo, você falou em crenças e valores; parece-me um tanto vago... Sou a favor de *dar nome aos bois*!

Todos caíram na risada, tamanha a ênfase colocada na frase pela moça.

— Minha prima, a coisa vai desde considerar tudo o que fuja da heterossexualidade um distúrbio, uma doença da alma, contrária à lei de Deus, um *pecado* passível de *resgate* ou *expiação*, passando pela crença de que o relacionamento sexual deva estar necessariamente atrelado à concepção, prosseguindo pelos textos pseudocondenatórios constantes na Bíblia, enveredando pelos preconceitos de que todo homossexual é naturalmente promíscuo, necessitado de tratamento para se livrar do que é considerado um vício, um desregramento. E muito, muito mais, até acreditar que tratamentos espirituais consigam alterar a orientação sexual de alguém!

— Ih, primo...

Em seguida, Eduardo lançou uma pergunta:

— Será que Kardec perguntou alguma coisa sobre sexo aos Espíritos da Codificação?

Manolo respondeu rapidinho:

– Perguntou sim, Eduardo. Pessoalmente, gostaria que ele houvesse esmiuçado mais o assunto, porém acredito que, na época, isso não seria possível.

Lalinha opinou:

– Claro, se atualmente o assunto sexo é delicado, imagine naquele tempo! Quando foi isso, Eduardo?

– Em 1857, Lalinha. Kardec interrogou os Espíritos da Codificação querendo saber se os seres inteligentes criados por Deus tinham sexos.

– Em outras palavras, Eduardo, se existia a diferenciação em homem ou mulher no instante da criação?

– Isso, Javier. A pergunta foi elaborada sob o ponto de vista biofisiológico, orgânico, certamente se referindo aos sinais que distinguem morfologicamente os seres como macho ou fêmea. A resposta foi taxativa: *não*. Assim sendo, deduzimos não possuírem aparelho reprodutor e muito menos hormônios sexuais. Aliás, para que os teriam? Eles não se reproduzem, são criados por Deus; reprodução tem a ver somente com a parte material, física. Deixem-me ler na íntegra a pergunta formulada: *Têm sexos os Espíritos?* Resposta: *Não como o entendeis, pois que os sexos dependem da organização. Há entre eles amor e simpatia, mas baseados na concordância dos sentimentos.*[15]

Em seguida, quando inquiridos sobre se o Espírito que animou o corpo de um homem pode, em uma outra existência, animar o corpo de uma mulher e vice-versa, responderam: *Decerto; são os mesmos os Espíritos que animam os homens e as mulheres.*[16]

Finalmente pergunta se o Espírito prefere reencarnar no corpo de um homem ou no de uma mulher, recebendo como resposta: *Isso pouco lhe importa. O que o guia na escolha são as provas por que haja de passar.*[17]

---

15 KARDEC, Allan. *O Livro dos Espíritos*, Catanduva-SP: Nova Visão, 2019, questão 200.
16 KARDEC, Allan. *O Livro dos Espíritos*, Catanduva-SP: Nova Visão, 2019, questão 201.
17 KARDEC, Allan. *O Livro dos Espíritos*, Catanduva-SP: Nova Visão, 2019, questão 202.

Encontramos então um comentário de Kardec sintetizando tudo isso: *Os Espíritos encarnam como homens ou como mulheres porque não têm sexo. Visto que lhes cumpre progredir em tudo, cada sexo, como cada posição social, lhes proporciona provações e deveres especiais e, com isso, ensejo de ganhar experiência. Aquele que só como homem encarnasse só saberia o que sabem os homens.*[18]

— Resumindo, os Espíritos não têm sexos. Mas... por que eles nos aparecem na forma de homens ou mulheres?

— Vamos pegar o fio da meada da evolução, Marcos? Lá do comecinho, desde a Criação, simples, ignorantes? Ocorreu com todos nós... Como progredimos? Nascendo, vivendo, morrendo, tornando a renascer, assim vamos evoluindo, por meio do mecanismo da reencarnação. Para que isso ocorra, existe o perispírito, e, pelo fato de precisarmos reencarnar na polaridade masculina ou feminina, nossos perispíritos possuem a matriz da organização dos dois sexos em potencial. Recordam-se do perispírito como modelador do futuro corpo?

Podemos concluir, então, que a energia sexual pode expressar-se em uma estrutura fisiológica masculina ou feminina, propiciando a evolução e o desenvolvimento do Espírito em plenitude, mediante experiências em ambos os sexos. Quando um Espírito aparece para nós, na realidade estamos vendo seu perispírito, geralmente o de sua anterior encarnação, que pode ter a aparência de homem ou mulher. Entenderam?

Cláudia adiantou-se rapidinho:

— Sim, primo. Mas vamos parar por aqui hoje? Estou *morta de cansaço*, foi um dia daqueles! Cadê o lanche?

Receoso de mais um rompante da namorada, Marquinhos apressou-se em informar:

— Hoje não tem lanche não...

---

[18] KARDEC, Allan. *O Livro dos Espíritos*, Catanduva-SP: Nova Visão, 2019, questão 202.

– Ah! Justo agora, gente? Pretendia quebrar aquela dieta *infeliz*! Estou exausta, zonza de fome, mal-humorada, rosnando para minha própria sombra. Chega! Se me quiserem, tem de ser assim, saudável, e não anoréxica, magérrima!
– Quando decidiu isso, minha deusa?
– Agorinha mesmo! No entanto, *hoje não tem lanche...*
– Tem sim, amor, escondido na cozinha, para você não sofrer. Vou lá buscar!
Javier cutucou Manolo discretamente, sussurrando:
– Oração milagrosa, graças a Deus! Imagine se decidem abolir nosso lanche; estou com uma fome danada!

3. Bissexualidade espiritual

Após a prece inicial da noite seguinte, Eduardo foi logo dizendo:
– O Espírito Emmanuel, através da psicografia de Chico Xavier, esclarece que, *através de milênios e milênios, o Espírito passa por fileira imensa de reencarnações, ora em posição de feminilidade, ora em condições de masculinidade, o que sedimenta o fenômeno da bissexualidade, mais ou menos pronunciado, em quase todas as criaturas. O homem e a mulher serão, desse modo, de maneira respectiva, acentuadamente masculino ou acentuadamente feminina, sem especificação psicológica absoluta. A face disso, a individualidade em trânsito, da experiência feminina para a masculina ou vice-versa, ao envergar o casulo físico, demonstrará fatalmente os traços da feminilidade em que terá estagiado por muitos séculos, em que pese ao corpo de formação masculina que o segregue, verificando-se análogo processo com referência à mulher nas mesmas circunstâncias.*[19]

---
19 XAVIER, Chico/Espírito Emmanuel. *Vida e sexo.* Rio de Janeiro: FEB, 1970, capítulo 21.

Ainda sobre o mesmo tema, André Luiz assim se expressa: *Na crosta planetária, os temas sexuais são levados em conta na base dos sinais físicos que diferenciam o homem da mulher e vice-versa. No entanto, isso não define a realidade integral, porquanto, regendo esses marcos, permanece um Espírito imortal, com idade às vezes multimilenária, encerrando consigo a soma de experiências complexas, o que obriga a própria ciência terrena a proclamar presentemente que masculinidade e feminilidade totais são inexistentes na personalidade humana, do ponto de vista psicológico. Homens e mulheres, em espírito, apresentam certa porcentagem mais ou menos elevada de características viris e femininas em cada indivíduo, o que não assegura possibilidade de comportamento íntimo normal para todos, segundo a conceituação de normalidade que a maioria dos homens estabelece para o meio social.*[20]

Pensativo, Manolo interrompeu:

— Vamos ver se entendi, Eduardo. Esses dois instrutores espirituais deixam bem claro que o Espírito não apresenta *especificação psicológica absoluta.* Emmanuel utiliza o termo *bissexualidade...* e falam sobre comportamento e conceito de normalidade. Isso não lembra um pouco aquela escala de Kinsey?

— Bem colocado, Manolo. As pesquisas de Kinsey e seus colegas detectaram a imensa variedade de comportamentos na área da sexualidade humana, a ponto de definir aquela escala inovadora para os padrões da época. No entanto, eles jamais explicaram as razões de tamanha diversidade, justamente porque *desconheciam a importância do Espírito imortal*, seu enorme acervo de experiências advindas de vidas passadas, sobrepondo-se à morfologia do corpo, sem se sujeitar muitas vezes aos seus comandos.

A partir do momento em que todos os Espíritos ainda não puros apresentam qualidades consideradas masculinas ou

---

20 XAVIER, Chico; VIEIRA, Waldo/Espírito André Luiz. *Sexo e destino.* Rio de Janeiro: 1963, segunda parte, capítulo 9.

femininas em porcentagens maiores ou menores, conquistadas nas múltiplas existências, o caminho está aberto para uma natural diversidade.

— Fica difícil, se a pessoa não acredita em reencarnação, entender como tudo isso ocorre, não acham? Pensando bem, *não somos homens ou mulheres*, e sim *estamos homens ou mulheres* na presente existência. Como será nas vindouras? Como foi nas anteriores?

— Pode parar, Manolo! Acabou de passar, agorinha mesmo, uma coisa pela minha cabeça! Não riam... Qual é a de vocês? É sério, gente!

Eduardo sorriu, antecipando mentalmente as deduções do rapaz:

— Fale, Marcos.

— Já fui homem em minhas encarnações anteriores, amei mulheres... Mas também fui mulher, não é? E amei homens... *E, quando eu amo, eu amo de corpo e alma!* E a gente reencontra nossos amores ao desencarnar, não é? E se eu, como mulher, *amei com loucura um homem*... e der de cara com ele lá, me esperando, *eu mortinho da silva*, agora macho? Ah, isso confunde a cabeça de qualquer um!

Foi impossível não rir diante daquela cena imaginária! Finalmente Eduardo conseguiu dizer:

— Pois é, Marcos, a coisa é bem assim. Esse seu desespero todo tem a ver com preconceito, apego à matéria, orgulho, medo... Pode ficar calmo, pois tenho certeza de que os mentores espirituais jamais colocariam você em tal situação, pois respeitam nossas limitações. Quando muito, deixariam que se acostumasse com a ideia e...

Cláudia interrompeu:

— Marquinhos tem toda razão! Deve ser por isso que os espíritas evitam esse assunto da sexualidade. Começa mansinho e depois vira para o nosso lado, forçando-nos a encarar a realidade de cada um como Espírito de simples passagem pela presente existência. Hoje homem, amanhã mulher... Mexe *mesmo* com a cabeça da gente, cara! Depois de tudo o que ouvimos, acho melhor irmos ao lanche. Preciso *processar* essa enormidade de informações.

— *Processar*, Cláudia? Tipo *computador*?

Todos caíram na risada, mas, no fundo, também se sentiam assim, precisando *processar as informações*. Eduardo, de olho no carrinho de lanche empurrado por Rosa, exclamou:

— Então, vou tratar de *processar* aquela torta. *Nhac, nhac, nhac...* Primeiro farei o encerramento, antes que alguém comece a esticar a prece.

4. Múltiplas expressões da sexualidade humana

Na reunião seguinte, Eduardo perguntou:
— E daí, como foi o tal *processamento*?

Todos riram. Lalinha informou:

— *Processei* dando uma busca na internet! Acabei achando o tal vídeo do Chico, o de 1971... Demais! Gente, 1971! E o Chico teve a coragem de não fugir da pergunta ali, diante das câmeras. Se hoje é tabu, com risco de pedrada de muitos lados, imaginem naquela época!

— *Show*, Lalinha! Que tal *compartilhar*?

— Vou tentar, Cláudia: primeiro, Chico deixou bem claro que todas as orientações sexuais são condições da alma humana e, como tal, dignas de respeito. Depois falou que, no futuro, haverá grandes revisões sobre o assunto, do ponto de vista da ciência.

_ Interessante...

— Também achei, Javier. Um pouco mais adiante, ressaltou que não estava se referindo a problemas relacionados a desequilíbrio ou viciação nas relações humanas, e sim às condições do reencarnado, muitas vezes portador de conflitos relacionados à sua condição de alma em prova ou em tarefa específica. Ah! Outra coisa que me chamou a atenção foi o uso dos termos homossexualismo e bissexualismo... Tem diferença em falar homossexualidade em vez de homossexualismo, Eduardo?

– Observou muito bem! Para entender, precisamos voltar um pouco no tempo. Então veremos que, durante longo período, a homossexualidade foi considerada uma doença mental, passível de tratamento. Com o avanço da ciência, aos poucos as coisas foram mudando.

Desde 1973, a homossexualidade deixou de ser classificada como doença, distúrbio ou perversão pela Associação Americana de Psiquiatria. Em 1975, a Associação Americana de Psicologia adotou o mesmo procedimento, deixando de considerá-la uma doença.

No Brasil, em 1984, a Associação Brasileira de Psiquiatria aprovou uma resolução afirmando o seguinte: *Considerando que a homossexualidade não implica prejuízo do raciocínio, estabilidade e confiabilidade ou aptidões sociais e vocacionais, opõem-se a toda discriminação e preconceito contra os homossexuais de ambos os sexos.*

Ainda falando em Brasil, em 1985 o Conselho Federal de Psicologia deixou de considerar a homossexualidade um desvio sexual e, em 1999, estabeleceu regras para a atuação dos psicólogos em relação às questões de orientação sexual, declarando que *a homossexualidade não constitui doença, nem distúrbio e nem perversão,* e que os psicólogos não colaborariam com eventos e serviços cuja proposta seria o tratamento e/ou cura da homossexualidade.

No dia 17 de maio de 1990, a assembleia geral da Organização Mundial da Saúde (OMS) retirou a homossexualidade da sua lista de doenças mentais: a Classificação Internacional de Doenças (CID). Finalmente, em 1991, a Anistia Internacional passou a considerar a discriminação contra homossexuais uma violação aos direitos humanos.

Voltando ao sufixo *ismo*, Lalinha, ele está relacionado a patologias e deixou de ser usado em relação à orientação homossexual a partir dessas mudanças há pouco mencionadas. Depois de tantas considerações opondo-se à *pretensa doença*, atualmente falamos em homossexualidade ou homoafetividade, esta última procurando evitar a conotação meramente sexual. Certo?

Lalinha prosseguiu :

— Referindo-se à heterossexualidade, o Chico a denomina *sexualidade dita normal...* O que acham?

Javier ponderou:

— Ao considerar a homossexualidade, a bissexualidade e a assexualidade condições da alma humana, deixou muito claro que a sexualidade não se restringe ao corpo físico, afastando, a meu ver, o estigma patológico a elas atribuído. O termo *dita normal*, empregado com tamanha propriedade em relação à heterossexualidade, ressalta a fragilidade de nosso conceito do que é normal ou não. O que mais, Lalinha?

— Chico faz referência à fecundidade espiritual, quando são transmitidos valores espirituais, e ao sexo como uma potência consagrada à luz, ressaltando que a sexualidade não diz respeito somente à procriação, opondo-se ao argumento-chave dos que condenam a homossexualidade. Não é, Eduardo?

— Com certeza. Influência das religiões judaico-cristãs, que consideram o sexo destinado somente à procriação. Tirando isso, seria pecado, perversão.

— Mesmo no caso de casais heterossexuais?

— Se nos prendermos apenas à letra, a Bíblia prega o *crescei e multiplicai-vos...*

– Então, como ficam os métodos anticoncepcionais? E o sexo somente por prazer? Se não for para procriar, *nadinha*? Que absurdo!

Eduardo riu da indignação da prima, respondendo:

– Concordo, prima, pois as energias sexuais não se destinam somente à reprodução, atuando ainda como reconstituintes das energias espirituais. Sem falar que elas podem ser direcionadas a outras expressões de criatividade, como as artes, a beneficência...[21] Vimos isso em nosso estudo anterior, recordam?

– Gostaria de levantar uma questão.

– Muito bem, Manolo. Está muito quieto, escutando, escutando... Estamos todos atentos. Mande lá, companheiro!

– Dando uma voltinha pela internet, encontrei alguns posicionamentos intrigantes sob a denominação de assexualidade, relacionados a Espíritos Superiores e Espíritos Puros. Sabe a que me refiro?

– Sim, sei. Trata-se do emprego do termo assexualidade/assexual em contextos completamente diferentes, podendo induzir-nos a cometer o erro absurdo de considerar que todo assexual seria necessariamente evoluído do ponto de vista espiritual. Para explicar melhor, faz-se necessário entender como se processa a evolução do ser e o que caracteriza as diversas fases evolutivas. Vamos relembrar um pouquinho nosso estudo anterior,[22] levado a efeito quando Joana estava em poder dos traficantes sexuais aqui, em Barcelona. Quem gostaria de falar? Lalinha?

– Posso tentar. Nós estudamos que Deus criou o princípio inteligente e o princípio material, e que ambos iriam evoluir, de maneira lenta e simultânea, através dos milênios. Certo?

– Sim, não nos esquecendo de que a evolução do princípio inteligente comanda a do princípio material. Prossiga.

---
21 Maffei, *Joana*, obra já citada.
22 Maffei, *Joana*, obra já citada.

— O princípio inteligente iria passando sucessivamente pelos reinos mineral, vegetal e animal, e as energias sexuais estariam presentes nesses milênios todos, bilhões e bilhões de anos. Em cada reino, essas forças trabalhariam de determinada maneira, até que, no reino animal, ocorreria o surgimento dos instintos. Depois, ao longo de muitos milênios, prosseguiriam, encaminhando o princípio inteligente à sua completa individualização, na condição humana.

— Muito bem, menina! No começo da condição humana, a sexualidade acha-se centrada nos instintos, e é por intermédio deles que o ser humano inicia sua escalada rumo à angelitude ou, em outras palavras, rumo ao Amor Universal, pleno, incondicional, como o vivenciado por Jesus.

— Trata-se de uma trajetória evolutiva.

— Isso, Javier, lenta, gradual, passo a passo. O Espírito Joanna de Ângelis dá a essas forças sexuais o nome de amor,[23] porque realmente se trata de amor, em todos os estágios evolutivos, em sua sublime escalada rumo ao Amor Maior, perfeito, completo.

— Nossa, que coisa mais linda!

— A obra do Criador é magnífica, Cláudia, nós é que ainda não temos *olhos de ver* essa perfeição toda, pois nos falta evolução para tanto. Agora, gente, vamos pensar no Espírito encarnado na Terra como ser humano, submisso às naturais leis de atração do planeta. Como seria ele do ponto de vista dos relacionamentos sexuais?

— Ah, disso eu me lembro, primo!

— Então explique...

— Existem pessoas ainda muito ligadas aos instintos, não dando a mínima para os sentimentos e as emoções, preocupadas somente com as sensações, expressando as energias sexuais através dos órgãos genitais.

---

[23] FRANCO, Divaldo Pereira/Espírito Joanna de Ângelis. *Conflitos existenciais.* Salvador: Livraria Espírita Alvorada Editora, 2005, capítulo 19.

— O nome conferido a isso, prima, é sexo periférico, e essas pessoas sentem uma necessidade incessante de buscar o prazer desenfreado e egoístico, sem se importar, inclusive, em lesar outras pessoas.

— Depois, há aqueles que desejam achar a pessoa certa para relacionamentos duradouros, como o Marcos e eu...

— *O amor é lindo...*

— Ah, Eduardo, pode caçoar à vontade... Vocês estão dando risada, mas não conheço *ninguém* que não queira encontrar seu grande amor.

— É isso aí, Cláudia! A maior parte da humanidade está nesse estágio. E depois?

— Esqueci...

— Depois encontramos as pessoas que conseguem perceber as energias sexuais por meio dos sentidos do Espírito, canalizando a imensa força criadora para o bem e expressões de beleza mais apuradas, sublimando-as. Lembrou?

— Sim!

— Podemos concluir que, no reino hominal, o amor se desenvolve a partir dos instintos, transmutando-se até chegar ao Amor incondicional, aquele que nada cobra, preocupando-se apenas em amar. Quando a criatura atinge tal estágio, inerente aos Espíritos Superiores e Espíritos Puros, não tem mais necessidade de reencarnação, de corpo físico. Ora, aparelho reprodutor, hormônios, relações sexuais, tudo isso se refere ao corpo físico. Inexistindo corpo físico, não quer dizer que as energias sexuais desapareçam; elas persistem, pois constituem valiosíssima herança concedida por Deus desde o momento da criação do princípio inteligente, mas agora direcionadas ao bem, às criações espirituais.

— Mas, então, todos os Espíritos, em decorrência das naturais leis de progresso, acabam, uma hora ou outra, por força dos próprios esforços evolutivos, inseridos na condição de *assexualidade*?

— Considero mais adequado dizer que Espíritos Puros e Superiores pairam acima e além das necessidades do sexo carnal, justamente para não ensejar dúvidas, Manolo.
— Espere um pouco, Eduardo... *Não transam? Hum...* E todos vamos ser Espíritos Superiores ou Puros um dia?
— Sim.
— Não vou ter mais essa *loucura* pela minha Claudinha quando for *anjo*?

Sorrindo do desespero do rapaz, Eduardo continuou:
— Fique calmo, Marquinhos! Vai demorar, não é para agora...

Rindo, Lalinha opinou:
— No seu caso, irmãozinho, nem para *as próximas trocentas mil reencarnações*!
— Graças a Deus! Minha deusa, não precisamos esquentar nossa cabeça com isso, vai demorar. Continue, Eduardo!
— A maior parte das pessoas não consegue admitir a existência sem o sexo carnal. Fica mesmo difícil de aceitar, principalmente quando se está apaixonado. A respeito disso, o Espírito André Luiz[24] diz o seguinte: *Quanto à perda das características sexuais, estamos informados de que ocorrerá espontaneamente, quando as almas humanas tiverem assimilado todas as experiências necessárias à própria sublimação, rumando, após milênios de burilamento, para a situação angélica, em que o indivíduo deterá todas as qualidades nobres inerentes à masculinidade e à feminilidade, refletindo em si, nos degraus avançados da perfeição, a glória divina do Criador.*
— Muito bonito mesmo! Lindo, lindo! Mas sempre vou amar a Cláudia, eu *sinto isso*, gente! E como vai ser então?
— Bom, Marcos, quanto a essa sua *angustiante dúvida transcendental*, olhe a colocação do Espírito André Luiz: *É imperioso reconhecer, contudo, que não podemos, ainda, em nossa posição evolutiva, formular qualquer pensamento concreto acerca*

---

24 Xavier e Vieira, *Evolução em dois mundos*. Rio de Janeiro: FEB, 2007, segunda parte, capítulo XII.

da natureza e dos atributos dos Anjos, nem ajuizar quanto ao sistema de relações que cultivam entre si.[25]

Marcos suspirou:

— Ai, que alívio, eles se relacionam! *Quem sabe...*

— Pelo que entendo, trata-se de um processo evolutivo, levado a efeito gradativamente, de acordo com as conquistas espirituais do ser. Pouco a pouco, o amor centralizado, restrito a um ou a poucos, irá se estendendo à humanidade. *E não vai doer nada, Marcos!*

— Certamente, Manolo, bem resumido. Voltando ao tema assexualidade, precisamos deixar bem claro que Chico se refere à mesma que vem despertando a atenção nos dias de hoje, nada tem a ver com elevado estágio evolutivo, consistindo naquela estudada por nós em uma das reuniões anteriores. Amanhã veremos as causas da homossexualidade relacionadas na literatura espírita.

— Um momentinho, Eduardo. Essa história de *causas da homossexualidade* parece um tanto preconceituosa, como se a homossexualidade não fosse natural. Afinal, ninguém pergunta nadinha sobre as causas da heterossexualidade.

— Está mais do que certo, Javier. Escutamos tanto as pessoas formularem perguntas buscando causas, que acabamos embarcando na delas. Veio-me uma coisa na cabeça agora, um artigo de Kardec que veremos amanhã, intitulado sabem como?

— Nem imaginamos!

— *As mulheres têm alma?* Esse é o título, e o Codificador inicia dizendo da injustiça sofrida pelas mulheres, felizmente aos poucos sendo suplantada. Depois enverada para o assunto sexualidade. Pessoalmente, tomo a liberdade de mencionar que negros enfrentaram o mesmo problema, animais ainda são

---

[25] Idem à referência anterior.

considerados por muitos como destituídos de alma. São posicionamentos decorrentes da imperfeição espiritual humana; à medida que a humanidade for evoluindo, deixarão de existir. Assim, quando o ser humano conhecer mais sobre si mesmo e o universo da sexualidade, a diversidade sexual deixará de ser uma pedra no sapato. Desculpem-me; depois vou reformular aquela colocação anterior, está bem? Rosa está chegando com o lanche; vamos à prece.

Na noite seguinte...

— Antes de mais nada, gostaria de lembrar que, pela psicografia de Chico Xavier, o Espírito André Luiz derruba definitivamente a concepção de sexo sediado no corpo físico, afirmando: *A sede do sexo não se acha no corpo grosseiro, mas na alma, em sua sublime organização.*[26] E diz ainda: *o sexo, na essência, é a soma das qualidades passivas ou positivas do campo mental do ser* [...].[27] Perceberam?

— Nadinha... Coisa mais complicada!

— Será mesmo, Marquinhos? Sentimos dificuldade em entender a grandeza do sexo na Vida Universal pelo fato de ainda reduzirmos as funções das energias sexuais unicamente aos órgãos sexuais e reprodutores, assim como às sensações do corpo físico. Quando os Espíritos da Codificação, questionados sobre se os Espíritos tinham sexos, dizem *não como o entendeis,*[28] estavam se referindo justamente a isso, a essa limitada concepção dos encarnados na Terra sobre sexo.

Durante toda a sua evolução, o Espírito passa por experiências encarnatórias em ambos os sexos para adquirir essas qualidades mencionadas por André Luiz: *Compreendemos, destarte, que na variação de nossas experiências adquirimos, gradativamente, qualidades divinas, como sejam a energia e a ternura, a fortaleza e a humildade, o poder e a delicadeza,*

---
26 XAVIER, Chico/Espírito André Luiz. *No mundo maior*. Rio de Janeiro: FEB, 1988, capítulo 11.
27 XAVIER, Chico/Espírito André Luiz. *Ação e reação*. Rio de Janeiro: FEB, 1987, capítulo 15.
28 KARDEC, Allan. *O Livro dos Espíritos*, Catanduva-SP: Nova Visão, 2019, questão 200.

a inteligência e o sentimento, a iniciativa e a intuição, a sabedoria e o amor, até lograrmos o supremo equilíbrio em Deus.[29]

E tem mais, gente. André Luiz considera *natural que o Espírito acentuadamente feminino se demore séculos e séculos nas linhas evolutivas da mulher, e que o Espírito marcadamente masculino se detenha por longo tempo nas experiências de homem.*[30]

Dito isso e reafirmando *a naturalidade incontestável da diversidade da sexualidade humana*, para que ninguém sequer pense em preconceito de minha parte depois daquela *mancada* de ontem, pesquisei, tendo encontrado na literatura espírita alguns possíveis *motivadores* que explicariam a experiência evolutiva conhecida como homossexualidade.

O primeiro deles diz respeito ao fato de, por reencarnar reiteradamente em um sexo, homem ou mulher, ser natural a ocorrência de um condicionamento. Explicarei melhor.

Manolo, lembra-se de quando lamentou Kardec não ter ido mais fundo na questão sexual? Não foi bem assim. Na *Revista Espírita* de janeiro de 1866, no tal artigo denominado *As mulheres têm alma?*, ele faz um comentário tão bom que vou ler para vocês, prestem atenção:[31] *pode acontecer que o Espírito percorra uma série de existências no mesmo sexo, o que faz com que durante muito tempo ele possa conservar, na condição de Espírito, o caráter de homem ou de mulher, cuja marca nele ficou impressa. Somente quando chegado a um certo grau de adiantamento e de desmaterialização é que a influência da matéria se apaga completamente e, com ela, o caráter dos sexos. Os que se nos apresentam como homens ou como mulheres assim o fazem para nos lembrarmos da existência em que os conhecemos.*

---
29 XAVIER, Chico. *No mundo maior*, capítulo 11.
30 XAVIER, Chico. *Ação e reação*, capítulo 15.
31 KARDEC, Allan. *Revista Espírita*, jan. 1866, Edicel, p. 10.

Se essa influência da vida corporal repercute na vida espiritual, o mesmo se dá quando o Espírito passa da vida espiritual para a corporal. Numa nova encarnação, ele trará o caráter e as inclinações que tinha como Espírito; se ele for avançado, será um homem avançado; se for atrasado, será um homem atrasado. **Mudando de sexo ele poderá, portanto, sob essa impressão e em sua nova encarnação, conservar os gostos, as inclinações e o caráter inerentes ao sexo que acaba de deixar. Assim se explicam certas anomalias aparentes, notadas no caráter de certos homens e de certas mulheres.**

– É, parece que o nosso Kardec, apesar dos tabus da época, sabia muito bem das coisas. *Certas anomalias aparentes...* Muito sutil!

– Uai, amorzinho, agora Kardec virou *nosso*?

Todos caíram na risada, pois realmente a moça se apoderara do Codificador, tamanha a sua admiração por ele.

– Depois, encontramos a homossexualidade como situação de provação ou expiação. Seria quando o indivíduo abusou das faculdades genésicas, causando sofrimento a outras pessoas.

– Colocando dessa maneira...

– ... *muitas pessoas poderão querer comparar a homossexualidade a um castigo.* Está pensando nisso, não é, Manolo? Deitando por terra qualquer possibilidade desse tipo de consideração, o médico espírita Andrei Moreira[32] coloca com muita propriedade o seguinte: *É importante esclarecer que o problema evolutivo aqui apresentado é o desrespeito e o abuso do sentimento e da vida alheia, e não a condição afetiva em si. O simples fato de estar em uma condição homossexual, em uma sociedade repressora e heterossexista, já induz o Espírito à condição de prova acerba, agravada por comorbidades mentais, como a ansiedade, a depressão e outros transtornos*

---

32 Moreira, *Homossexualidade sob a ótica do espírito imortal*, p. 163.

psíquicos que podem advir de um passado de equívocos e da consciência culpada, bem como das sequelas da repressão promovidas pelo preconceito humano.

Mais adiante, ele complementa: *É fundamental salientar, contudo, que o indivíduo deve caminhar sempre, em qualquer experiência evolutiva, para o autoconhecimento e a autoaceitação, procurando compreender o significado daquela experiência em sua história de vida presente e passada, observando com muita honestidade os impulsos de seu coração.*

— Pode explicar melhor, primo?

— Claro. No meio espírita, ainda é muito comum considerar a homossexualidade condição de resgate, obrigatoriamente sujeita a sofrimento, renúncias extremas, sendo corriqueiras as afirmações de que é preciso sofrer para pagar débitos do passado.

— Nesse caso, Eduardo, a finalidade da reencarnação seria pagar dívidas do passado, resgatar crimes praticados... Não parece a pena de talião[33] rejeitada por Jesus?

— Justamente, Lalinha! O Espiritismo, entretanto, não afirma isso de maneira alguma, e sim que precisamos de variadas experiências a cada reencarnação para modificar nossos sentimentos, aprimorando-os. A partir do momento em que tomamos consciência de nossa culpa, reconhecendo nossos erros e arrependendo-nos, sentimos necessidade de repará-los, assumindo provas para tanto. Se vamos sofrer ou não, dependerá de nós.

— Não entendi.

— Os Espíritos da Codificação disseram que o resgate de nossas faltas não se faz *mediante algumas privações pueris, ou distribuindo em esmolas o que possuirdes [...]. Só por meio do bem se repara o mal, e a reparação nenhum mérito apresenta se não atinge o homem no seu orgulho, nem nos seus*

---
[33] Bíblia de Jerusalém. Mateus, 5:38.

interesses materiais.[34] Em outras palavras, se não houver uma mudança de sentimentos, uma reforma íntima, inexistirá resgate, perceberam?[35]

— Experiência evolutiva... Certo, mas... quem garante que, ao chegar aqui, a pessoa vai aceitar *numa boa* sua orientação sexual?

— Isso é outra história, Marcos! Quando estamos *do lado de lá*, na dimensão espiritual, temos uma visão mais clara, pretendemos isso e mais aquilo na reencarnação em breve, visando ao nosso progresso espiritual, o que nem sempre ocorre quando o corpo físico, qual pesado escafandro, embaça nossa percepção.

— Ah, mas aí não vale, Eduardo!

— Vale sim, prima, porque, se os sentimentos da pessoa realmente mudaram, não há corpo físico que consiga embotá-los, pois estão incorporados ao acervo espiritual, conquista inalienável. Vale para todos os tipos de sentimento, não só aqueles relacionados à sexualidade. Se a pessoa *balançar*, significa que a mudança ainda não se concretizou realmente. Como ela conseguirá isso? Através do autoconhecimento, da autoaceitação, tudo no tempo certo de cada um!

— Teria a ver com aquele conceito de egossintonia e egodistonia?

— Isso! O sofrimento tem tudo a ver com a maneira pela qual encaramos nossas experiências evolutivas, Javier. Se estamos vivenciando algo, certamente será por necessitarmos daquilo, entende? Rebeldia, fugas por meio dos mais variados expedientes, reclamações sem fim por nos considerarmos injustiçados, nada disso tem o poder de resolver nossas pendências, ocasionando somente dores e lágrimas maiores.

O próximo possível motivo refere-se a missões espirituais.

---

34 KARDEC, Allan. *O Livro dos Espíritos*, Catanduva-SP: Nova Visão, 2019, questão 1.000.
35 KARDEC, Allan. *O Livro dos Espíritos*, Catanduva-SP: Nova Visão, 2019, questão 1.000.

– O que seria mesmo uma missão?

– Vamos ver, Marcos... Missão seria uma tarefa que o Espírito se propõe a fazer, e ele pode desempenhá-la tanto encarnado como no mundo espiritual.[36] As missões dos Espíritos têm sempre por objeto o bem. Encarnados ou não, são incumbidos de auxiliar o progresso da humanidade, dos povos ou dos indivíduos, dentro de um círculo de ideias mais ou menos amplas, mais ou menos especiais, e de velar pela execução de determinadas coisas.[37]

– Um Espírito poderia vir com orientação homossexual para desempenhar uma missão na Terra?

– Eita preconceito, Marquinhos! Hétero *pode*, homo *não pode*?

– É, amor, tem toda razão. Foi mal, gente...

– Para dirimir qualquer dúvida, recordam-se de quando Lalinha comentou a resposta do Chico no programa *Pinga-Fogo*, a respeito da sexualidade humana? Certamente transmitindo os conceitos de seus mentores espirituais, ele mencionou as condições da criatura reencarnada como alma *em prova* ou *em tarefa específica*. Essa tarefa específica bem poderia ter como sinônimo missão...

– Deve estar de brincadeira, primo! Acha mesmo que chegaríamos a tanto detalhe? Doce ilusão a sua!

Eduardo prosseguiu:

– Na literatura espírita, encontramos também menção à influência de obsessores, transmitindo aos obsediados seus pensamentos e desejos, a ponto de esses passarem a aceitá-los como seus. Recordam-se da bissexualidade explicada por Emmanuel? Ela abriria, inclusive, caminho para o acesso a arquivos constantes no perispírito do obsediado.

– Nesse caso da obsessão, o centro espírita pode auxiliar?

---

36 KARDEC, Allan. *O Livro dos Espíritos*, Catanduva-SP: Nova Visão, 2019, questão 568.
37 KARDEC, Allan. *O Livro dos Espíritos*, Catanduva-SP: Nova Visão, 2019, questão 569.

– Claro, Manolo. O centro ou qualquer outra religião que promova o bem da criatura, pois Deus e a espiritualidade superior atuam em todas elas. No entanto, somente a própria pessoa poderá efetuar a reforma íntima necessária para afastar seus obsessores. O grande problema, na minha humilde opinião, consiste em achar que tudo se deve à ação de obsessores, entende? Nem sempre se trata de obsessão. Quando fazemos isso, estamos igualando-nos aos que jogam nas costas de satanás a culpa pela orientação homossexual, em vez de aceitá-la como algo natural, transmitindo essa noção aos que nos buscam por ajuda, seja a família ou o próprio homossexual.

– Posso falar com sinceridade, Eduardo?

– Deve, Javier.

– Não sou espírita como você, mas andei fazendo umas pesquisas. Se estiver errado, corrija-me. Tenho a impressão de que o maior obstáculo consiste em admitir que o homossexual tenha direito a uma relação afetivo-sexual. Muitos livros condenam tais relacionamentos, recomendando abstinência, principalmente quando se trata de companheiros espíritas.

– Muito bem colocado, meu amigo. E tem mais: inúmeras casas espíritas excluem homossexuais das tarefas de palestrante, passista, mesa mediúnica, mocidade... São comuns colocações do tipo: *Frequentar evangelho pode, pois precisa muito, o restante não seria adequado. Mocidade? Devemos tomar cuidado, olhem o exemplo, pode desencaminhar os outros jovens! Vamos tratar disso na mesa mediúnica, é pura obsessão, gente!* E a coisa vai por aí adiante, principalmente em centros cujos trabalhadores desconhecem o assunto, recusando-se a tal estudo. Estudando, já é difícil superar preconceitos...

– E os relacionamentos?

– Estou chegando lá, Cláudia. A Doutrina Espírita não considera a orientação homossexual ou bissexual uma doença, uma perversão moral e muito menos um castigo de Deus para aqueles que erraram em vidas passadas, mas sim uma ocorrência natural, uma experiência reencarnatória necessária à evolução do Espírito. A orientação sexual jamais constituiu impedimento ao trabalho na Seara do Mestre. O verdadeiro impedimento, *qualquer que seja a orientação sexual do indivíduo*, tem a ver somente com *as condições morais do trabalhador*. E olhe que não se exige santidade de ninguém, pois tal exigência descredenciaria qualquer candidato a tal labor, *inclusive os inseridos na maioria heterossexual*.

— Eduardo, falando dessa maneira, não vai parecer que está incentivando a homossexualidade?

— De maneira alguma, simplesmente estou sendo realista, Manolo, principalmente porque a orientação existe independentemente de a incentivarmos ou não. Acredito com sinceridade que todas as experiências reencarnatórias têm como meta final o aprendizado do Amor com A maiúsculo, aquele preconizado por Jesus. Enquanto não chegarmos lá, vamos passando por situações evolutivas, de acordo com aquilo que ainda necessitamos aprender e nossas possibilidades, um pouquinho a cada existência no corpo físico.

Interessante... Repararam que o Mestre não se preocupou particularmente com a sexualidade de ninguém? Salvou a adúltera do apedrejamento, orientando-a, sequer se interessando em saber quem seria o homem com o qual cometera o ato considerado criminoso — somente para as mulheres, diga-se de passagem; acolheu Maria de Magdala quando presa de grande desequilíbrio por conta de sua vivência sexual, nada dela exigindo, consolando-a e amparando-a; e não encontrei nada em seus Evangelhos a respeito da orientação homossexual, o que me leva a perguntar: será que não existiam homossexuais naquele tempo? Isso porque, gente, Jesus sabia que estávamos no comecinho da evolução afetiva, precisando passar por muitas experiências rumo à angelitude, e todas seriam caminhos.

— E a tal sublimação recomendada por muitos, Eduardo?

— O que quer dizer exatamente com sublimação, Manolo?

— Ah, disciplinar-se, não ter vida sexual ativa mesmo que sinta vontade...

— Sublimar seria direcionar as energias sexuais para outras expressões criativas. Impedir o indivíduo de se manifestar não significa sublimar; as energias continuarão presentes, embora reprimidas, ainda relacionadas, no entanto, ao ato sexual.

— A pessoa *só pensa naquilo*!

— Isso mesmo, Manolo! Precisa ver se a pessoa consegue atender a essa recomendação de abstinência procedente de outras pessoas ou organismos sociais. Como vamos forçar alguém a abdicar de sua vivência afetiva e sexual apenas porque consideramos que isso é o correto? A ciência terrena já tentou, sabia? Com injeções de hormônios, por exemplo, e o efeito foi catastrófico, levando indivíduos à loucura, ao suicídio, inclusive. Quanto aos tratamentos religiosos, a coisa não é muito diferente.

— Sei... Então pode namorar, pode transar, pode casar, pode ter ou adotar filho?

— Sim, Cláudia, são opções da pessoa, dependem de seu livre-arbítrio; ela responde pelas consequências, não lhe parece? Assim como o heterossexual responde. De uma maneira geral, minha prima, toda e qualquer escolha, principalmente as sexuais e afetivas, devem ser tomadas sem jamais olvidar o ensinamento de Jesus: *Tudo aquilo, portanto, que quereis que os homens vos façam, fazei-o vós a eles, pois esta é a Lei e os Profetas.*[38]

— Eduardo, poderia falar um pouco mais sobre preconceito e homofobia?

— Claro, Javier, vamos lá. O que seria preconceito? Todos somos detentores de um sistema de crenças e valores elaborado durante pretéritas existências e a atual. De acordo com o

---
38 Bíblia de Jerusalém. Mateus, 7:12.

Espírito Hammed,[39] *aceitamos esses valores dos adultos com quem convivemos, de uma maneira e forma tão sutis que nem percebemos. Basta a criança observar um comentário sobre a sexualidade de alguém, ou a religião professada pelos vizinhos, para assimilar ideias e normas vivenciadas pelo adulto que promove a crítica.* [...] *Ter preconceitos é, pois, assimilar as coisas com julgamento preestabelecido, fundamentado na opinião dos outros.*

Pararam para pensar, em relação à homossexualidade, quanto as pessoas realmente sabem a respeito? Tomemos uma casa espírita como exemplo: qual porcentagem de seus trabalhadores já se preocupou com o assunto sexualidade humana? No fundo, de maneira geral, as pessoas desconhecem quase tudo, limitando-se ao que *ouviram falar*. O Espírito Hammed explica: *Diz-se que um indivíduo atingiu um bom nível ético quando pensa por si mesmo em termos gerais e críticos; quando dirige sua conduta conforme julgar correto, demonstrando assim independência interior; quando é autônomo para definir o bem e o mal, sem seguir fórmulas sociais; e, por fim, quando não é escravo das suas crenças inconscientes, porque faz constante exercício de autoconhecimento.*

– Ah, mas são raras as pessoas que conseguem atingir esse tal nível ético, Eduardo!

– Realmente, Marcos. Por isso nossas sociedades são ainda muito preconceituosas; poucos são os que têm coragem e condições evolutivas de buscar o autoconhecimento, preferindo seguir atrelados às fórmulas sociais.

– Então, Eduardo, a homofobia seria uma espécie de preconceito?

– Sim, Javier, da mesma maneira como existe preconceito no tocante a cor da pele, raça, peso das pessoas, religião, faixa etária e muitos outros. Todos podem ser levados ao extremo;

---

[39] ESPÍRITO SANTO, Francisco/Espírito Hammed. *Renovando atitudes.* Catanduva: Boa Nova, 1999, p. 83.

olhem o que o preconceito contra os judeus desencadeou durante a Segunda Guerra Mundial, ou o resultado do *apartheid* na África.

Causas da homofobia? O doutor Andrei Moreira assim resume: *Apesar de a homofobia ter causalidade multifatorial, a falta de educação para a alteridade, em uma sociedade que estimula o indivíduo a se realizar exteriormente, na imagem e nos estereótipos, faz com que ela se perpetue na sociedade brasileira, calcada em falsas crenças a respeito da real natureza da orientação afetivo-sexual homossexual.*[40]

— Tem a ver com a imperfeição espiritual: orgulho, egoísmo, vaidade, insegurança, ânsia de poder, indiferença, desamor, enfim.

— Certamente, Manolo. A orientação heterossexual continua sendo imposta como a única aceitável pela família, pela escola, por muitas religiões ortodoxas, pela sociedade toda, embora, *desde que o mundo é mundo*, existam homossexuais, inclusive no reino animal. Lalinha, quer falar?

— Refletindo sobre o que você disse há pouco, percebi claramente que a maioria das famílias educa seus filhos somente para a heterossexualidade; quando um filho declara ser *gay*, entra-se em parafuso, e os mecanismos de repressão surgem imediatamente. Sermões, surras, vexames... Na escola, o *bullying* corre solto; professores não sabem como lidar com a homossexualidade em crianças e adolescentes por desconhecimento, outros são homofóbicos declarados ou dissimulados. Ou pode ser também os dois casos ao mesmo tempo. Sabia que muitos jovens abandonam os estudos por não suportar esse tipo de pressão?

— Mas tem essa coisa do homem macho também.

— Bem lembrado, Marquinhos. A imagem de macheza transmitida pelo homem heterossexual viril pode sentir-se

---
40 Moreira, *Homossexualidade sob a ótica do espírito imortal*, p. 71.

ameaçada pela suposta figura do homossexual frágil. *Um filho assim, nem pensar!*

— E uma mulher preferir outra a ele, o machão? O *seu Zé Luís* não se conformava quando ficava sabendo de algo assim! E tome falatório, ameaças contra as filhas caso se atrevessem a tanto...

— Encontramos também muitos homofóbicos que não aceitam os próprios desejos e fantasias direcionados a pessoas do mesmo sexo, reprimindo-os, voltando-se agressivamente contra os homossexuais, devidamente avalizados por pessoas ou grupos que consideram qualquer orientação diferente da heterossexual uma perversão. Depois, podemos mencionar o caso de pessoas que têm sobre si mesmas uma ideia muito negativa.

— Baixa autoestima?

— Isso, Manolo. Sentem-se mais poderosas atacando minorias, sobretudo se encontrarem o apoio de outras na mesma situação. E os homossexuais estão na reta! Somente para terminar, no momento o Brasil se encontra em primeiro lugar no *ranking* de países com mais casos de assassinatos homofóbicos, seguido pelo México e pelos Estados Unidos.

— Meu Deus, que tristeza! Pensando bem, primo, hoje até vou lanchar, esquecer a dieta de modelo. Amanhã a gente continua?

— Pode ser, Cláudia, já é tarde mesmo, mas antes pode fazer a oração de encerramento?

Quarta Parte

ENTRE A VIDA E A MORTE

— O que foi, Cláudia? Por que essa cara, amor?
— Marquinhos, acabei de ver uma notícia em meu *smart*... Daí, liguei para minha agência de modelos no Rio, e o pessoal confirmou.
— Credo, está me assustando! Fale logo!
— O Fernando, seu irmão Fernando, foi esfaqueado e está entre a vida e a morte em um hospital do Rio.
— Mas... como? Esfaqueado? Deve ter sido no morro; aquele lugar nunca foi seguro!
— Não mesmo, amor, eles mudaram de lá. Sua mãe e seus irmãos estão em um bairro residencial há algum tempo. Parece que foi seu pai...

— Meu Deus! Mas... por quê? O Fernando sempre foi calmo, jamais contestou as armações de nosso pai. Trabalha na lanchonete sem descanso, praticamente sustenta a família que *o excelentíssimo senhor Zé Luís* abandonou há muito. Não dá para entender isso, Cláudia.

— Também fiquei surpresa, mais ainda quando fui a fundo e encontrei fotos e mais fotos do Fernando na internet. Seu irmão está trabalhando como modelo em conceituadíssima agência do Rio; é o maior sucesso! Vocês não estavam sabendo disso?

— De que jeito? Foi coisa atrás de coisa, aquela história do sequestro da Joana, depois o meu sumiço também, e a Lalinha envolvida no rolo todo... Quando tudo finalmente entrou nos eixos, conversei com minha irmã e decidimos ir ao Rio assim que sua agenda de compromissos se regularizasse, pois não queremos deixá-la na mão, amorzinho. Afinal, uns dias a mais ou a menos não vão matar ninguém, e pretendemos contar tudo pessoalmente; pode até ser que Joana retorne e vá conosco, entende?

— É, mas não acho que vai dar para esperar, não. A coisa está feia.

— Ah, meu Deus! E o pai?

— Fugiu! Os vizinhos do apartamento escutaram uma briga daquelas, os gritos furiosos de seu pai, Fernando tentando acalmá-lo. Chamaram o síndico. Quando ele chegou, a desgraça estava consumada. As câmeras de segurança do edifício mostram seu pai fugindo pela rua, a faca ainda na mão; foi ele mesmo!

— O Fernando morava nesse apartamento?

— Disseram que sim, com um amigo, um tal de Fábio, gerente de uma cadeia de lojas.

— Meu Deus do céu! E a Lalinha, você já contou...?

— Ainda não, achei melhor conversarmos primeiro.

— Não tem jeito, vou ter de contar; precisamos voltar para casa, Cláudia.

— Acho que você e Lalinha devem ir hoje mesmo, o mais rápido possível. O Manolo pode providenciar as passagens. Isso! E nós permanecemos aqui e aguardamos notícias; melhor do que um monte de gente chegando nessa hora tão difícil. Se Deus quiser, ele vai se livrar disso tudo, meu amor!

Assim, naquele mesmo dia, os dois irmãos seguiram para o Rio, corações apertados, morrendo de medo de um desenlace, pois as notícias transmitidas pela mídia ficavam cada vez mais alarmantes. Iriam direto ao hospital, pois sequer tinham o novo endereço da família.

A noite descera sobre a cidade ao chegarem a seu destino. A caminho do hospital, foram conduzidos por uma falante taxista, que fez questão de apontar os *outdoors* do modelo esfaqueado, embora desconhecendo o parentesco dos calados passageiros.

— Um moço tão bonito... Foi o pai, imaginem! Ainda não se sabe direito o porquê dessa maldade, mas estão dizendo que o velho teve um ataque de nervos quando descobriu o caso do filho famoso com o outro rapaz do apartamento. Como se isso fosse motivo para matar! Eu sempre digo pra quem quiser ouvir: Deus dá *um daquilo* para cada pessoa justamente para que cada um cuide *do seu*! Mania que o povo tem de cuidar da sexualidade do outro, não é? Chegamos, a entrada é por ali. Precisam descer aqui mesmo, pois não consigo chegar mais perto, desculpem.

Os dois irmãos ficaram na calçada, ao lado da bagagem, observando surpresos o movimento diante do enorme hospital.

— Lalinha, olhe só aquilo! Aquela gente toda...

— E tem fotos do Fernando! E flores! Velas, orações... Marcos, o Fernando é famoso! E deve ser muito querido. Ainda bem que a Cláudia não veio, senão ia ser uma confusão daquelas se a reconhecessem. Ai, meu Deus, a coisa deve ser grave mesmo.

— Acho melhor não entrarmos pela frente; vai que descobrem quem somos... Não estou nem um pouquinho disposto a conversas, irmã. Vamos contornar; deve haver uma porta na lateral, talvez nos fundos. Siga por ali, ande, eu carrego as malas.

O longo corredor estava vazio, a não ser por uma servente limpando o chão com um esfregão cheirando a forte desinfetante.

— Não podem entrar por aqui, precisam passar pela recepção.

— A senhora nos desculpe, mas tinha tanta gente na entrada; ficamos até assustados...

— Ah! Essa gente toda é por causa do rapaz esfaqueado, o tal modelo Fernando. Fãs e defensores do movimento *gay*... Toda vez que ocorre algo assim há um alvoroço danado.

— Então, é comum essa violência?

— Contra os *gays*? Mais do que possam imaginar! Coisa inútil, descabida. Mas... qual é o quarto que vocês querem?

— Pois é, senhora, não sabemos... O Fernando é nosso irmão; acabamos de chegar de Barcelona, onde trabalhamos.

— Ah, não diga! Ele foi operado, está na UTI. Mas tem gente da família na sala de espera ao lado; vou levá-los até lá.

Minutos depois, os quatro irmãos se abraçavam.

— Graças a Deus vocês estão aqui! Estamos perdidos, sem saber o que fazer. Se não fosse o Fábio, seria muito pior! Os menores e a mãe não sabem ainda.

— E como a mãe está, Verinha?

— Péssima! E isso sem saber a burrada infernal praticada por nosso pai, Lalinha; imagine quando souber! Com certeza será um Deus nos acuda!

— E o pai?

— Nem sinal! Achamos que está mocozado com os amigos traficantes.

— Será que o pai não tem uma casa dele?
— Acho que não.
— A mãe pode saber o endereço, Verinha.

— Sabe não, costumava encontrar com ele em quarto de hotel barato; confessou quando demos uma dura nela a respeito das suas saídas às escondidas. E, mesmo que soubesse, não contaria; ela defende o malandro até debaixo d'água!

— Não acredito! Fernando é filho dela; se souber do esfaqueamento...

— Lalinha, qual é? O pai apronta, apronta, e ela ainda acredita nas mentiras dele. A coisa toda desandou quando o Fernando comprou a casa e o Zé Luís pressentiu o cheiro da grana do novo emprego do nosso irmão. No princípio das escapadelas da mãe, ela aparecia feliz como um passarinho, depois surgiram os costumeiros problemas: olho roxo, marcas nos braços, no rosto... Estava na cara que o safado tirava dinheiro dela e, quando não tinha, batia. Foi sempre assim, tanto que o Fernando não deixava nossa mãe sem alguma grana, justamente para evitar isso. Mas o velho é ganancioso; desconfio que quis tirar dinheiro do Fernando, tipo direto da fonte, descobriu o relacionamento com o Fábio... e surtou! Imaginem ele, o machão, com um filho *gay*!

Marcos concordou:

— É, eu bem me recordo de suas palavras quando éramos pequenos. E o Fernando sempre educado, cordato, acabava sendo o alvo preferido do pai, exigindo atitudes de macho, verdadeiro absurdo.

— Então... Sabe a TV que você comprou naquela loja, com um rapaz que foi entregar lá na favela? O rapaz é o Fábio. Você ganhou uma viagem de prêmio, mas não podia ir, estava na Espanha. O Fernando foi no seu lugar, junto com o Fábio... e se apaixonaram.

A mocinha foi contando tudo: a relutância de Fernando em assumir sua orientação sexual, o falso noivado, o casamento malogrado, a intolerância materna.

– O Fernando ficou famoso, acreditem! Pudera... Nosso irmão sempre foi lindo! E agora, uma tragédia dessas. Os médicos não dão esperança, sabiam? Precisamos contar para a mãe e não temos coragem; ela pode surtar de vez. Perdeu a Joana; se perder o Fernando também...

– Joana está viva!

E a história complicadíssima preencheu o vazio das horas de espera. Fábio chegou e, após os abraços e as apresentações, juntou-se aos ouvintes. Joana estava viva!

Lalinha olhou para o belo rapaz, as escuras olheiras atestando a preocupação e a ausência de sono. Sentiu uma dor aguda no peito, traduzida em ardente súplica íntima:

– Fernando, meu irmãozinho, não morra, aguente firme!

Foi João Paulo que, ao final da surpreendente narrativa,[1] sugeriu:

– Que tal se vocês dessem uma chegada lá em casa? A Verinha vai junto, eu e o Fábio ficamos aqui. Alguém precisa contar pra mãe o que ocorreu com o Fernando. Já pensaram se ele morre e ela não sabe de nada? Não vai perdoar termos escondido.

– Vamos sim, meu irmão. Quem sabe a boa notícia a respeito da Joana servirá de consolo para a pobrezinha!

A casa estava às escuras, a porta destrancada, perigando entrar algum marginal. Encontraram Cidoca sentada no sofá da sala, com uma expressão estranha no rosto, sequer pestanejando quando acenderam a luz ou com a chegada dos filhos há muito ausentes em Barcelona. Verinha estranhou, pois a mãe parecia normal quando ela havia saído, pretextando uma desculpa para ir ao hospital às escondidas.

---
[1] Essa narrativa consta do primeiro livro desta sequência, *Joana*, já citado.

— Mãe? Tudo bem? Olhe, a Lalinha e o Marcos estão aqui, vieram ver a senhora. Não vai abraçá-los?

Os olhos de Cidoca continuaram a fitar o vazio, nem ao menos se voltando para os filhos há muito ausentes.

Verinha fez um sinal, conduzindo os irmãos até a cozinha.

— Tem alguma coisa errada, gente! A mãe anda *atrapalhadinha*, mas assim não! Fiquem aqui; vou ao quarto dos pequenos ver se está tudo em ordem, volto logo.

Alguns minutos depois, a mocinha retornava.

— O que foi, Verinha? Está branca como papel! As crianças...?

— Dormindo na cama!

— E então? Qual é o problema?

— Vocês não vão acreditar: o pai está dormindo na cama do Fernando!

— O Zé Luís?

— E que outro pai nós temos, Marcos? O Zé Luís *mesmo*, em carne e osso! Roncando! Foi o ronco dele que me atraiu; parece estar bêbado, senti um cheiro forte de...

— ... conhaque, ele gosta de conhaque.

— Isso, Marcos, conhaque, e dos vagabundos! Fechei a porta com cuidado para não despertar a fera.

— E a mãe?

— Na sala, do mesmo jeito, nem pisca, meu irmão!

— Vamos lá; vamos falar com ela. Precisamos saber como o pai entrou aqui. Certamente a pobre ignora o que ele fez com o Fernando. Faça um chá de erva-cidreira, se tiver. Depois do choque de nossa revelação, ela vai precisar. Bote bastante açúcar! Ande, menina!

Minutos depois, Verinha colocou a caneca de chá sobre a mesinha de centro e se sentou no sofá, ao lado de Cidoca, tomando-lhe as mãos entre as suas e falando suavemente:

— Mãe, o pai está no quarto do Fernando.

— O quarto não é mais do Fernando; o Fernando não tem mais nada nesta casa, entendeu?

— Não, mãe, não entendi. Por que está dizendo isso? Ele mora aqui, apenas fica no apartamento do centro da cidade para facilitar as coisas no emprego, mas o quarto continua sendo dele, não é?

— Não se faça de disintendida, menina marcriada, sinão toco você desta casa! O Zé Luís me contô tudo, tudo, tudo! A safadeza do Fernando, morando em pecado com o tarzinho, me enganano. E todo mundo sabeno, incrusive você, filha disnaturada. Meu Deus, que vergonha! Com que cara vô entrá na igreja? Mas o seu pai já resorveu a questão, a metade pelo menos... Aquele Fábio não perde por esperá, a veiz dele vai chegá!

— Mãe, não acredito! O pai contou o que fez? E a senhora ainda acha certo?

— Seu pai é home macho, num vai aceitá essa discaração!

— E o que ele está fazendo nesta casa, mãe?

— Agora esta é a casa do meu marido, como sempre devia di sê!

— Mãe, a polícia está atrás dele!

— Aqui num vão procurá nunquinha! O Zé me expricô: a pensão do Fernando vai passá pra mim, nossos probrema de dinheiro vão acabá, eu e o Zé Luís vamo ficá junto, como é o certo e o justo. Ele disse que vai sumi por uns tempo até a coisa esfriá, eu mando o dinhero pra ele vivê... Depois ele vorta!

— Mãe, o Fernando é seu filho! Não sente nada ao saber que foi esfaqueado pelo pai? Está contando com a morte de seu filho para sustentar o assassino?

— Melhor desse jeito do que vivê em pecado! Agora me deixe em paz, tô morta de cansada, vô pro meu quarto.

— Só uma perguntinha, mãe: por que o pai está no quarto do Fernando, e não no seu?

Cidoca sorriu com enlevo.

— O Zé disse que num é certo, agora que sô crente, que a gente deve di si casá como manda o figurino, na nossa igreja. Dispois sim, com a bença de Deus, podemo durmi junto. Ele indireitou de vez, menina! Lovado seja Deus!

Quando Cidoca cerrou a porta de seu quarto, os três irmãos se entreolharam, desacreditando do escutado.

— Ela sabe e concorda! Lalinha, Marcos, ela sabe! Definitivamente, a mãe está louca. O que vamos fazer? E as crianças, meu Deus? Podem correr perigo nas mãos dela e do pai!

— Não acredito que façam mal aos pequenos, mas não podemos arriscar. Verinha, arrume algumas coisas suas e das crianças e vamos para o apartamento do Fernando.

A mocinha discordou veementemente:

— Nem pensar, Marcos! Perigoso demais, sem segurança. O pai pode muito bem aparecer novamente por lá, pois é o lugar mais óbvio. Lembram da ameaça mencionada pela mãe? Ele pode muito bem repetir a cena de esfaqueamento!

— Ai, você acha?

— Acho sim, Lalinha. Nosso pai sempre foi perigoso. E agora, ao que parece, ele e a mãe estão *fora da casinha*!

Marcos sugeriu:

— Que tal um apart-hotel? O Fábio e o João Paulo podem ir conosco, é mais seguro.

— E não avisamos a polícia?

— Primeiro quero consultar um bom advogado; a Cláudia me deu o endereço do que cuida das finanças dela. Não podemos esquecer: a mãe pode ser considerada cúmplice!

— Imagine, a mãe sempre foi destrambelhada, Marcos, ninguém vai acreditar nisso!

— Pode até ser, mas, até convencer a lei, muita água pode rolar. E ela é nossa mãe, gente! Vamos, Verinha, faça as malas, acorde as crianças. E em silêncio, pelo amor de Deus. Imagine se o pai acordar! Assim que ajeitarmos tudo, ligaremos para o João Paulo e o Fábio dando as coordenadas.

Uma hora depois, estavam instalados em confortável apart-hotel no centro da cidade, em local muito bem vigiado e seguro.

Lalinha suspirou aliviada.

— Ter dinheiro é bom mesmo. Bendita dona Mercedes, que lhe deixou sua fortuna, Marquinhos!

— Se fizermos digno uso, minha irmã, é muito bom. Neste momento, se não dispuséssemos dele, onde acabaríamos? Na casa da Verinha, nem pensar; o pai está abancado lá. Entre nossos conhecidos no morro, onde os comparsas do pai mandam e desmandam? Ou talvez na polícia, dando queixa, ouvindo sobre as dificuldades de fornecer proteção? Cadê a Giovana e o Diego?

— No quarto, com a Verinha, encantados com a enorme TV, o frigobar repleto...

Marcos desatou a rir.

— É melhor colocar ordem, ou será dor de barriga na certa!

— Pode deixar. Eles estão pendendo de sono, acredita? Mas se recusam a dormir. Estão é adorando a novidade, ainda mais quando espiaram da janela a piscina lá embaixo, o parquinho...

— Como seria bom se pudéssemos ter a ingenuidade das crianças! Em meio a essa tempestade toda, querem somente nadar, brincar e se entupir de chocolate e refrigerantes.

Sozinho na sala, Marcos contatou o irmão e Fábio, que ocupavam apartamentos ao lado, solicitando viessem para uma conversa. Minutos depois os dois rapazes escutavam estupefatos a história a respeito de Cidoca acoitar o marido e, pasmem, concordar com suas ações, banindo o filho Fernando de sua vida e da casa por ele adquirida.

— Não acredito, Marcos! O que há com a mãe? É burra, louca ou o quê? Acha certo um pai matar um filho por algo de que discorda? Não bastaria afastar-se? Tenho certeza de que Fernando continuaria a bancar sua safadeza através da mãe! Afinal, não tem feito isso até hoje? Sou a prova viva: Fernando abastecia a mãe de dinheiro para que *o maridinho querido dela* não a espancasse, morrendo de pena da *pobre dona Cidoca*! Acredita, cara? Fábio, não vai dizer nada?

— Dizer o quê, João Paulo? Nada vai mudar o fato de Fernando estar entre a vida e a morte no hospital. Nada! Ouvindo tudo isso, uma raiva imensa ameaça tomar conta de meu coração, uma revolta insana, mas penso em seu irmão, sempre tão humano, tão compreensivo, recomendando deixar para lá as ofensas. Se bem conheço o meu Fernando, simplesmente perdoará.

— E se ele morrer, Fábio? Não ouviu os planos do pai? Os dois estão contando com a morte do pobrezinho para resolver a vida financeira deles! É o fim da picada, gente!

Marcos tentou acalmar os ânimos:

— João Paulo, ficar assim mais atrapalha do que ajuda. Quem disse que o Fernando vai morrer; quem? Amanhã é outro dia, melhor dormirmos! Alguém está com fome? Vamos pedir alguma coisa? De barriga cheia qualquer monstro sempre parece menos feio.

— Não sei se consigo engolir, mas vamos lá; ligue para a cozinha, vamos ver se têm algo.

Fábio desatou a rir.

— Só você mesmo, João Paulo, para me fazer rir! Deu uma boa olhada nisto aqui? Pode apostar que dispõem de todo tipo de comida imaginável! Ou mandam buscar; restaurante é o que não falta no Rio. Marcos está mais do que certo: lamentação e pessimismo não resolvem. Vamos comer, amanhã é outro dia!

MORATÓRIA

Enquanto isso, na colônia espiritual, Paula procurava controlar o desassossego. Lucien e Adriano observavam-na andando de um lado para o outro, deixando bem claro que algo a importunava sobremaneira. Por fim, não mais suportando, a mocinha indagou de supetão, fitando Lucien:
— Afinal, o Fernando vai ou não vai morrer?
Lucien sorriu. Certamente Paula achava que ele deveria saber a resposta, como se Espíritos tivessem ciência de tudo. Impossível deixar de perceber a inquietação da mocinha desde quando haviam sido informados da tragédia, o tempo todo com a crucial pergunta, há pouco proferida, entalada na garganta.

— Não sei, Paula, não sei mesmo. Ninguém me informou, entende? E não fiquei xeretando por aí...

— Ah, estava demorando: xeretando... Era só o que faltava! Olhe, Lucien, tem ideia de há quanto tempo estamos acompanhando essa família? E precisa concordar comigo: é um rolo só! Sequestro, tráfico sexual, pai traficante, *mãe abilolada*.

— Que linguagem é essa, Paula?

— Você também, Adriano? *Desencarnei*, então passo a falar *bonitinho*? Qual é? Bem que previ desgraceira no Rio, recordam-se? A família dessa gente é jogo duro! Mas quero mesmo é saber se o Fernando vai morrer.

— Não entendo, Paula. Deveria ter aprendido que a morte inexiste, somente o corpo físico perece. Então, se o Fernando *desencarnar*, ele continuará vivo espiritualmente, não sumirá, estará entre nós, portanto não se trata de algo tão terrível e...

— Para você, Lucien! Ah! Não percebeu que torço pelo amor dele e do Fábio? Maior força! Se ele bater as botas, o Fábio vai sofrer muito, muito mesmo, ou se esqueceu da pesquisa feita na vida passada dos dois? Hein? Hein?

— Paula, Paula...

— Pode ficar calminho! Não vou falar sobre esse assunto... nós dois combinamos.

Lucien ficou praticamente engasgado! *Combinamos?*

— Não foi bem assim; explique direito, senão o Adriano vai pensar que estamos com segredinhos. Não é bem assim, Adriano; a Paula andou pesquisando pela colônia espiritual e acabou por localizar um Espírito que conheceu o Fábio e o Fernando em uma das reencarnações deles, entende? Ficou sabendo a respeito da história dos dois naquela época e...

— *Pesquisando?* Isso tem todo o jeitinho de fofoca.

— Ah! E quem disse que Espíritos não fofocam, Adriano? A Paula e aquele seu *amigo* estiveram de titi e não deu outra.

Quando soube, recomendei a ela que mantivesse silêncio sobre o assunto, pois não nos diz respeito, pelo menos por enquanto.

— Mas você está morrendo de curiosidade, não está, Adriano? O Lucien fica aí, com essa pose de indiferente, de certinho, porém, quando apareci com a novidade recém-descoberta, não me mandou calar a boca não. Ah, ah! Escutou tudinho, só depois recomendou discrição. Posso contar a você, Adriano, a menos que Lucien proíba, entendeu?

Os dois jovens instrutores caíram na risada, e Lucien deu o braço a torcer, pois a coisa acontecera mesmo como a jovem narrara. Suspirou, confessando:

— Ouvi mesmo... *Uma curiosidade...* Eita imperfeição dura de vencer! Pode contar ao Adriano, conte. Depois, não agora!

Satisfeita, Paula resolveu amenizar, concordando um pouquinho com seu jovem instrutor:

— Numa coisa você tem razão: Espírito não sabe tudo, pois sou um Espírito e estou aqui, implorando por informações sobre o estado de nosso paciente. No entanto, tem uma diferença básica: não consigo ser fria, gelada como você e o Adriano. Ah, gente!

— Paula, podemos auxiliar transmitindo intuições proveitosas, porém jamais interferindo no livre-arbítrio das pessoas ou mudando o que foi designado no projeto reencarnatório.

— Ah, *acabou de entregar o leite*; você sabe sim, mas fica aí nessa enrolação! Disse as palavras-chave: *projeto reencarnatório*! Lá está escrito que ele vai morrer... ou não? Por favor, por favor...

Adriano tentou salvar Lucien daquele interrogatório sem fim:

— Decididamente, Paula, quando você põe uma coisa na cabeça, é duro de tirar! Entenda: apesar de o momento do desencarne estar previsto para cada pessoa, existem circunstâncias capazes de sensibilizar os elevados Espíritos encarregados de nossas existências no planeta, levando-os a recomendar um tempo suplementar no plano físico, uma moratória. No caso do Fernando, devido às grandes dificuldades enfrentadas na família, principalmente com o pai, e à sua benéfica influência, tanto no lar como na comunidade, ele se torna um forte candidato à concessão desse benefício. Além disso, impossível negar que a atual existência tem-lhe sido fértil em avanço espiritual, daí...

–... isso estaria sendo cogitado!

– Pode ser, apressadinha, talvez. Quando Fernando e Zé Luís vieram em uma mesma família, ambos precisariam realizar uma série de acertos, modificar sentimentos existentes entre eles, decorrentes de atos cruéis do passado em comum; estou falando aqui sobre diversas existências. Atualmente, apesar de reconhecer as sérias imperfeições paternas, o rapaz jamais guardou raiva, *deixando para lá*, perdoando a insensatez do genitor.

– Mas o pai não fez o mesmo!

– Exatamente, Zé Luís não conseguiu superar, sempre implicou com Fernando, maltratando-o sem razão, e acabou por esfaquear o filho.

–Isso poderia ter sido evitado, ou constava do tal projeto reencarnatório?

– O projeto somente os colocou lado a lado, com a finalidade de se perdoarem, de se entenderem. O dia a dia dos encarnados é assim, minha amiga, um exercício constante de tolerância, um aprendizado do amor. Infelizmente o pai fracassou, porém Fernando pode ser abençoado com uma moratória. Apenas assim escapará, pois a faca atingiu órgãos vitais; os médicos desconhecem como ainda está vivo! Sabem como resumem o caso para a família? *Só por um milagre!*

– Vou orar, pedir, suplicar...

Lucien e Adriano sorriram, e Lucien complementou:

– ... e atormentar os Espíritos Superiores com tanto pedido *até que não suportem mais*!

— Ah, eles vão entender. Um tempo a mais na Terra somente fará bem ao Fernando, à sua família e ao monte de gente interessada em sua recuperação, indignada com tamanha violência.

— Essas pessoas, Paula, estão convocando os membros da sociedade para se unirem em torno de um ideal comum, centralizado no respeito às diferenças e na aceitação de cada indivíduo como ser único, jamais atrelado ao que dele se espera, mas sim ao que ele é: um ser criado por Deus.

— Em outras palavras, Adriano, nada de cuidar da vida do outro, querendo coagi-lo a viver de acordo com nossas verdades pessoais.

— Isso, Paulinha! Nas relações pessoais e sociais, o desrespeito às diferenças significa ocorrência de conflitos. Em um nível acentuado, leva a agressões, morte... É o caso do pai do Fernando; o filho tem de ser do jeito que ele quer, de acordo com seu modelo de macheza!

Lucien aquiesceu com a cabeça, concluindo:

— No fundo, por trás de todo preconceito, encontramos o egoísmo, o orgulho...

— Mas o Fernando não vai morrer, eu sinto aqui, *bem no fundo do meu coração*! Vamos até o hospital, gente?

Os dois rapazes sorriram da confiança da moça. Ou seria fé?

Ligado a aparelhos, entubado, Fernando jazia imóvel sobre o leito. Uma enfermeira monitorava os sinais de tempos em tempos, cumprindo seu dever de maneira indiferente, sequer prestando atenção no paciente.

Paula adiantou-se, passando a mão sobre o rosto do rapaz, afagando-lhe os cabelos, comovida com aquele abandono. Entendendo as emoções da jovem, Adriano interveio:

— A UTI exige isolamento, Paula, pois o risco de infecção é grande. Mas ele não está só de maneira alguma! A presença física não constitui garantia contra a solidão; os pensamentos, sim, unem as pessoas em ondas vibratórias... e nós estamos aqui, embora invisíveis aos olhos dos encarnados. Vamos auxiliar? Paula, fique aos pés da cama, eu e Lucien estaremos nas laterais, todos de mãos dadas. Pensemos no Mestre Jesus e na falange de médicos espirituais sob Seu comando. Oremos!

Em segundos, intensa luz desprendia-se do tórax dos três amigos, inundando o doente. Depois, Lucien sugeriu:

— Agora, vamos até o lar de nossa irmã Cidoca...

— Ah, Lucien! *Precisamos mesmo?* Sei não... Gostaria de permanecer aqui! Você não acompanhou o relato do Marcos, não viu como a *mãezinha querida* se comportou? E se deixássemos *o casal* para lá?

— Paula, Paula. Pode não acreditar, mas eles precisam de mais ajuda do que todos os outros, inclusive o Fernando, pois estão semeando o próprio sofrimento para o futuro. Quando ocorre um fato como esse, impactando muita gente, mobilizando sentimentos e emoções, vemos a maioria das pessoas enviando uma carga negativa aos autores, querendo castigo e até pena de morte, não é?

— É!

— Pois deveríamos exercer a misericórdia ensinada pelo Mestre, orando pelos criminosos. Faremos isso, Paulinha, agora mesmo.

— Se você insiste...

A casa encontrava-se às escuras, somente a luz do corredor acesa, as portas dos aposentos de dormir fechadas. Os três Espíritos adentraram primeiramente o quarto de Cidoca. Ao contrário do esperado, ela permanecia acordada, olhos mergulhados no vazio, mente em um turbilhão de pensamentos. De quando em quando, arrepios percorriam-lhe o maltratado corpo, provocando sacudidelas. Paula surpreendeu-se:

— Ela está pensando no Fernando quando nasceu, gente!

Realmente, Cidoca recordava a noite do nascimento do filho. A ausência de Zé Luís, entretido com suas aventuras noturnas, havia obrigado os vizinhos a acudir a parturiente, intentando conduzi-la ao hospital, mas o bebê nascera no barraco mesmo, rapidinho, como se tivesse pressa de adentrar o mundo. Linda criança, calma, quase não chorava. Depois, as notas excelentes na escola, o trabalho desde cedo, a agressividade de Zé Luís contra a indefesa criaturinha. Qual seria a razão de tanta birra? Jamais fora um bom pai, no entanto era o pai, tinha seus direitos... Quais direitos, meu Deus, quais? De pegar o suado dinheirinho do menino, de lhe bater sem motivo algum? De matá-lo? Mas pai, marido, senhor!

— Lucien, se ela continuar assim, vai parar no hospício!

— Dentro dela, Paula, está sendo travada gigantesca batalha entre o amor materno e suas equivocadas crenças. Embora ainda não tenha consciência de muita coisa, as leis divinas acham-se nela insculpidas, como o germe que transforma a semente em frondosa árvore. Perceberam os conflitos agitando sua alma? Bem diferente de Zé Luís, que se considera certíssimo, nada questionando, isento de arrependimento ou remorso.

Percebendo a gravidade do estado de Cidoca, Lucien afastou-se dos dois companheiros, mergulhando em oração. Adriano assumiu a tarefa de esclarecer os questionamentos de Paula, pois a imatura jovenzinha ainda não conseguia silenciar, nem mesmo diante de tanta aflição. Ela tratou de perguntar *rapidinho*:

— Existe uma diferença significativa entre as palavras ditas pela dona Cidoca aos filhos e o que está sentindo?

— Sim, nem sempre a boca registra o que vai no coração...

— Não consigo entender uma coisa, Adriano: por que tanta submissão à vontade do bandido do Zé Luís?

— Pergunta difícil de responder, pois envolve uma série de variáveis, tendo a ver com o grau de desenvolvimento espiritual de nossa irmã, as crenças e os valores que lhe norteiam a existência, a culpa decorrente de deploráveis ações perpetradas em outras existências, prejudicando seu discernimento e, consequentemente, repercutindo no aparelho físico. Para não nos aprofundarmos demasiado, veja: ela ama o filho, não é?

— Se pudermos dar o nome de amor a *isso*...

— Imperfeito sim, Paula, mas amor incipiente, ainda sujeito ao egoísmo, ao egocentrismo. Para Cidoca, o marido é importantíssimo, resumindo seu ideal de mulher e felicidade, ainda que ele a espanque e explore. E o consorte tem ideias próprias sobre filhos: eles existem para lhe satisfazer as necessidades de poder e dinheiro. Sempre procurou tirar tudo deles, principalmente a dignidade. Sabe como era o pai de Cidoca? Igualzinho ao Zé Luís, até pior.

— Meu Deus!

— Consegue compreender a dificuldade enfrentada por uma mulher inserida nessa realidade coercitiva para se libertar das amarras e exercer seu livre-arbítrio? Ela tem medo o tempo todo, embora não consiga identificar as causas. Mesmo quando as coisas parecem bem, a angústia confrange seu peito: vai ocorrer algo ruim! Se lhe disserem que morre de medo do marido, contestará veementemente, afirmando morrer de amor!

— Mas, então, vai ficar assim a vida toda, Adriano? Não escuta o que os filhos falam, foge da psicóloga, entra para uma igreja que recomenda *subserviência ao marido*... Ainda se fosse um marido exemplar... Alguém tem de enfiar juízo na cabeça da dona Cidoca! Quem?

— Calma, nela os defeitos ainda são maiores do que as virtudes; a mudança exige tempo, nada se faz de uma hora para outra.

— E essa mania de achar que o filho homossexual vai queimar no fogo do inferno?

— Ela escuta isso na igreja que frequenta, o marido apresenta o mesmo discurso. Na sua submissão e ignorância, Cidoca aceita o que lhe falam como verdade incontestável. Ainda não consegue libertar-se de crenças e valores superados, inadequados, e não adianta tentar enfiar conceitos novos em sua cabeça se antes ela mesma não lançar fora esse *lixo mental*. Todo verdadeiro expurgo passa obrigatoriamente por uma mudança de sentimentos.

— Ah, e existe *expurgo falso*?

— Seria aquele que as *pessoas acham que realizaram*, depois de pressionadas por cobranças e mais cobranças. A mudança atinge somente a área comportamental, mas os sentimentos continuam os mesmos. Logo tudo retorna à estaca zero.

— Em outras palavras, não ocorreu expurgo! E ninguém muda ninguém; somente a própria pessoa detém esse poder.

— Exato, Paula. A nossa dona Cidoca está *apanhando da vida* para acordar! Vai acontecer nesta existência? Talvez... Pode ser que continue a acatar o ensinado em sua igreja, as ideias do marido...

— A ponto de aceitar a morte do filho?

— Sim. Cabe-nos orar por ela, vibrar positivamente, evitando julgar.

Percebendo a presença de Lucien novamente ao lado deles, o instrutor sugeriu ao amigo:

— No momento, acho que a dona Cidoca deveria dormir, Lucien. Esses olhos estatelados no vazio não me parecem boa coisa.

— Certo, Adriano, vamos adormecê-la magneticamente.

Minutos depois, Cidoca mergulhava em profundo sono.

No quarto onde Zé Luís roncava, as coisas estavam péssimas, pois companheiros espirituais de bebida e droga o vampirizavam. Os três benfeitores puseram-se a orar com fervor e, pouco a pouco, as sombras foram-se dispersando.

Paula confidenciou:

— A gente afasta os Espíritos inferiores, mas os pensamentos do seu Zé, esses não conseguimos afastar de jeito nenhum! Olhem o que ele está maquinando: matar o Fábio! O que faremos? Esse louco é bem capaz disso.

— No apart-hotel, Fábio está seguro; a vigilância jamais deixará o pai de Fernando entrar.

— Ah, eu não apostaria nisso, Adriano! O cara é tinhoso...

— É... precisamos acompanhar de perto, todo cuidado é pouco. Sem tolher o livre-arbítrio de ninguém, que fique bem claro, *dona Paula*.

— Ah, por mim daria um sossega-leão nele que o bicho acordaria daqui a uns mil anos, e olhe lá! Mas quem sou eu, não é? Vamos voltar ao hospital? Quero ficar perto do Fernando, talvez possa ajudar um pouco mais.

Tudo estava em silêncio no longo corredor. A sonolenta enfermeira cabeceava junto a uma mesa, ansiando por um cafezinho, finalmente concluindo para si mesma:

— Vou até a sala de espera perto da UTI; lá sempre colocam uma garrafa de café fresquinho. Meu Deus, que sono! Está tudo calmo, volto em um minutinho.

E ligeira se foi, em direção a seu destino, onde deparou com uma agitação inesperada, pois um acidentado de posses estava sendo operado, e seus amigos de farra e familiares ali se detinham, espalhados por cadeiras e sofás. Quando a viram, correram em sua direção, achando tratar-se de uma das enfermeiras da sala cirúrgica. Assim, o minutinho estendeu-se, e Fernando ficou esquecido na UTI, enfrentando séria crise, assinalada pelos aparelhos, facilmente detectada pela enfermeira responsável... caso ela ali estivesse!

Ao adentrar o aposento, os três amigos espirituais depararam imediatamente com o problema. Paula desesperou-se:

— Ele vai morrer, Lucien! Onde está a enfermeira? Não tem ninguém aqui!

Adriano dispôs-se:

— Tem sim, mas onde? Comecem imediatamente a doação de fluidos enquanto vou atrás dela!

Segundos depois, o instrutor deparava com a moça tomando calmamente seu café, conversando numa boa, esquecida de sua importantíssima função. Passou a enviar-lhe intuições de que algo muito grave estava acontecendo com seu paciente na UTI; a jovem de súbito empalideceu, abandonando o copo sobre o aparador e saindo em disparada para seu posto, com um pressentimento muito ruim a dominá-la. Em minutos, o médico de plantão foi acionado, e Fernando conseguia escapar da morte iminente. Paula indignava-se:

— Que falta de responsabilidade! Já que café lhe faz tanta falta, por que não traz uma garrafa de casa, uai?

Passado o susto, a enfermeira desabou sobre uma cadeira, murmurando para si mesma:

— Por pouco, meu Deus! De agora em diante, juro que trago uma garrafinha térmica de casa. Obrigada, meu Deus! Se esse cara morre, e eu não estou aqui, adeus emprego! E a culpa? Nunca mais iria dormir direito!

Paula sentou-se na beira do leito. Adriano cutucou Lucien, dizendo baixinho:

— A Paulinha está pensando... Que perigo; lá vem pergunta complicada!

— Estava aqui pensando...

Adriano piscou na direção do colega instrutor, como se dissesse: *Não falei?*

— E se a gente não chegasse bem na horinha? Essa doida teria deixado o nosso Fernando morrer?

— Todos os hospitais dispõem de equipes espirituais encarregadas de zelar pelos pacientes e pela equipe médica. Se o Adriano não fosse alertar a enfermeira, outro certamente iria.

— E ela vai sair ilesa dessa falta de responsabilidade, Lucien? *Assim?*

— Parece-nos que aprendeu a lição. Foi o *minuto de bobeira*, Paula, mas passou! Olhem, teremos novidade. Médicos espirituais! Sejam bem-vindos!

Naquele momento, adentrava o recinto uma equipe espiritual de médicos, informando:

— Precisamos intervir na condição de nosso amigo...

Paula interrompeu sem a menor cerimônia:

— Bem na hora! Olhem como está pálido. Sei não, gente...

— Uma intensa hemorragia interna está ocasionando a falência de órgãos vitais. Vamos agir!

Encantada, Paula observou a equipe médica realizando os procedimentos necessários para estancar o sangramento e repor significativa parte dos fluidos vitais perdidos. A jovem aproximou-se de Adriano, perguntando baixinho:

— Os médicos da Terra não previram esse sangramento todo?

— Após a cirurgia, concederam ao doente o tempo necessário para a ocorrência de uma reação positiva ou negativa, pois haviam realizado o máximo possível para remediar os estragos ocasionados pela facada. A medicina terrena, no entanto, apesar de todo o seu valor, ainda desconhece a existência do perispírito e sua decisiva ação sobre o corpo físico. Os médicos espirituais estão agindo através dele, e os benefícios serão repassados automaticamente ao corpo físico. Com a concessão da moratória...

— Uau! A moratória foi concedida ao Fernando?

Adriano desatou a rir.

— Acorda, Paulinha! Acha que essa equipe médica está aqui por acaso, menina? Moratória! E longa, por sinal! Sua recuperação será surpreendente; amanhã nosso amigo despertará faminto.

Paula refletiu um pouquinho, depois relatou seus temores:

— E o Zé Luís, Adriano? Quando souber, vai ser um Deus nos acuda! Estava contando com a pensão do pobrezinho, tremendo mau-caráter!

— Então... Cedinho, Marcos procurará o advogado e ambos irão à polícia denunciar o paradeiro do Zé Luís. Será o melhor! Mas, embora ainda não saibam, ele terá partido...

– Como assim?

– Ah, perceberá o perigo quando Cidoca lhe falar sobre a visita dos filhos e o sumiço de Diego e Giovana.

– Esse danado é esperto, muito esperto. E o Marcos e a Lalinha, vão fazer o quê?

– Esperemos, Paula, a decisão caberá a eles.

– Esperar, esperar... A maior parte do tempo passamos esperando pelas escolhas dos encarnados. Chatinho isso, não? Principalmente quando sabemos, por exemplo, que o Zé deixou uma procuração com a tonta da Cidoca para a venda da casa o mais rápido possível, e o dinheiro irá *to-di-nho* para as mãos dele! Tem hora em que não acredito nesses encarnados: o Fernando, sabendo do histórico paterno, colocou a casa no nome da mãe? Por que não no próprio nome? Muito mais seguro! *Parece que bebe!*

Adriano somente sorria da indignação de sua jovem amiga espiritual. Paula ainda precisaria aprender muito sobre os mecanismos da reencarnação e do livre-arbítrio.

– Podemos passar...

– ... boas intuições, já sei! Preciso saber, isso sim, se os filhos de dona Cidoca conseguem dar ouvidos às nossas boas intuições. Arre!

– Que tal se déssemos tempo ao tempo, garota? Enquanto isso, por que não me conta a tal história do Fábio e do Fernando?

– Ah, sei não... Pergunte ao Lucien se tenho permissão mesmo. Lá vem ele com o médico da Terra; parece que *andou alugando a cabeça do nosso ilustre causídico...*

Alcançando o irônico finalzinho da conversa, Lucien complementou:

– ... que fez o máximo pelo paciente, Paula. Mudando de assunto, os mentores de nossa colônia espiritual permitiram-nos o acesso à história de Fábio e Fernando em uma de suas passadas reencarnações, justamente os momentos mais impactantes para a atual.

— E eu não posso contar o que descobri?

— Seu informante aumentou umas coisinhas, suprimiu outras, pois ele desconhece alguns pontos importantes. Sabe, Paula, essas distorções são comuns, por isso precisamos ter muito cuidado.

— Hum... Que seja! Vamos lá! Antes, porém, qual foi sua *alugação* junto àquele doutor com cara de sonso?

— Paula! Por que acha que ele é sonso?

— Ah! Deixou o doente nas mãos daquela enfermeira *irresponsável*! Sabia que os dois estão de namorico? É! Ouvi a enfermeira do andar de baixo comentando... Não teria nadinha de errado se ele não fosse *noivo... de outra.* Safado!

Lucien e Adriano olharam-se, balançando a cabeça. Decididamente, teriam muito trabalho com aquela aprendiz!

— Vamos à sala de projeções.

Minutos depois os três se acomodavam, percebendo a presença de mais alguém no recinto, uma jovem muito bela, com enormes olhos verdes e longos cabelos. Encantada, Paula saltou da poltrona, abraçando efusivamente a amiga:

— Joana, minha Joana! Ai, quanta saudade! Que faz aqui?

— Paulinha, querida! Vim conhecer detalhes da história de Fernando e Fábio, para melhor auxiliar quando voltar de meu exílio por conta do programa de proteção a testemunhas.

— Vai voltar? Que bom! Aquele lá, o Fernando, não tem a sua cabeça não. Imagine que comprou...

E foi falando, falando, ofertando sua opinião. Adriano pensou em pedir silêncio, contudo Joana sinalizou de maneira quase imperceptível: deixassem-na continuar. Devia muito a Paula, pois a mocinha tornara possível sua sobrevivência na casa de Matilde, sem falar nas vezes em que a auxiliara do mundo espiritual. Maravilhosa amiga, de coração sincero e generoso! Depois explicaria aos dois jovens instrutores que fazia bem à jovem falar, desabafar. Inexistia intenção maldosa, somente a ânsia de proteger as pessoas amadas. Ainda não sabia confiar e esperar.

— Tem razão, Paula, Fernando poderia ter colocado a casa no nome dele, pois a mãe vai vender por valor muito abaixo do mercado e repassar tudo ao Zé Luís.

— Ah, mas precisamos impedir isso, amiga!

— Infelizmente vai ser assim; a mãe está inteiramente dominada pelo nosso pai. A pobrezinha acredita piamente na volta dele, em seu amor.

— Quer saber? Dá até pena!

— Concordo com você, Paula, porém não se preocupe; o Marcos adquirirá outra quando for necessário, instalando a família; ninguém ficará na rua. Primeiro, porém, conduzirá todos a Barcelona, onde estarão protegidos por enquanto.

— Mas... e a dona Cidoca? Vai permanecer no Rio?

— Parece que sim. Não percebemos nela a menor intenção de se afastar, pelo menos por enquanto.

— Ih...

— Vamos assistir à projeção, gente? Vamos, Paula? Adriano? Joana?

Minutos depois, imensa tela distendia-se diante de seus olhos, mergulhando todos nos eventos do passado.

UMA HISTÓRIA DOS TEMPOS DA GUERRA DOS FARRAPOS

Logo amanheceria. Uma garoa fina, persistente e gelada descera durante toda a noite, enregelando os ossos dos soldados rebeldes. Pouco a pouco, as gotículas foram-se tornando mais espessas, finalmente desabando sobre o acampamento, pesando na lona das barracas, transformando o solo em enlameados veios d'água.

— Não bastasse esta guerra infeliz, e ainda chove, e chove, e chove! Estou embolorando, minhas botas fedem!

— Você gosta mesmo de reclamar, Venâncio! Se chove, embolora; se faz sol, esquenta!

— Não sou como você, sempre disposto a colaborar com esses oficiais, engraxando botas, polindo selas. Se fosse para fazer isso, melhor permanecer onde estava, servindo de escravo.

Não nos acenaram com liberdade? Até o momento, nada mais do que conversa fiada para enganar idiotas! Não entendo uma coisa: já se olhou direito no espelho? Por que não se manda daqui e vai viver bem longe? Pai branco, mãe mulata clara... fácil, fácil passar por branco.

Antônio olhou para o amigo e companheiro de lutas com tristeza. Jamais pensara em renegar suas origens, embora sentisse na pele a dor da discriminação. Ademais, branco pobre praticamente se igualava aos negros na sociedade rio-grandense.

Adentrara as tropas farroupilhas[1] quando aqueles considerados seus senhores haviam sofrido fragorosa derrota diante dos revolucionários, colocando-o à disposição dos vencedores, que lhe acenaram, em troca de dedicação total à causa dos rebeldes, com a promessa de liberdade quando a guerra findasse. Liberdade! Então, qual era o motivo para ir embora, conforme sugeria o companheiro de armas, como um desertor? Passavam sim por muitos apuros, bem mais do que os infligidos aos brancos, eram vítimas de preconceito, mas a esperança persistia – seriam livres. Que mais poderia desejar?

– Por que não para de reclamar? Reclama tanto que nosso oficial até lhe deu essas botas usadas... e agora diz que fedem? Só rindo! A maioria de nós segue descalça!

– Ah, não é o que digo? Sempre colocando panos quentes... Essas minhas botas fedem mesmo; o antigo dono tinha um chulé danado. Herdei as botas e o maldito cheiro dele!

Antônio desatou a rir sem parar. O companheiro de lutas não mentia!

– Ah, vamos tentar dormir; passe aquela coberta ali. Que frio danado, chega a doer nos ossos...

– Dormir, Venâncio? Mas está amanhecendo, homem!

---

[1] Guerra dos Farrapos ou Revolução Farroupilha foi como ficou conhecida a revolução ou guerra regional, de caráter republicano, contra o governo imperial do Brasil, na então província de São Pedro do Rio Grande do Sul, que resultou na declaração de independência da província como estado republicano, dando origem à República Rio-Grandense. Estendeu-se de 20 de setembro de 1835 a 1º de março de 1845. (Disponível em: <https://pt.wikipedia.org/wiki/Guerra_dos_Farrapos>. Acesso em: 17 out. 2018.)

— Está escuro ainda, chove, e há dias não existe comida para nós, sequer um pedacinho de charque! Se até os oficiais se queixam... Olhe só meu estômago roncando... de fome! O jeito é dormir.

Antônio até que concordava com o companheiro de lutas. Desafortunadamente, o exército imperial destruíra as últimas carroças de mantimentos a caminho do acampamento da companhia de lanceiros[2] na qual serviam. Um azar danado! Quando chegariam as próximas? Teriam melhor destino? Não se podia ter certeza de nada. Se fosse o responsável por aquele magote de homens esfomeados, enviaria alguns deles atrás de comida, ou morreriam todos de pura inanição. Ninguém sobrevive somente com água! Deveriam sugerir-lhe isso...

Como se lesse seus pensamentos, Venâncio comentou:

— Este nosso oficial é fraquinho, fraquinho, tu não acha? Sabe bem pouco de guerrilha, o danado mal saiu dos cueiros. Quantos somos aqui, Antônio? Uns cinquenta, não é? Com *esse daí* no comando, vamos morrer de fome! Eu, por mim, trataria de juntar uns dois ou três de nós e iria atrás de suprimentos. Deve de ter umas estâncias nos arredores, ouvi comentários dos combatentes sobre isso. O pessoal fala muito, inventa, mas sempre há um fundinho de verdade, sabe como é. Tu bem que podia sugerir...

— *Eu?* Por que *eu?*

— Porque é praticamente branco, vive chaleirando eles...

— Ah...

— Quero ver quando a gente estiver à beira da morte, daí não vai dar tempo pra acudir, pense bem.

Antônio suspirou.

— Deixe a chuva parar. Então, pode até ser que eu vá fazer essa loucura!

Não deu meia hora, e o céu abriu-se em esplendoroso azul.

---

[2] Lanceiros Negros é o nome dado a dois corpos de lanceiros constituídos, basicamente, de negros livres ou de libertos pela República Rio-Grandense, que lutaram na Revolução Farroupilha. (Disponível em: <https://pt.wikipedia.org/wiki/Lanceiros_Negros>. Acesso em: 17 out. 2018.)

— Olhe, seu descrente! É o sinal. Vá, homem!

As coisas deveriam estar muito ruins mesmo, pois o oficial aceitou o alvitre imediatamente.

— Muito bem, Antônio, vale a pena tentar. Leve um dos negros junto e duas de nossas carroças, pois pode ser bem-sucedido e precisará transportar os alimentos. Pegue o que achar, entendeu? Não estamos em condições de escolher. Parta imediatamente!

— Acho melhor esperar anoitecer; o inimigo está à nossa volta, e vai ser duro passar despercebido com essa claridade toda.

— Bem pensado, homem!

Ocultos pela noite sem luar nem estrelas, os dois seguiam pela estrada. Venâncio não cessava de se lamentar:

— Nossa Senhora, estou a ponto de matar esta mula velha e comer a coitada! Uma fogueirinha, e nós assamos os pedaços... Ô fome! Depois inventamos que bateu as botas! Bicho também morre, sabia? Ainda vai sobrar a outra para puxar a sua carroça.

— Ah! *Minha carroça*, não é? Nem pense nisso! Vamos trazer comida, entende? E precisamos das duas carroças... *e das duas mulas*. Pare de se lastimar e desça daí; tenha dó do animal!

— Mula foi feita para isso, se bem que esta está ruinzinha mesmo, porque é velha, a pobrezinha. Mas tu tem razão: é melhor poupar a danada. Se ela arria de vez, é capaz de tu me fazer puxar a carroça! Que escuridão! Ideia infeliz... viajar à noite!

— Preferia durante o dia, pra dar de cara com os caramurus? E trate de calar a boca, Venâncio, pois os malditos podem estar por perto.

Dois dias depois...

— Antônio, olhe ali adiante. Tem uma casa, uma beleza, casa de gente rica! Deve ter comida aos montes.

— Vamos lá!

— Espere aí, não podemos chegar assim, parecendo dois farroupilhas.

— E o que somos?

— E se forem do lado dos imperiais? Precisamos investigar primeiro; vamos usar a cabeça. Tu é branco, fique aqui com minhas botas, engraxei elas ontem. E tome esta minha camisa, herdei do nosso oficialzinho incompetente.

— Pedindo, pedindo e pedindo. Não acredito, Venâncio! *Trouxe esta camisa na mochila?*

— Se deixasse no acampamento, adeus, camisa! Olhe, coisa fina, está meio amassada, mas lavadinha. É emprestada, depois quero de volta! Vai favorecer a gente neste momento. Sou seu escravo, fomos assaltados... e o restante tu inventa na hora. Vamos, posso até ver o café da manhã sobre a mesa!

— Eu também, seu doido!

Ainda mergulhada em silêncio, a casa guardava a imponência de outrora. Mais de perto, detalhes evidenciavam as agruras financeiras dos últimos tempos, sem falar nas marcas de batalha nos pilares e batentes das janelas.

— Teve luta por aqui. E então: esse povo é simpatizante de imperialistas ou farroupilhas, Antônio?

— Não dá pra saber, Venâncio. Vamos pelos fundos; tomara que não tenham cachorro.

— Já viu estância sem cachorro? Lá vem ele, e não está abanando o rabo. Algo me diz que... Corra!

— Curisco, vorte aqui! Podem aprochegar, tô segurano o danado, sinão ele morde di verdade, crava os dente!

— Percebe-se! O dono da casa está?

— Tá não, mas a senhorinha Ana sim; ela toma conta de tudo dispois que os home do imperadô mataro o coroné pai dela...

— Tu é escravo... Tem mais além de tu?
— Restei só eu... e a Damiana, a cozinhera. Ficamo iscundido na mata, a gente só vortô quando os danado foro embora.
— E a sua senhora?
— Ainda dorme, mas vô acordá. Os moço é farropilha, tô veno... Graças a Deus!

Venâncio e Antônio entreolharam-se espantados. Como o moleque descobrira? Depois Antônio sorriu ao ver a ponta do belo lenço farroupilha, certamente *herdado* do oficial, saindo do bolso da calça do amigo. Sussurrou:

— Seu idiota!
— *O que eu fiz?*
— Depois a gente conversa! Vamos lá! Está sentindo o cheirinho de charque na brasa? E de pão? Minha Nossa Senhora!

Na espaçosa cozinha, o fogo crepitava no fogão de lenha, espantando para bem longe a friagem do alvorecer. Uma negra retirava do forno uma fornada de pães, alongando curiosa o pescoço ao deparar com os visitantes na companhia do moleque.

— Entra, entra logo. Damiana, esses moço é sordado do exército farropilha, tão quereno falá com a senhorinha, vô acordá ela. Enquanto isso, assunteie se querem comê...

Meia hora depois, sob o olhar risonho de Damiana, que nunca vira tamanho esganamento diante de um prato de pão e charque, Antônio comentou:

— A senhora está demorando...
— Senhor, uma honra recebê-lo em minha casa!

Antônio viu-se diante de uma moça muito bela e jovem, envolta em singelo vestido branco. Ficou ali, embasbacado, sem achar palavras. Somente quando Venâncio o cutucou disfarçadamente, conseguiu apresentar-se como um dos integrantes do exército farroupilha, acompanhado de seu servo.

— Ana, senhor, para servir aos nossos bravos soldados. Infelizmente não dispomos de muito, pois o exército imperial por aqui passou, porém Damiana e Manuel conseguiram esconder algumas reses, farinha, muita carne charqueada... E temos nossa horta, que os soldados desprezaram. E ovos, um pouco de vinho...

— Foi o que permero iscundi!

Ana sorriu para o moleque, continuando:

— Têm como carregar esses víveres?

— Duas carroças, senhora, que deixamos antes da entrada, por medida de segurança, pois desconhecíamos a preferência partidária dos donos desta formosa estância.

Os olhos da moça entristeceram-se.

— Foi muito mais bonita no passado, quando meu pai ainda estava vivo. Nos últimos tempos, porém, com as lamentáveis medidas adotadas pelo império, taxando vergonhosamente nosso charque e o couro, comprando mais barato de países vizinhos, o dinheiro foi escasseando. Papai insistiu em se juntar aos revolucionários, acabando por sucumbir em uma das batalhas, e acabei só. Confio que as coisas entrarão nos eixos quando nosso Rio Grande do Sul se desligar do restante do país, podendo instituir leis mais justas e políticas corretas de mercado.

— Esperamos que sim, senhorita, contudo temos enfrentado muitos reveses...

— Precisamos persistir, senhor Antônio, perseverar, pois não temos escolha! Agora, se me permite a sugestão, o Manuel vai conduzi-lo a um dos quartos de hóspedes, onde poderá banhar-se e repousar. Seu servo encontrará guarida no alojamento dos escravos, hoje praticamente vazio. Depois do almoço, devidamente descansado, fará a gentileza de relatar as novidades sobre nossa guerra!

No alojamento, barriga cheia até demais, Venâncio não se conformava:

— *Senhor Antônio* para cá, *senhor Antônio* para lá... *Quarto de hóspedes! Conversa depois do almoço!* E ele dando uma de oficial branco. E não é que engana bem? Parece até um ricaço, o danado! Aquela história contada por ele de que o pai, um estancieiro branco e rico, mandara o filho bastardo estudar com seus filhos legítimos, aproveitando o professor... aquela história era verdadeira, então! E eu, guapo mulato, desprezado, jogado neste galpão caindo aos pedaços; aposto que nem o negrinho dorme aqui. Pode deixar, mal a carroça deixe a estância, o *senhor Antônio* voltará a ser um dos Lanceiros Negros do exército farroupilha. Igualzinho a mim, apesar da pele clara!

No quarto de hóspedes, Antônio desabou sobre o leito, intrigado com sua atitude. Por que não se apresentara como membro dos Lanceiros Negros? Certamente Ana doaria os alimentos mesmo assim. Que mentira era aquela, e com qual finalidade? Perante a lei, apesar das promessas dos líderes revolucionários, continuava a ser um negro cativo, pelo menos até o momento de sua libertação, quando aquela guerra finalmente cessasse. Uma ligeira batida na porta o assustou.

– Sinhô, a senhorinha Ana mandô essas ropa do seu finado pai, achano que o moço podia querê usá dispois do banho, no lugá das sua, tão empoerada. Truce também a navaia que foi do meu sinhô, vô fazê sua barba e seu cabelo. Pode confiá, fui criado de quarto do finado coroné Ascenço, o pai da senhorinha, um home muito do fino e exigente!

Olhando-se no grande espelho do guarda-roupa, Antônio mal confiava em sua imagem. Incrível! Manuel passou uma escova pelo paletó, informando:

– A essa hora, o armoço devi di tá seno colocado na mesa. Vô conduzi o moço.

Nos olhos de Ana, Antônio leu agrado e encantamento. A jovem trocara o singelo vestido por um mais sofisticado, colocando flores nos cabelos e um colarzinho de pérolas no delgado pescoço.

– Senhor Antônio! Espero não o ter constrangido com minha oferta de roupas; entendo muito bem as razões de viajar com as de escravo, por ser menos perigoso se fosse preso pelo inimigo, pois simplesmente seria incorporado ao exército imperialista, podendo evadir-se depois. Muito esperto, sem dúvida! Damiana lavou suas vestes, e elas estarão à sua espera na saída, pois convém manter o disfarce, concorda?

O rapaz mal pôde dar uma resposta afirmativa, sorrindo interiormente ao pensar na cara de Venâncio se soubesse que as botas e a tão decantada camisa de linho não haviam surtido o elegante efeito esperado.

A tarde passou como um relâmpago. Há quanto tempo não participava de uma conversação inteligente! Enquanto seu pai fora vivo, desfrutara das regalias conferidas aos filhos legítimos, porém, com seu prematuro falecimento, os irmãos haviam-no recambiado à condição de escravo. A mãe pouco tempo sobrevivera à morte de seu dono e amor, entristecida com sua partida e com os maus-tratos infligidos ao filho querido. Desde então, sentia-se só, perdido no mundo. Agora, aquela jovem linda, encantadora, inteligente, desconhecedora de suas reais origens, de seu posto no exército farroupilha, julgando-o nobre... Ah, se ela soubesse da verdade! Melhor partir o mais rápido possível!

– Senhorinha, preciso providenciar o carregamento...

– Meu servo e o seu estão fazendo isso, não se preocupe. Que tal aproveitarmos o lindo pôr do sol?

Envoltos pelo cambiante ouro do final de tarde, as sombras descendo rapidamente sobre o jardim, beijaram-se, e Antônio sentiu uma dor imensa no coração; quis revelar sua condição de simples escravo, porém lhe faltou coragem. Ah, nunca mais retornaria àquela estância!

– Minhas vestes de viagem, senhorinha Ana, onde estão? Preciso trocar-me. Anoiteceu!

Partiram. Manuel ficou ali, um lampião nas mãos, alumiando sua senhora. Ana acenava em despedida.

– *Senhor Antônio*, abane a mão, diga adeus à senhorinha!

– Cale a boca, Venâncio; pelo amor de Deus, cale sua infeliz boca!

Mas obedeceu...

– Pensa que não vi os dois no jardim? Cadê a fatiota de estancieiro rico? Por que está vestindo *essa daí* de novo? Podia pelo menos ter vindo com a outra e me dar, não é? Nunca que vou ter uma daquelas! Coisa finíssima! Mudando de assunto, capricharam nos suprimentos; tem até compota de figo, de goiaba... Ovos, umas galinhas limpinhas que a Damiana providenciou. E charque, muito charque! O danado do negrinho, enquanto os caramurus invadiam a casa, tratava de esconder o que podia em um baita quarto debaixo do assoalho do galpão dos escravos; ele tem um alçapão muito bem escondido. O pai de Ana era um homem precavido! Ah! Sabia que Ana tem um irmão?

– Não... E onde ele está? Lutando também pelo Rio Grande?

– Nem pensar! O negrinho disse que esse irmão não é muito correto... Enrolado com jogo, mulheres; deu um desfalque danado no velho coronel e sumiu no mundo. Ninguém sabe dele nos dias de hoje!

– Melhor que fique onde está, para não dar dor de cabeça à irmã.

– É... Sabe de uma coisa? Duvido que nós, os lanceiros, vamos ver grande coisa dessa comida toda. Quando muito, um pouco de charque! Pense bem: se somos homens libertos como disseram, somente aguardando a definitiva alforria quando vencerem a contenda, por que então somos tratados de maneira diferente? Aqui entre nós, Antônio: acha mesmo que seremos libertados? Inventaram essa lorota para garantir nosso empenho na luta deles... Está escutando, homem? Parece perdido no mundo da lua!

— Precisamos voltar ao nosso acampamento o mais rápido possível, Venâncio. Ou corremos o risco de os imperialistas toparem conosco. Aí perdemos os mantimentos e seremos aprisionados, passando a pertencer ao outro lado. E os caramurus, Venâncio, não querem saber de liberdade para nós!

— E tu acredita mesmo que esses estancieiros farroupilhas querem libertar os escravos responsáveis por aumentar a fortuna deles dia após dia? Sei não...

— Vamos apressar o passo. Trate de puxar as mulas; vou carregar alguns fardos nos ombros, assim andamos mais rápido. Ande, homem!

O acampamento agitou-se com a chegada dos dois lanceiros; logo o cheiro de charque cozido com as batatas-doces da horta de Damiana espalhou-se nos ares. Mais alguns dias e novas carroças de mantimentos conseguiriam finalmente furar o bloqueio inimigo, espantando a terrível ameaça da fome!

Antônio volvera à rotina, buscando olvidar o ocorrido na estância, ciente de que Ana não era para ele. Venâncio não o deixava em paz, querendo a todo custo pormenorizado relato de suas conversas com a jovem, até o dia em que se irritou de vez, colocando um fim no angustiante assunto:

— Chega, Venâncio, ou me queixo ao oficial, e não será nada bom pra tu, pois posso até contar *umas coisinhas*! Paramos por aqui!

Na estância, Ana dedicava seus dias a esperar o retorno de Antônio. Ele voltaria, tinha certeza; também se apaixonara. Damiana somente balançava a cabeça, resmungando:

— Isso inda vai acabá em disgracera! Onde já se viu ficá ansim perdida de paixão por um home que só viu uma veizinha!

O negrinho se metia:

— Mas guapo como ele só...

— É... mais ainda nas ropa do finado coroné. Mas de quar família vem esse moço, hein? E a senhorinha se cunsumindo ansim, como uma... Nem vô falá, pra num ficá mais feio ainda! Quando essa guerra terminá, e que seja logo, pois já lá se vão quase oito ano de sufoco, há de aparecê moço bom, bonito, de posses. E aí? Ainda vai teimá em ficá esperano pelo *tar Antônio*? Pois é o que ela diz!

— Ih!

— Num é mesmo? Leve esse chá de melissa, faça ela tomá, hoje num comeu nadinha, de tanto aperreio sem pircisão.

Os meses foram passando, tropas farroupilhas estiveram na estância, todavia ninguém ouvira falar do *Antônio de Ana*, por mais que ela o descrevesse.

Dois anos depois, finalmente os rebeldes farroupilhas foram vencidos, e seus chefes aceitaram negociar um acordo com o império, garantindo o perdão e melhores condições de comércio. No entanto, uma questão ainda pesava na balança, incomodando sobremaneira: a liberdade dos Lanceiros Negros, veementemente rejeitada pelo vencedor e até por muitos da elite rebelde. Libertos para cuidar de suas vidas, aqueles homens abririam um precedente condenado pelos escravocratas de ambos os lados da contenda; voltando a seus antigos senhores, poderiam fomentar uma rebelião, pois haviam experimentado o gostinho da liberdade e conheciam muito a respeito das táticas de guerrilha. Uma série de manobras políticas por parte do alto escalão de vencidos e vencedores lançou por terra os anseios daqueles bravos soldados, e muitos pereceram em suspeito ataque.[3] Entre eles, Antônio.

---

[3] Trata-se da Batalha de Porongos.

A tela fechou-se diante de olhos horrorizados com o banho de sangue.

— Meu Deus! Foram massacrados, apesar de lutar bravamente até o fim!

Lucien assumiu a tarefa de esclarecer os fatos ocorridos no passado, de acordo com as informações recebidas de seus orientadores espirituais.

— Esta é uma parte muito controversa da história, Paula.

— E o Venâncio? Não o vi em meio ao combate... Alguém viu?

— Venâncio, minha cara, sempre foi esperto. E mau-caráter! Desconfiando daquele acampamento desprovido de segurança, com homens exaustos e praticamente desarmados, tratou de afastar-se do fatídico local na calada da noite.

— E por que não alertou o amigo? Sacanagem!

Joana considerou:

— Tudo indica, minha amiga, que ele tinha muita inveja do Antônio por sua cor clara, seu porte, sua esmerada educação. No entanto, Venâncio também era um belo homem, aprendera bons modos com seus senhores, falava de maneira correta...

O instrutor complementou:

— ... e se comparava com o amigo, receando que Antonio o superasse; a simples ideia de que, finda a guerra, ele se unisse à bela Ana, tornando-se proprietário de terras, tirava-lhe o sossego. Assim, sem o menor remorso, abandonou o companheiro de lutas à sua possível sorte. Tempos depois foi aprisionado e devolvido ao antigo dono, que o vendeu por bom dinheiro a rico estancieiro, aumentando a revolta que açoitava sua alma, pois passaria a enfrentar muitas humilhações, dentre as quais podemos mencionar abusos na área sexual.

— Foi mal, gente! Só mais uma coisinha... e a Ana?

— Ana esperou durante anos pela volta de seu amado, rejeitando partidos e mais partidos, até que finalmente o irmão a forçou a desposar irascível estancieiro, que a maltratou durante todo o casamento, justamente o dono de nosso Venâncio.

– Não diga, Lucien! Mas... quem abusava sexualmente do Venâncio era...

– ... seu dono, o esposo de Ana.

Impressionada com o desenrolar daquela história, a mineirinha concluiu:

– Nossa!

O jovem instrutor continuou:

– Infelizmente a coisa toda não para por aí... Venâncio fez questão de maldosamente revelar a verdade sobre Antônio à sua senhora, custando à moça muito sofrimento, pois deitou por terra a imagem de revolucionário galante que povoara seus sonhos de amor.

– Pobrezinha, tremenda desilusão! Afinal, por que o irmão a obrigou a se casar? Poderia ter continuado solteira.

– Queria a todo custo ver-se livre da irmã para vender tudo e sumir novamente.

– Malandro... Eu não entendo... O Antônio era legal, não era? E só encontrou dificuldades. Poderia muito bem ser libertado, casar-se com a Ana, morar na estância, expulsar aquela cobra de irmão. Não seria *muito bom* mesmo?

– Paula, Paula... Você está vendo apenas um momento da vida do Espírito conhecido como Antônio. E suas reencarnações passadas? Sabia que os Lanceiros Negros eram extremamente hábeis nas táticas de guerra e corajosíssimos, a ponto de os imperialistas temerem mais a eles do que aos soldados de elite? A História atribui essa capacidade toda ao fato de terem sido tropeiros e à motivação pela promessa de liberdade. Mas será que essa explicação basta? Não! Os quase mil homens conhecidos como Lanceiros Negros somente rememoravam suas habilidades aprendidas no pretérito, quando orgulhosos soldados romanos, soldados que dizimaram povos e mais povos em nome da supremacia de Roma, agora retornando para assumir pesada tarefa naquele momento brasileiro, resgatando pesados débitos do passado nas terras rio-grandenses. Antônio foi um deles. Aprenda, menina: a justiça divina é perfeita, concedendo a cada um a oportunidade de reparação, portanto inexistem injustiçados.

— Que dificuldade, Lucien! Não consigo olhar uma desgraceira dessas e pensar que foi para o bem deles, entende? Mas você tem toda razão; eu só visualizo o presente, o agora! Antônio veio como Fernando?

— Sim... E o Fábio de nossos dias é a Ana de outrora. E Zé Luís é Venâncio.

— E o restante da família?

— Todos da mesma época, menos o Marcos.

— Agora me lembro: Marcos tinha projeto de sucessivos reencarnes na Espanha, mas acabou nascendo no Brasil. Plano B![4] Voltando ao Fernando, tem uma *coisinha* martelando minha cabeça...

— Que novidade!

— Essa história de ele ser *gay*... Ele é *gay, gay mesmo*?

Lucien sorriu.

— Paula, acompanhou direitinho aquela aula do Eduardo sobre a bissexualidade espiritual?

— Claro. Estávamos lá, na mansão em Barcelona, nós três e mais uns trezentos Espíritos, entre desencarnados e encarnados. Todos em nosso confortável auditório espiritual, atentos, inclusive *euzinha*.

— Então... Fernando está encarnado em um corpo de homem, porém sua alma apresenta características masculinas e femininas, possibilitando-lhe ambos os acessos, o mesmo ocorrendo com Fábio. Sentir-se atraído afetiva e sexualmente por alguém tem muito a ver com a parte espiritual, não com

---
[4] Fato narrado no livro *Joana*, já citado.

essa ou aquela genitália. No caso de nossos dois amigos, aconteceu realmente uma fixação naquele romance malsucedido, deixando profundas marcas em ambos. Ana jamais esqueceu Antônio. Durante anos, após a revelação de Venâncio, seus sentimentos oscilaram entre o amor e o ódio, a raiva e a possibilidade de perdão. No início, a presença violenta do esposo, que ela pressentia abusivo e descontrolado sexualmente, contribuiu para aumentar seu desespero; depois, a lembrança gentil de Antônio foi acalmando seu coração, e ela pôde compreender as razões do silêncio do jovem. Ao desencarnar, havia feito as pazes com seu amor.

— Que lindo, gente! Amor tem de ser assim.

— Deveria, Paula, sem nada exigir do outro, somente amando, como Jesus nos ama...

— Entendi, Lucien: ainda somos imperfeitos, muito distantes do amor de Jesus. Amamos do nosso *jeitinho*... Mas... e Antônio?

— Aí a coisa ficou um pouco mais complicada. Surpreendido praticamente desarmado, enfrentando seus agressores com uma faca somente, ao perceber que seu melhor amigo se evadira, traindo sua confiança...

— ... caiu a ficha!

— É, caiu a ficha, se quiser assim dizer, Paula. Em outras palavras, ele entendeu a traição vergonhosa, desencarnando em profunda revolta. Amargou sua raiva durante longo período, em locais de muito sofrimento no mundo espiritual, até o instante em que conseguiu asserenar um pouco seu coração, sendo então resgatado para uma colônia espiritual. Adivinhe quem estava lá, esperando-o?

— Ana!

— Sim, Ana. Muitos anos se passaram até o presente reencarne. Enquanto a moça conseguiu deixar para trás os trágicos eventos da época da Guerra dos Farrapos, totalmente voltada para o amor, Antônio albergou no recôndito da alma sentimentos de mágoa contra o amigo Venâncio, os irmãos consanguíneos, os líderes revolucionários e imperialistas...

— Mesmo na colônia, ao lado da mulher amada, sentia-se assim?

— As colônias espirituais, Paula, constituem abençoados redutos de refazimento e aprendizagem, contudo não operam milagres, pois as mudanças de sentimento correm por conta de cada um. Pense no caso de nosso Antônio: anos e anos no umbral, sofrendo em revolta insana, chorando pelo amor arrebatado de sua existência pela guerra e pelos preconceitos raciais. Depois, quando parcialmente consciente da realidade do ser, é transferido para a colônia, ao lado da mulher amada, inserido em uma psicosfera repleta de boas vibrações. Aos poucos entra na benfazeja rotina do lugar e vai amealhando conhecimentos, lidando com as dores da alma, mas isso não quer dizer que houve realmente uma mudança de sentimentos, entende? O teste definitivo vai ocorrer em uma próxima reencarnação, porque o corpo físico servirá como couraça, isolando-o do passado, porém os sentimentos persistirão, eclodindo no momento certo.

— E por que não vieram como homem e mulher, gente? Muito mais fácil!

— Ao desencarnar, Ana compreendeu finalmente o enorme esforço feito por aquele marido para esconder sua verdadeira orientação sexual. E soube a verdade sobre seu casamento: o irmão, conhecendo o estancieiro das noitadas longe do Rio Grande, sabedor de suas dificuldades para disfarçar a homossexualidade, verdadeiro estigma na época, propôs a vantajosa união, por meio da qual ele ficaria com o remanescente da fortuna familiar, e o novo amigo, com uma esposa a título de álibi. Assim, Ana recebeu um marido de trinta e poucos anos, homossexual convicto, que jamais manteve um relacionamento carnal com ela, todavia completamente apaixonado por Venâncio!

— O nosso Zé Luís de agora!

— Isso! Infelizmente, o preconceito sexual ainda continua enorme no planeta Terra, devido sobretudo ao desconhecimento a respeito do assunto. Quando uma mãe ou um pai se veem frente a frente com um filho ou filha homossexual, poucos sabem como se comportar ou onde buscar informações precisas. A situação é bem semelhante à do nosso Fernando... Assim, Ana e Antônio ofereceram-se para assumir a missão de um casal homossexual equilibrado, demonstrando a muitos que nada existe de errado ou pecaminoso nisso.

— Hum...

— Hum o quê, Paula?

— Ah, eles já sofreram tanto! Mais sofrimento? Por mim, queria o Fernando homem e o Fábio, mulher. Pronto!

Adriano sorriu para Lucien, dizendo em tom de brincadeira:

— Terei percebido um ligeiro preconceito em nossa amiga Paula? Notou também?

Paula reagiu como se mordida por uma cobra:

— Não foi isso, não! Gosto muito dos dois e não quero que sofram por conta da língua das pessoas!

— No dia em que esse tipo de preconceito for erradicado da face do planeta, essa sua preocupação deixará de existir.

Lucien prosseguiu:

— Existe um outro aspecto da questão: o próprio Antônio alimentava preconceito relativo à sua cor, razão pela qual escondeu de Ana, no primeiro encontro dos dois, o fato de integrar os Lanceiros Negros. Isso pesou muito na análise de sua solicitação quanto a regressar ao plano terrestre na companhia de Ana, enfrentando preconceito contra sua orientação sexual.

— Ah, Lucien, trata-se de preconceitos completamente diferentes.

— Existe uma probabilidade enorme de a pessoa preconceituosa estender sua intolerância a variados aspectos, não admitindo a natural diversidade de cor, sexo, idade, raça, peso corporal, orientação sexual.

— Será?

— Ocorre que, na maioria das vezes, essa aversão permanece oculta enquanto não surgem circunstâncias mobilizantes.

— Se todo e qualquer preconceito sinaliza imperfeição espiritual, talvez você tenha razão.

— Gostaria de não ter, Paula.

— Essa raiva toda do Zé Luís contra os *gays* tem a ver com o que enfrentou nas mãos do dono, não é?

— Na maior parte, mas ele é preconceituoso também. Durante anos suportou os reiterados abusos de seu senhor, mas não deduziu algo muitíssimo importante: o estancieiro agia daquela forma não pelo fato de ser homossexual, mas por ser emocionalmente desequilibrado. Se fosse heterossexual, faria o mesmo com as escravas mulheres, maltratando-as, entende?

— Tem lógica!

— Ana desencarnou muito antes do esposo, apesar de mais jovem. Solitário, o estancieiro voltou toda a sua atenção para o escravo, redobrando o assédio e os maus-tratos, enfurecido com a rejeição do rapaz, pretendendo a todo custo ser amado, a ponto de finalmente Venâncio esfaqueá-lo, fugindo da fazenda.

— Graças a Deus! Não o esfaqueamento, meninos, e sim a fuga.

— Mas logo foi capturado e enforcado.

— Sem direito a defesa?

— Era costume da época; escravo não tinha voz.

— Sabe, Lucien, não gosto nadinha do pai do Fernando, principalmente pela maneira como sempre tratou os filhos, a dona Cidoca...

— ... o nosso estancieiro de outrora.

— Quem, a dona Cidoca? Não diga, Lucien! A dona Cidoca é o estancieiro?

— Acabei de dizer, Paulinha. O estancieiro, agora em roupagem carnal de mulher, continua nutrindo a mesmíssima obsessão por aquele seu escravo do tempo da Guerra dos Farrapos, submissa aos maus-tratos do marido pelos mecanismos da culpa inconsciente.

— Ah, por isso ela desculpa tudo o que o Zé Luís faz! E continua preconceituosa, como no tempo em que era homem, quando direcionava o preconceito a respeito da homossexualidade contra ele mesmo. Agora repudia os *gays* em geral, embora um deles seja seu filho! Não sei se tenho compaixão pela Cidoca ou pelo Zé Luís...

Joana sugeriu:

— Que tal compaixão pelos dois, Paula?

— Só mais uma *coisinha*: não é *muita maldade* colocar esses dois como marido e mulher?

— E de que maneira vão acertar as diferenças do passado? Como aprenderão a amar? A coisa toda funciona assim, Paula. A maioria dos casamentos realizados no planeta Terra tem a finalidade de promover reparação.

— Ah, mas não parece estar dando muito certo neste caso não...

— Muita água vai rolar por debaixo dessa ponte, Paulinha. E, caso não se acertem, voltarão novamente juntos, e mais uma vez, e mais outra... Nos mais diversos papéis, como filhos, netos, cônjuges, amantes...

— Isso é que é um vínculo danado!

— Exatamente. Vínculo que somente se desatará quando as pendências estiverem resolvidas. Para tanto, é preciso perdoar, amparar, amar.

RETORNO A BARCELONA

    Marcos despertou com uma sensação estranha, uma tristeza muito grande. Lalinha dormia no confortável sofá do apart-hotel, e ele se instalara no felpudo tapete, enquanto os dois menores e Vera dividiam o leito *king size* do quarto.
    O rapaz levantou silenciosamente, foi até o telefone e ligou para o restaurante, solicitando desjejum para quatro pessoas. Estava morto de fome! Depois utilizou o banheiro e, quando suave batida na porta anunciou a chegada de seu pedido, foi obrigado a despertar a irmã.
    – Lalinha, acorde; chegou nosso café da manhã. Hoje o dia vai ser longo, menina! Primeiro vou com o João Paulo ver o

advogado da Cláudia, em busca de orientação especializada. Depois vamos à delegacia denunciar o paradeiro de nosso pai, antes que ocorra outra desgraça. Você fica aqui, com as crianças, enquanto o Fábio vai ao hospital com a Vera, para termos notícias do Fernando.

— Ah, eu queria ir até o hospital também! A Verinha fica, Marcos, e eu vou no lugar dela. Nosso irmão está muito mal, talvez nem esteja vivo...

— Vire essa boca para lá, Lalinha! Nada de ir ao hospital, certo? Quem vai cuidar das crianças? A Verinha? Nem pensar; ela está muito assustada com essa história do pai e, se acontecer algo enquanto estivermos fora, pode ser que não dê conta. Preste atenção: preciso agilizar esse lance de delegacia o mais rápido possível, pois corremos perigo, mana. O pai é doido!

— Certo, tudo bem, fico aqui com os dois. Está escutando uma batida na porta? Devem ser o Fábio e o João Paulo. Espere um pouco enquanto entro no banheiro; estou só de camisola!

Uma hora depois, todos tomavam os rumos dispostos por Marcos. Felizmente o advogado de Cláudia costumava madrugar no escritório, por conta do excesso de serviço, e logo se dirigiam à delegacia responsável pelo bairro onde Fernando residia.

Apesar de toda a presteza da polícia, tudo correu como previsto no mundo espiritual: Zé Luís caíra no mundo. Na casa, somente uma Cidoca com ares de felicidade, louvando intimamente a inteligência do marido.

— Sei de nada não, gente. E, mesmo se subésse, num contava!

Para os filhos, resmungou:

— Cambada de traíra! Dedano o próprio pai! Pode sumi todo mundo daqui, num priciso de filho ninhum. Quero ficá sozinha.

Devido à sua irritação, os filhos concordaram em sair e esperar que a indignação dela passasse, decidindo ir ao hospital, onde depararam com Fábio e Vera na sala de espera, nervosíssimos.

– O que foi? O Fernando piorou? Por que o Fábio está chorando?

Verinha tentou explicar:

– Primeiro mandaram a gente aguardar, depois virou um entra e sai de médicos e enfermeiras... e ninguém nos conta *nadica de nada*! Só dizem para esperar um pouco. Ah! Olhe aí o médico, converse com ele, ande!

– Doutor! E o nosso irmão, o Fernando?

– Pois é, temos novidades. Venham comigo.

Os três irmãos gelaram... Maldito médico que falava com aquela cara enigmática. Aquele por certo não era o caminho da UTI... E Fernando, esfaqueado gravemente, jamais sairia dali tão rápido. Marcos cutucou João Paulo, murmurando:

– Precisamos preparar-nos para o pior; talvez este seja o trajeto do necrotério, irmão.

Infelizmente, Fábio escutou o comentário.

– Verinha, pelo amor de Deus, ajude o Fábio; parece que ele vai apagar...

Muito pálido, o rapaz apoiou-se na parede, acalmando-os:

– Não vou desmaiar! Vamos!

O médico informou:

– A pedido da agência de modelos, instalamos o Fernando em um de nossos melhores apartamentos... Aqui, entrem!

Mal podiam acreditar. Fernando encontrava-se reclinado na cama, amparado por travesseiros, tomando seu desjejum! Nada muito substancial, é bem verdade, somente um chazinho com bolachas.

Verinha não se conteve:

– Fernando! Ai, meu Deus!

— Calma, ou vocês assustam o doente... Pois é, o nosso Fernando recuperou-se milagrosamente; despertou esta manhã dizendo estar com fome, imaginem! Realizamos uma série de exames, e ele está muito, muito bem mesmo. Mas precisa descansar... Excesso de conversa e agitação somente vão prejudicá-lo. Assim, dispõem de dez minutos, certo? Ah, senhor Marcos, por favor, podemos trocar umas ideias lá fora?

O médico conduziu o rapaz a uma distância suficiente para não serem ouvidos pelo paciente e suas visitas, esclarecendo:

— Uma mudança surpreendente a de seu irmão. De acordo com minha experiência, apostava em sua não sobrevivência, porém me enganei. Daqui em diante precisamos tomar cuidado, sobretudo quanto ao agressor. Na UTI, a segurança é maior, pois monitoramos a entrada das pessoas; no quarto a situação é outra: inexiste isolamento. Por isso, achamos adequado colocar uma pessoa de guarda na entrada do apartamento, um policial se a polícia dispuser, ou um segurança particular, os senhores decidem.

— O doutor tem toda razão; providenciarei agora mesmo.

Os dias foram transcorrendo: dois, três, quatro, cinco... Ainda no hospital, Fernando melhorava a olhos vistos, conquanto seu estado ainda exigisse cuidados.

No apart-hotel, quando tudo parecia estar entrando nos eixos, naquele dia pela manhã, receberam uma mensagem da portaria:

— Um policial deseja falar com os irmãos do modelo Fernando. Posso deixá-lo subir?

As notícias não eram nada boas: Cidoca vendera a casa e estava na rua!

Verinha não acreditava, tentando discutir:

— Vendeu a nossa casa? Mas como? A casa pertence ao Fernando...

— O irmão de vocês colocou no nome dela; isso mesmo, verificamos junto aos compradores. De posse de uma procuração deixada pelo senhor José Luís, o legítimo esposo, com o qual é casada *em comunhão de bens*, dona Maria Aparecida vendeu a casa com tudo o que havia dentro, rapidinho, pois pediu um valor muito abaixo do estipulado pelo mercado. Os novos donos pagaram em dinheiro, mudaram-se anteontem, e ela ficou perambulando pela rua. O pessoal da igreja evangélica nos procurou...

Receoso, João Paulo inquiriu:

— E onde a mãe está agora? .

— Aguardando os senhores, transtornadíssima. Parece que o marido pegou todo o dinheiro e desapareceu, voltando atrás em suas promessas de desposá-la na igreja, conforme não para de repetir.

Na delegacia, Cidoca chorava convulsivamente, recusando-se a falar com a assistente social. Ao avistar os filhos, investiu contra eles, repassando-lhes a culpa pelo sumiço do *amado esposo*:

— Sabe por que o Zé me abandonô? Por culpa de vocês, que num entende ele! E a coisa não vai ficá assim de jeito ninhum, o tarzinho do Fábio vai pagar caro por tirá o Fernando do bom caminho, o pai de vocês prometeu matá os dois!

E desatou a xingar, chutar, esmurrar, acabando em uma camisa de força, rumo a uma das melhores clínicas psiquiátricas da cidade, onde Marcos a internou, pois nada poderiam fazer além disso no momento.

De volta ao apart-hotel, Vera comentou:

— Ainda bem que o Fábio não foi conosco, ofereceu-se para olhar os pequenos, senão ia ouvir aquelas barbaridades todas ditas pela mãe, e sobre a intenção de o pai matar os dois.

— Verdade, mas acho melhor termos uma conversa séria entre nós, porque não dá para esconder do Fernando o acontecido; ele acredita no arrependimento do pai, não sabe que continua na cola dele e do Fábio...

— Certo, Marcos, a gente conversa, mas o que faremos? Contamos... e depois?

— Aí é que está. O médico ontem me informou que nosso irmão precisa ficar no hospital mais uns dez dias. A ferida foi feia, eles ainda não sabem direito se vai haver alguma sequela.

— Ah, Marquinhos, será que não estão segurando o Fernando lá pelo dinheiro? Viu aquele apartamento pago pela agência de modelos? Deve custar uma fortuna!

João Paulo atalhou:

— Falei com uma das moças, funcionária da contabilidade do hospital, porque estava preocupado com os gastos. Ela me acalmou, informando que o seguro paga tudo. Sabia que colocaram nosso irmão no seguro? Ele vale uma grana preta, e não pretendem liberá-lo enquanto não estiver legal por inteiro.

— Então vamos abrir o jogo e decidir como procederemos. Vera, você fica com as crianças, na volta contamos tudo. Ah, melhor chamar o Fábio também. Hospital, gente!

Depois de ouvir a história toda, Fernando ficou parado, uma expressão de tristeza e incredulidade no belo rosto.

— Tudo bem o pai fazer tudo isso, mas a mãe aceitar... e ainda torcer pela minha desgraça?

— Precisamos tomar medidas urgentes. A mãe está internada, em tratamento com os melhores psiquiatras do Rio, mas o pai... dele não se sabe o paradeiro, pode muito bem cumprir suas promessas. Acho melhor deixarmos você aqui, guardadinho pelos seguranças contratados, e partirmos para Barcelona... Lá ele não poderá ir!

— Concordo plenamente, Marcos. E levem o Fábio junto. Não adianta discutir, Fábio, você vai e, quando eu tiver alta, irei também. Pode esperar, tudo vai dar certo! Peça as suas férias; tem duas atrasadas, não é? Da minha parte, acertarei para fazer meu trabalho tendo como sede Barcelona, a agência vai dar um jeito!

Assim, três dias depois embarcaram, deixando Fernando no hospital. No avião, Verinha perguntou a Lalinha:

— E se o pai for a Barcelona?

— Nem passaporte ele tem... E, mesmo que arrumar algum, o pessoal do aeroporto não vai deixá-lo embarcar; ele consta no computador deles como criminoso procurado.

— Sei não, irmã, o danado é maquiavélico; viu só o que fez com a mãe? Deixou até procuração para a coitada vender a casa! E ela caiu direitinho...

— Pode até ser, Verinha, mas, se ficarmos pensando assim, não teremos paz em lugar nenhum, e não quero isso para mim. Ânimo, vamos confiar em Deus... e mudar de assunto!

— E daí, arrumou algum namorado na Espanha? Talvez um belo espanhol de olhos negros... Hein, hein?

Lalinha sorriu tristemente, pensando em Eduardo. Cláudia sempre ligava para Marcos, mas Eduardo não entrara em contato uma única vez, parecendo não se importar, como se fugisse dela. Talvez não a amasse...

Cláudia e Manolo aguardavam no aeroporto. De Eduardo, nem sinal. Breve todos chegavam à mansão um dia pertencente à família de Mercedes, e foi um deslumbramento para Verinha e as crianças. João Paulo ficou parado, olhando, olhando... Depois, voltou-se para Marcos, dizendo:

— Cara, que palácio! Ah, se o pai sabe de tamanha fortuna... Daí é que vai endoidar de vez!

— Pelo amor de Deus, João Paulo, nem fale isso; observe só a cara do Fábio... Não lhe parece amedrontado o suficiente? Vamos! Nosso amigo Manolo vai conduzi-los a seus aposentos. Descansem até a hora do jantar.

— Descansar? Olhe lá a Verinha e as crianças correndo como doidas pelo jardim! Aquele caminho vai dar onde?

— No riacho.

Fábio propôs:

— Vá com eles, João Paulo. Quanto a mim, irei para meu quarto; estou exausto...

— ... e triste, estou vendo, mas ficar assim não adianta, meu amigo. Pense: o Fernando está bem, vigiado direitinho; até coloquei mais um segurança por turno. Daqui a uns dias estará aqui, e você vai ficar aí, mandando pensamento negativo?

— Tem razão, Marcos. Vou tratar de deixar disso, pode crer. Na hora do jantar estarei inteiro, prometo.

Lalinha embarafustara casa adentro, indo parar na cozinha, em busca de Rosa, para colocar a conversa em dia. Finalmente restaram Cláudia e Marcos na sala. A moça fez um sinal ao noivo, e ambos adentraram o escritório. O rapaz surpreendeu-se:

— O que foi, amor? Esteve muito calada até agora. Quais as novidades por aqui?

— O doutor Luís recebeu autorização para trabalhar conosco; seremos responsáveis por ele.

— Ótimo! E o psicólogo?

— A psicóloga. Eduardo entrevistou alguns candidatos à vaga e selecionou uma jovem, a Márcia.

— E isso não é bom? Precisamos dar andamento ao nosso projeto; estou com umas ideias legais, quer ouvir? Já lhe falei que o Fernando, quando se restabelecer plenamente, trabalhará por uns tempos aqui em Barcelona? A agência foi superbacana, facilitou tudo, entendeu o problema de meu pai, o perigo enfrentado, liberando geral. Quanto ao Fábio, pegou umas férias, mas a coisa ficou mais difícil; talvez precise sair do emprego.

— Se ficar desempregado mesmo, poderíamos contratá-lo para administrar nosso programa de atendimento aos jovens, não acha? Afinal, pensamos em torná-lo mais amplo no futuro, existem trâmites legais, e não disponho de tempo, além de detestar esse tipo de atividade burocrática envolvendo papelada. Na minha opinião, o Fernando não deveria regressar ao Brasil enquanto seu pai estiver sumido por aí. Muito perigoso! Mas tem outra coisa, a Márcia...

— Ela não é legal?

— Legal até demais! Bonita, gentil... e está namorando o Eduardo!

— Namorando? Os dois? O Eduardo, o nosso Eduardo?

— Pois é... tipo assim, paixão doida, enlouquecida, de agarramento pelos cantos, beijos e mais beijos...

— Mas... e a Lalinha? Os dois não estavam meio envolvidos?

— Também achava, todavia o primo jamais se decidiu. A Lalinha sim gosta dele, porém o Eduardo sempre ficou em cima do muro.

— Isso vai dar uma confusão danada!

— A Lalinha jamais armaria um escândalo, amor, no entanto vai sofrer, eu sei. Rejeição dói.

— Por isso o Manolo estava com aquela cara estranha...

— Exatamente. Ele adora sua irmã, cansou de dar conselhos ao Eduardo para o indeciso assumir. Daí, de repente, surge essa moça praticamente do nada, uma brasileira fazendo uns cursos por aqui, e ele se derrete todo. Acho melhor você contar para a Lalinha.

— Eu? Melhor você! São amigas, mulheres...

— Tinha certeza de que sobraria para mim. E tem de ser logo, pois amanhã Eduardo retornará, e a coisa pode piorar. Onde ela está?

— Na cozinha. Com a Rosa...
— ... que vai ficar muda, mudinha. Afinal, quem gosta de dar esse tipo de notícia à *vítima*? Vou até lá.

Lalinha e Manolo estavam assentados à mesa enquanto Rosa passava um café. A moça relatava aos amigos o ocorrido com sua família, lágrimas deslizando pelas faces.

— Nossa mãe está internada em uma casa de saúde, e nós aqui, tão longe dela. Fico em dúvida, talvez fosse melhor ter permanecido no Rio.

— Para quê? O tratamento é longo, e existe a ameaça de seu pai. Melhor aqui, com as crianças, pois elas sentirão muita falta da mãe, e você poderá auxiliá-las.

— E a escola delas, Rosa?

— Cláudia já providenciou professores particulares; fique tranquila quanto a isso.

— Meu Deus, quanta confusão! E Joana, deu notícias?

— Deu! As autoridades estão tentando agilizar o retorno dela e do Nícolas, todavia existem algumas questões burocráticas. Javier poderá explicar melhor.

— E ele está bem, Manolo, o Javier?

— Sim... com saudades; não passa um só dia sem vir aqui. Lalinha, ele gosta muito de você.

A jovem enrubesceu, fitando o amigo com surpresa. Ele, sempre tão discreto, dizendo aquilo? Estranho...

Naquele instante, Cláudia adentrava a cozinha, perguntando:

— Sobrou café para mim?

De posse de sua xícara, conduziu a cunhada à varanda, onde desempenhou a dificílima tarefa de colocá-la a par do romance de Eduardo e Márcia. Esperava choro, mas a jovem ficou parada, pensativa, olhos no céu muito azul.

— Homem é assim mesmo, minha amiga.

— Não, você pode até não acreditar, Cláudia, mas nunca senti firmeza. Para falar a verdade, sequer existiu um relacionamento. Dentro de mim, algo me dizia o tempo todo que seu primo não me amava; apenas evitava magoar-me. Minha mãe diria que ele estava *empurrando com a barriga* a situação, até que, pronto, apareceu a pessoa certa!

— Não está brava? Eu chutaria um infeliz desses!

— Por quê? Cláudia, não podemos obrigar ninguém a nos amar.

— E vai fazer o quê?

— Continuar a vida...

— Olhe, contei para você não passar pelo vexame de dar de cara com os dois, entende? Não estou fofocando! E tem o Javier... ele é lindo! Alto, moreno, com aqueles olhos negros incríveis... uau!

Lalinha sorriu, percebendo a intenção de Cláudia.

— Melhor ficar quietinha em meu lugar, para não magoar Javier; ele não merece ser usado dessa maneira, como uma espécie de curativo para a minha dor. Agora, se não se importa, gostaria de ficar a sós.

Em seguida, saiu em disparada, rumo ao caramanchão de rosas, seu local predileto; ali poderia chorar em paz, desabafar a dor dilacerante, implorar por ajuda espiritual, pois seria muito difícil conviver com Eduardo e a namorada naquela casa. Ah, se pudesse, desapareceria no mundo! Deveria ter ficado no Rio.

De volta à cozinha, Cláudia fitou os dois amigos com tristeza. Pesarosa, Rosa murmurou:

— Como foi?

— Nada bem...

Naquele momento, Marcos adentrava, indagando:

— Afinal, onde está essa tal de Márcia?

Irritada, Cláudia informou:

— O que você acha? Com o digníssimo namorado dela, o Eduardo! Saíram para um fim de semana romântico e ainda não retornaram.

— Ele ligou; estará aqui amanhã à noite, para o estudo...
— Amém, Manolo. Achei que iria abandonar isso também!
— Não fale assim, amor, pode estar sendo injusto; a própria Lalinha acabou de afirmar que não se obriga ninguém a amar alguém.
— Fácil falar, difícil aceitar, Cláudia. Quer apostar que minha irmã vai desabar?

Mergulhada no aroma das pequeninas rosas do caramanchão, Lalinha deixou-se ficar sentada no banco. Uma dor enorme confrangia-lhe o coração, a ponto de parecer prestes a infartar. Desde o começo, algo a incomodava, sempre duvidando dos sentimentos de Eduardo. Agora, mal aparecia aquela psicóloga, ele se apaixonava perdidamente, fazendo planos, viajando, amando, enfim.

Que lhe restaria fazer? Ficar ali, aguentando firme a presença dos dois juntos, ou sumir? Talvez fosse melhor retornar ao Rio de Janeiro; pelo menos poderia ser útil ao irmão, à mãe.

Pobre Cidoca! Agora entendia a dor de sua mãe cada vez que o marido a abandonava por outra mulher. Quantas vezes isso ocorrera? Muitas! Sim, melhor voltar, acompanhar o internamento, o restante da recuperação de Fernando, pois seria extremamente desgastante assistir à felicidade daqueles dois. Não lhes desejava mal de maneira alguma, mas conviver parecia doloroso demais. Dinheiro não seria problema; Marcos recebera uma fortuna imensa, ficaria feliz em ajudá-la. Estava decidido: partiria antes do retorno de Eduardo.

Cláudia e Marcos ainda tentaram dissuadi-la, mas bateram de frente com inabalável resistência. Assim, providenciaram tudo, e Lalinha retornou ao Rio.

TENTATIVA DE FUGA DA DESILUSÃO

Ainda no hospital, Fernando mal podia acreditar: Lalinha regressara, e sozinha! Em lágrimas, a jovem aproveitou para desabafar detalhes do naufrágio das ilusões de seu primeiro amor.

— Irmãzinha, não seria melhor ter ficado lá? Talvez as coisas não sejam tão feias como imagina...

— São sim, Fernando, ele se apaixonou por outra. Imagine se a mesma coisa acontecesse com o Fábio.

— Nem pensar; não sei como me comportaria. Dá para avaliar sua dor...

— Saindo daqui, vou à clínica na qual a mãe está internada. Tem tido notícias dela?

— De que jeito? Até tentei telefonar para lá, mas não quiseram fornecer informações, principalmente quando souberam tratar-se de mim, *o filho homossexual baleado pelo pai*.

— Não fale assim, não é culpado de nada! Talvez acreditem que deva manter-se afastado para seu próprio bem; a mãe é osso duro de roer...

— Realmente, Lalinha, a ira dela surpreende qualquer um; parece brotar de dentro, incontrolável...

— ... e inexplicável, diga-se de passagem, pois voltada contra a vítima, o próprio filho! Há coisas que não conseguimos entender, meu irmão.

Na moderna clínica, as informações a respeito do estado da paciente foram desanimadoras. Cidoca permanecia na mesma, somente se aquietando sob a influência de fortes calmantes. Para alívio da jovem, *ninguém* aparecera para visitá-la. Esse *ninguém* tão temido tinha um nome: Zé Luís.

Decidida a permanecer no Rio por tempo indefinido, entre retornar ao apart-hotel e alugar um apartamento mobiliado, a moça optou pelo segundo, pois poderia cozinhar e fazer os serviços de uma casa, o que lhe preencheria o lento arrastar dos dias e a saudade dos entes queridos. Em breve Fernando deixaria o hospital e ela poderia recebê-lo ali, para o término do tratamento; depois ele seguiria para a Espanha. No entanto, uma pergunta não lhe saía da cabeça: e o pai, qual seu paradeiro?

Zé Luís ainda se encontrava no Rio, escondido na casa de um conhecido. Impossibilitado de repassar droga para viver, sentia-se acuado, pois o produto da venda da casa de Cidoca evaporara-se rápido em festas, jogo e mulheres. Ao saber do restabelecimento de Fernando, amplamente divulgado pela mídia, tomou-se de raiva, pois perdera a chance de abocanhar a pensão que iria cair nas mãos de Cidoca e, por tabela, nas suas.

A vida de foragido não era fácil; talvez melhorasse se pudesse sair do Brasil, porém jamais conseguiria tal feito com os bolsos vazios, necessitando de um bom dinheiro. Em outras palavras, de um plano bem elaborado, que lhe fornecesse isso.

Logo descobriu sobre o internamento de Cidoca na dispendiosa casa de saúde e as visitas de Lalinha ao local. Embora desempregada, a filha instalara-se em um bom apartamento, prédio elegante. Quem custearia aquele luxo todo? Bisbilhotando aqui e ali, acabou chegando à fonte do dinheiro: a fabulosa herança recebida por Marcos. Marcos estava milionário! No entanto, *aquele filho ingrato jamais ajudaria seu velho pai.* Aos poucos, um plano foi-se delineando em sua cabeça: sequestrar a filha com a ajuda de bandidos amigos, exigindo um resgate enorme, que o enriqueceria para o resto da vida. Para tanto, necessitaria da ajuda da esposa uma vez mais, enorme sacrifício para quem a desprezava! Valeria a pena, mesmo assim, pois era sua chance de nunca mais ver ninguém de sua *maldita família*!

Naquela tarde, Cidoca encontrava-se particularmente intratável: expulsara Lalinha há pouco, xingara as enfermeiras e agora permanecia imóvel, sentada na cadeira em seu quarto, recusando-se a tomar banho, a comer, para verdadeiro tormento da assistente por ela responsável.

— Dona Cidoca, vamos tomar um banho, vestir roupa limpinha...

— Vá você, você que é fidida!

— E tomar o lanche? Tem frutas, bolo, pãozinho fresco...

— Já disse que num quero! Quando eu morrê de fome, a culpa vai sê sua! Fidida, fidida, fi-di-da...

A moça saiu para o corredor, encostando-se à parede, respirando fundo para não perder a paciência. Uma das recepcionistas aproximou-se, indagando:

— Cansou, Mariana?

— E como! A dona Cidoca urinou-se toda e não quer tomar banho de jeito nenhum. E resolveu fazer greve de fome. Acredita, menina? Se não precisasse tanto deste emprego, juro que caía fora!

— Tem um homem na sala de visitas afirmando ser marido dela.

— Deve ser um tremendo tribufu!

— Nada! Um pedaço de mau caminho, moreno claro, olhos verdes, um *tipão*.

— E marido *dela*? Vamos ver como a nossa dona Cidoca reage a essa notícia...

Adentrando o quarto, Mariana falou suavemente:

— Dona Cidoca, a senhora tem visita.

— Num quero vê ninguém, devi di sê o povo da igreja, uns iscumungado que me dedaro pra poliça...

— Não, disse que se chama José Luís...

— O Zé? Ai, meu Deus! Vamo pra lá!

— A senhora pretende ir assim, *mijada*?

— A culpa é sua, cansei de pedi pra tomá banho! Este lugar é uma ispilunca! Ande, sua lesada, ande logo! Me ajude a ir para o banhero, cadê o sabonete?

— E o lanche, dona Cidoca? A senhora está desde ontem sem comer, vai acabar desmaiando de fome.

— Num tenho tempo pra lanche agora. Mas posso tomá seu lanche dispois, junto com o Zé? Tem bastante pros dois; olhe só que disparrame de comida... Ah, quero passá perfume também!

Mariana revirou os olhos, enquanto a companheira ria, cantando baixinho:

– ... é o amoooor...

Dessa maneira, Zé Luís entrou novamente na vida de Cidoca. Explicou-se, fez declarações de amor, contou uma comovente história de como se sentia em relação a Fernando e *seu vergonhoso caso com aquele rapaz*, dizendo de sua vontade de aconselhar o filho a retomar o caminho reto. Quanto aos dois, reatariam a vida de casados, a promessa de casamento na igreja continuava de pé, e todos finalmente seriam felizes... Tudo não passara de um lamentável engano; o dinheiro da casa estava guardadinho, para comprarem outra longe daquele povo intrigante e invejoso. Pobre Cidoca, desejava apenas acreditar!

Assim, dias depois, um ansioso médico aguardava por Lalinha.

– Sua mãe apresentou surpreendente melhora, senhorita, e quer sair daqui a qualquer custo; estamos tendo um trabalho daqueles para impedir suas constantes ameaças de fuga.

– Será que isso é bom, doutor? Sair daqui, em tão pouco tempo?

– Ainda não sabemos, mas ela poderá ir para casa desde que não interrompa o tratamento com nossa psicóloga e tome os remédios receitados. E faremos um rígido controle; isso é muito importante, entende?

– Entendo, doutor. E quando ela sai?

– Amanhã mesmo, dona Lalinha, amanhã mesmo. Ela ficará com a senhorita?

– Sim, doutor, aluguei um apartamento mobiliado.

Lalinha mal podia acreditar naquela súbita mudança da mãe. A agressividade sumira, estava até feliz, concordara com o médico e a psicóloga. Chegara a se despedir de Mariana, a assistente que afirmara detestar. Havia algo de muito estranho ali, podia sentir.

– Mãe, o Fernando está bem, logo terá alta.

— E ele vai pro apartamento dele?
— Não, mãe, o apartamento era alugado; foi entregue ao dono. Ele vem para cá...
— Hum...
— Hum o quê, mãe?
— Nada! Tá tudo certo! Sabe de uma coisa, filha? Tô com uma vontade danada de comê pastel de feira. Lembra daqueles que o João trazia do japoneis?
— Amanhã cedo eu busco, mãe, pego um táxi e vou até a feira, pode deixar.

No dia seguinte, muito cedinho:
— Num isqueça do meu pastel, ainda tô cum vontade... O japoneis já devi de tá fritano eles.
— Está bem, mãe, vou buscar!

Mal Lalinha entrou no táxi, Cidoca vestiu-se rapidamente, esgueirando-se pelas escadas, e saiu direto na garagem, onde aguardou a abertura do portão eletrônico para a saída de um dos carros, escapulindo agilmente para a rua, sem ninguém da portaria perceber. Na esquina havia uma lanchonete, onde Zé Luís a aguardava, escondido nos fundos.

— E daí, como foi, mulher?
— Tudo certo, fiz direitinho como você mandô. Tem uma coisinha: o Fernando sai do hospital logo, Zé, e vem para o apartamento da Lalinha.
— Achei que ia para o apartamento dele e do *talzinho*. Então o danado vem pra casa da Lalinha? Não tinha pensado nisso... O Fernando não perde por esperar, Cidoca, não pensa que esqueci da safadeza dele não!
— Num é melhor deixá pra lá, Zé? Tu já tá mais do que encrencado... Vai falá com ele com boa intenção, a coisa engrossa, tu acaba atacano o minino, num vai prestá, Zé...
— Eu é que sei, Cidoca! Sou o pai, entende? Olhe, o dono daqui é meu chapa. Qualquer novidade, deixe recado com ele.

– Posso avisá eu mesma, Zé, no seu endereço, ou a gente marca aqui.

– Não! É perigoso, alguém pode ver. E se a Lalinha descobre?

– Não entendo, Zé... O que tem a Lalinha? Ela acaba aceitano a gente junto!

– Mulher, tu precisa dar um tempo, seguir o que eu mando. A Lalinha não pode saber de nós dois agora, entendeu? Ou eu sumo no mundo, vou viver a minha vida bem longe daqui!

– Tá bão, num digo mais nada, pronto!

Alguns dias depois, Zé Luís recebia um recado de Cidoca: Fernando chegaria no outro dia, pretendendo permanecer uma semana no apartamento, seguindo depois para perto de Marcos. E tinha mais: dois seguranças viriam junto com ele, alternando os turnos de vigia.

Zé Luís espumou de raiva, mais ainda quando viu o tamanho dos dois homens. Precisava driblá-los, mas como? Os dias foram passando e novamente Cidoca deixaria na lanchonete uma informação deveras interessante: um dos seguranças se afastaria durante meia hora no dia seguinte, por motivos particulares, e Fernando decidira não ser necessário convocar outro por um período tão pequeno.

Quanta ingenuidade! Cidoca acreditava no desejo do marido de conversar com o filho, reatando os laços de afeto, longe da presença intimidadora do segurança e sem o risco de ser detido.

Na manhã do outro dia, Zé Luís espreitava da lanchonete, enquanto monologava:

– Meia hora é pouco; preciso ser rápido, muito rápido! Quando aquele idiota vai descer? Maldita Cidoca! Não serve mesmo para nada, deve ter repassado informação errada.

Por fim, o automóvel da companhia de segurança deixou a garagem, seguindo rua abaixo. Zé Luís tratou de ajeitar mais uma vez o uniforme de faxineiro com o qual se disfarçara, entrando no edifício sorrateiramente. O elevador de serviço deixou-o no andar de Lalinha, deserto àquela hora; ao acionar a campainha, a moça atendeu, dando de cara com o pai, arma na mão. Apavorada, gritou, tentando fechar a porta, porém foi empurrada com força, recebendo violenta coronhada na cabeça, caindo inconsciente.

Então, alertados pelo barulho, surgiam Fernando e Cidoca. Zé Luís partiu para cima do rapaz, ignorando o choro da esposa, que implorava pela vida do filho ao constatar a armadilha na qual caíra por crer nas boas intenções daquele homem, finalmente tomando a defesa de Fernando, protegendo-o com o próprio corpo.

Zé Luís hesitou por um segundo, o rosto contraído pelo ódio insano, fitando aquela mulher súplice. Depois, um tiro, o grito desesperado de Fernando, e Cidoca agonizante aos pés do filho, ele em vão tentando acudi-la.

– Pai, por quê? Ai, meu Deus! Mãe! Mãe!

A arma foi novamente apontada para o rapaz. Zé Luís acionou o gatilho, mas o disparo não ocorreu. Mais uma vez... Nada... Desesperado, o tempo passando, vozes nos apartamentos ao lado, Zé Luís desistiu do intento de acabar com a vida do filho, optando por tomar Lalinha desacordada nos braços, desaparecendo nas escadas, ganhando assim a garagem no subsolo, onde se apoderou de um dos carros, após tirar o dono do volante aos tapas, sumindo no trânsito do Rio.

No banco traseiro, Lalinha ainda se encontrava desfalecida, o sangue escorrendo de sua têmpora.

Na mansão em Barcelona, a notícia teve o efeito de uma bomba: Cidoca morta, e Fernando em lastimável estado emocional, lamentando a morte da mãe, que enfim decidira protegê-lo da bala que Zé Luís pretendia colocar em seu corpo para completar a malograda tentativa com a faca.

Ao celular, um nervoso Marcos tentava conversar com o irmão:

— Estamos indo para aí, Fernando, não faça nenhuma loucura. Cadê os seguranças?

— Agora os dois estão aqui.

— *Agora?* Fernando, assim não dá! Você e a Lalinha não sabem que o pai é perigoso? Não têm juízo mesmo! E a mãe, o que fazia no apartamento? Deveria estar na clínica; se estivesse, não teria morrido assim, tão bestamente!

Cláudia puxou o noivo pela camiseta... Onde já se vira falar daquele jeito, recriminar? Além de não modificar em nada o triste episódio, serviria somente para estressar ainda mais o pobre Fernando! De nada adiantou, no entanto, pois Marcos continuava, cada vez mais agitado:

— Diga para os seguranças não vacilarem, entendeu? O pai pode voltar para completar o serviço! Bala nele se preciso! E a Lalinha? Quero falar com ela. O quê? Ele levou a Lalinha? Não acredito! Mas... pra quê, Fernando? Meu Deus do céu, o pai vai matar a Lalinha!

Perdendo a paciência, Cláudia tomou das mãos do noivo o celular, afastando-o energicamente:

— Fernando, é a Cláudia. Olhe, logo estaremos aí e a gente conversa melhor. O Marcos está muito preocupado, não leve em conta o que ele está dizendo; você não tem culpa de nada, ele sabe muito bem disso. O Fábio está aqui, vai falar...

E saiu, puxando o noivo consigo e murmurando:

— Vamos, amor, vamos até a cozinha tomar uma xícara do milagroso chá de erva-cidreira da Rosa. Nervosismo agora só piora as coisas...

– Que besteira eu fiz, meu Deus! Fiquei criticando meus irmãos... São dois idiotas mesmo em confiar no pai e na mãe, mas agora não adianta alertar. Pensando bem, adianta sim, Cláudia! Quero falar novamente com o Fernando! O pai pode voltar e...

– Não vai ligar de novo. Calma! Amanhã estaremos lá e você poderá tomar as medidas necessárias.

– Cláudia, a coisa toda está bem pior do que imaginávamos; o pai levou a Lalinha!

– Tome o chá! Amanhã a gente resolve. Cadê o Manolo, Rosa?

– No escritório, reservando as passagens, e eu já arrumei as malas de vocês dois.

– A Verinha não vai conosco?

– Somente o João Paulo; a pobrezinha está apavorada, Cláudia. Escolheu permanecer aqui, com os menores. O Fábio até pretendia ir, mas acabou desistindo da ideia, graças a Deus, pois ele também está na mira do assassino. Desculpe, não devia falar assim do pai do Marcos... Ai, meu Deus! Você acha que o Fábio deveria ir?

– Não, Rosa, melhor não. As coisas estão demasiado complicadas por lá.

– Ele pode seguir viagem depois, quando prenderem o seu Zé Luís...

– Exatamente, Rosa. Para que correr um risco inútil? Acabará sendo uma preocupação a mais, entende?

Fábio chegou, aceitando uma xícara de chá, dizendo com ar desolado:

– A mídia está fazendo um alarde enorme; cercaram a entrada do prédio do Fernando, não há como sair ou entrar sem ser assediado pelos repórteres. E tem o enterro da dona Cidoca quando liberarem o corpo. Ele está muito triste com a morte da mãe, repetindo sem parar que a coitadinha sofreu a vida toda, amou *esse bandido* como louca, acabando morta pelas mãos dele!

— E a história do sumiço da Lalinha? O Fernando comentou algo a respeito?

— Por cima, Cláudia. Disse que, quando ele e a mãe chegaram à sala, a irmã estava caída perto da porta.

— Morta?

— Desacordada... ou o Zé Luís não a carregaria com ele. Gente, o Fernando considera-se culpado! Fica repetindo que a mãe deveria ter deixado o pai atirar nele, que o danado levou a Lalinha para se vingar nela do ódio por ele ser homossexual...

Indignado, Marcos intrometeu-se na conversa:

— Mas... isso é loucura! O pai apronta, mata, e o Fernando é o culpado? Só faltava essa! Amanhã tiro essas ideias bestas da cabeça dele, Fábio, pode deixar. Estou preocupado... Essa de *o seu Zé Luís* levar a Lalinha... aí tem! Vou dar uma volta; preciso de calma para enfrentar a avalanche de problemas que vêm por aí!

NO CATIVEIRO

Lalinha despertou aos poucos, a cabeça latejando, o estômago embrulhado, sentindo-se perdida no tempo e no espaço. Prestou atenção, percebendo vozes distantes, uma mulher rindo, um homem cantando, carros, tudo longínquo, como se estivesse em outro planeta. Com a mão tateou a cabeça, encontrando enorme galo e sinais de sangue coagulado. O pai, Zé Luís! Empurrara a porta com tamanho ímpeto que não tivera tempo de fechá-la. Depois, somente a sensação de estar caindo, caindo, a escuridão...

Aquele lugar... Por que estava ali? A cama de solteiro onde a haviam deitado cheirava a sujeira e suor, e ela se arrepiou de puro nojo, tentando levantar. Custosamente conseguiu chegar até a porta, mas estava trancada pelo lado de fora.

– Ei, tem alguém aí? Por favor, abra a porta!

Silêncio total.

Repetiu o chamamento mais algumas vezes, até aceitar que estava sozinha; não havia ninguém do outro lado. Uma ideia aterradora passou por sua cabeça: poderia ter sido deixada ali para morrer! Recordou os filmes de criminosos seriais da TV a cabo e se apavorou de vez, passando a esmurrar a porta desesperadamente.

Silêncio total.

As horas foram-se escoando em uma lentidão exasperadora. Pela pequenina janela rente ao forro de tábuas, percebeu que o dia fora gradativamente substituído pelas trevas da noite. O estômago roncava de fome, a boca secava cada vez mais.

– Meu Deus, vou morrer de sede e fome aqui; somente um louco faria isso comigo!

De repente ouviu passos; alguém destrancou a porta, e ela pôde sentir o tentador cheiro de cachorro-quente. Pelo menos não pereceria de fome!

Esperava deparar com um homem alto, forte e assustador, mas quem entrou foi um menino de uns dez ou onze anos, trazendo uma sacolinha plástica com o lanche e uma latinha de refrigerante. Diante da figura nada intimidadora, acreditou ser aquela a hora exata de fugir dali! Antes mesmo que desse um único passo, a arma surgiu em uma das mãos da criança, e ela sorriu ironicamente, enquanto dizia:

– Ahn, ahn... Não faça isso, moça. Sente na cama, bem devagar, ali nos pés. Quietinha, ou meto uma bala num lugar seu muito do dolorido. Aí tu num morre, mas posso garantir que permanecerá quietinha por um baita tempão... e vai dá sossego pra mim!

Lalinha ficou estupefata. Tão jovem e ameaçador daquele jeito? O garoto colocou o lanche sobre o travesseiro encardido e foi-se afastando cautelosamente, sempre voltado para ela, até sair. Ouviu então o barulho da chave girando no tambor; encontrava-se trancafiada novamente.

Na falta de algo melhor, resolveu comer, e jamais um cachorro-quente e um refrigerante gelado lhe pareceram tão saborosos. Saciadas a fome e a sede, pôde raciocinar com mais clareza, começando a aceitar o fato de que somente o pai poderia tê-la colocado ali. Mas... por quê?

À noitinha, o mesmo garoto trouxe outro lanche, desta vez um hambúrguer, acompanhado de um garrafão plástico de cinco litros com água mineral. Quando ela mencionou precisar ir ao banheiro, saiu, voltando com um balde plástico e um rolo de papel higiênico, dizendo:

– Tinha esquecido de trazer...

– Mas... não tem um banheiro aqui? Preciso fazer *nesse balde*?

– Ah, nojentinha, não é? Tem banheiro sim, mas acha que vou arriscar levando a mocinha até lá? Pode fazer aí mesmo... se quiser!

Os dias foram passando. De vez em quando seu carcereiro mirim sumia por um ou dois dias, e ela rezava implorando por seu retorno. Fome, sede e aquele cheiro nada agradável. Estas perguntas a torturavam sempre:

– Por que me trouxeram aqui? O que vão querer de mim?

Tentou fazer amizade com o garoto, falar a respeito do sequestro, porém o danadinho não queria conversa de forma alguma, nem seu nome revelava. No entanto, após quinze dias, sua presença parecia a única tábua de salvação, a certeza de não ser abandonada. Mesmo sem obter resposta, resolveu insistir:

– Meu nome é Lalinha... e o seu?

— Sabe a razão de me terem trazido aqui?

— Você é uma criança ainda... Quem está por trás de tudo isso?

— Quando alguém adulto virá falar comigo?

— Posso tomar um banho, usar o sanitário? Não aguento mais esse balde nojento! Por favor, por favor, prometo não tentar nadinha de nada, acredite...

Finalmente, em uma manhã, o garoto entrou, trazendo uma corda e ordenando que a atasse à cintura:

— Tu vai tomar um banho, está precisada mesmo. Credo! Vê esta corda? Vou amarrar na sua cintura. Não adianta dar uma de engraçadinha; é bom lembrar que tenho uma ponta dela numa de minhas mãos e, na outra, uma arma prontinha para disparar um belo de um tiro, certeiro, certeiro... Ah, tenho dez anos somente, mas um século de malandragem, moça!

Lalinha compreendeu. Assim, tudo transcorreu em relativa paz, exceto o fato de ter de enfrentar a cara risonha do garoto espionando-a. Que fazer?

Como se lesse seus pensamentos, da porta ele disse:

— Tem nada não, moça, pode tomar banho em paz, ou tu acha que é a primeira prisioneira que toma banho aqui? O chefão me encarrega disso justamente porque dou conta do serviço e não me meto a besta. Por isso trate de acalmar seus faniquitos... e ande logo com esse banho!

A partir daquele dia, a tal corda entrou em ação, e ela pôde ir ao cubículo para suas necessidades e banho de chuveiro. O garoto parecia mais à vontade, como se percebesse suas intenções de não arrumar encrenca.

Naquela manhã, ele entrou trazendo um copo de café com leite e um pão.

— Tome! Esquentei o leite e passei manteiga no pão; hoje estou de bom humor. Serginho...

— Ahn...?

— Serginho, este é meu nome de guerra; o verdadeiro é tão ridículo que não conto pra ninguém! Fico pensando como um pai coloca um nome igual ao meu numa criancinha indefesa, um bebê!

Dali em diante, Lalinha conseguiu algumas palavras da parte dele, porém, quando o assunto seguia para o lado de sua estadia naquele lugar, nada, mutismo total.

— Faz um mês que a moça está neste buraco... Pra comemorar, resolvi descolar uma quentinha *muito da maneira* no jantar; tem até macarrão com frango, uma delícia! E trouxe...

O coração de Lalinha encheu-se de compaixão por aquela criatura tão nova e já envolvida nos meandros do crime.

— Olhe, Serginho, sei que não pode dizer nada, mas vai demorar muito para me soltarem?

O menino sorriu, respondendo:

— Só quando as coisas derem uma acalmada legal...

— O que tem de acalmar?

— Tá querendo saber demais!

O menino acertara em cheio. Depois do assassinato de Cidoca, a polícia compreendera o perigo representado pelo instável Zé Luís, e o cerco apertara a ponto de forçar sua evasão do Rio. O tal cara da lanchonete concordara em lhe arrumar uma grana para a fuga, bem como em esconder Lalinha até conseguirem solicitar o tal resgate milionário. Serginho era seu filho, não havia chefe algum, tudo invenção do garoto, fã incondicional de filmes com gângster. No entanto, a arma com a qual o menino ameaçava a moça continha balas de verdade, sendo justamente a usada por Zé Luís para matar Cidoca.

Aquele mês com Lalinha desaparecida constituiu verdadeira tortura para sua família. Com o passar dos dias, a polícia precisou acudir casos mais recentes e tudo foi esfriando; a mídia perdeu o interesse pela notícia ultrapassada, a rua esvaziou-se de curiosos, Cidoca jazia em anônimo túmulo...

E Lalinha? Ironicamente, Lalinha estava a poucos metros de seu apartamento, em um isolado quartinho nos fundos da lanchonete, habitualmente utilizado para recolher desafetos de traficantes, em geral usuários e vendedores caloteiros. Quem teria a ideia de procurá-la ali? Ninguém, pois somente a morta sabia do envolvimento de Zé Luís com o dono do lugar. Assim, as batidas no morro, possível local de esconderijo segundo a polícia, foram inúteis.

E Zé Luís? No Paraguai, aguardando a poeira baixar.

E Serginho? Somente um garoto cheio de imaginação, filho de um homem ameaçador, desde cedo instruído para seguir os passos do pai na malandragem e na violência. Ainda bem que Lalinha acreditara em suas palavras, pois atirava muito bem!

Pouco a pouco, esqueciam-se todos de Lalinha, a não ser sua família.

Amanhecera chovendo a cântaros. Cláudia não conseguia aceitar o desaparecimento da amiga e cunhada... Nenhuma notícia? Estavam deixando algo importante para trás, só podia ser!

— Marcos, amor, o detetive trouxe alguma novidade a respeito do paradeiro de seu pai?

— Nada, nadinha; é como se houvesse desintegrado! Sabe o que o investigador começou a cogitar? Que a Lalinha foi vendida para algum traficante sexual pelo pai, e ele fugiu para fora do país com o dinheiro.

— Será?

— Quando contei sobre nosso envolvimento com o tráfico sexual em Barcelona, como auxiliamos a desbaratar a quadrilha, ficou mais convencido ainda, acreditando ser caso de vingança! Teriam entrado em contato com o pai, oferecido uma quantia legal, e o miserável terminou aceitando...

— Nem pensar! Essa história de tráfico sexual de novo, não! Seu pai é canalha, amor, mas jamais a ponto de vender a própria filha.

– Acha isso mesmo? Ele matou, não matou? Por que não faria isso também?

– Reflita um pouquinho, Marcos. Pelo que me disse, ele sempre foi muito severo em questões ligadas à sexualidade, não é? Controlava sua mãe, os filhos homens e as mulheres. E esfaqueou o Fernando por não aceitar seu lado homossexual. Percebe? Sexo constitui algo repleto de tabus e restrições para ele... É malandro, não trabalha, é um *assassino*, mas jamais aceitaria uma filha prostituta!

– Tem razão... No caso de Joana, ao saber da possibilidade de tráfico sexual relatada pela polícia, endoidou, culpando a mãe pelo ocorrido, dizendo taxativamente: *Se isso de tráfico sexual for verdade, ela não é mais minha filha! Eu não tenho filha prostituta!*

– *Viu*? Esse tal detetive está pensando abobrinha, amor!

– Então, onde ela foi parar, meu Deus?

– Talvez seu pai esteja somente dando um tempo para dar notícias, aguardando a coisa toda esfriar. A morte da dona Cidoca mobilizou a polícia, o sumiço da Lalinha também. Precisamos ficar calmos, não adianta desesperar; na hora certa a verdade surgirá, e tenho cá para mim que nossa Lalinha está com saúde e bem.

Dois meses depois, o telefone tocou e uma voz desconhecida falou do lado de lá:

– Cinco milhões! É o valor do resgate exigido em troca da libertação da garota! Cinco milhões, e não adianta chorar miséria, porque estamos por dentro da história da herança da tal espanhola. Muito menos chamar os homens; se fizerem isso, ela pode sofrer um acidente fatal.

Pronto! Finalmente Zé Luís regressara ao Rio, e ele e seu cúmplice davam prosseguimento ao plano. Cinco milhões! Muito dinheiro: dois milhões e meio para cada um.

Marcos não conseguia acreditar! O pai se superara, tendo a coragem de sequestrar a própria filha para extorquir dinheiro do outro filho! Depois, no fundo do coração, sentiu um alívio imenso, pois a irmã provavelmente estava bem e seria libertada quando entregasse o dinheiro.

— Marcos, não acredito! Vai ceder a essa chantagem de seu pai? Entregar de bandeja essa grana toda a um bandido que tentou assassinar o Fernando e matou sua mãe? Vamos falar com a polícia, amor! Escondido!

— É mesmo, Cláudia? E quem me garante que o pai não vai ficar sabendo? Soube do Fernando aqui, não soube? Quem contou a ele? A dona Cidoca? Nunca descobriremos como conseguiu essa informação; pode muito bem ter cúmplices, estar vigiando nosso apartamento... A coisa toda é de uma seriedade assustadora, por isso tratei de enviar o Fernando e o João Paulo, logo após o enterro da mãe, para Barcelona. Não podia arriscar; quem tenta duas vezes matar um filho pode tentar três!

— *Bonito*, e ficamos nós dois na mira!

— Você se recusou a ir, bem que insisti...

— Ninguém me afasta de perto de você, Marquinhos. Ai, meu Deus, tem toda razão; mas é muito dinheiro para entregar àquele miserável! E será seu pai mesmo por trás disso? Como pode ter tanta certeza? Afinal, a voz ao telefone não era a dele...

— Coloco a minha mão no fogo, Cláudia. Quando entrarem novamente em contato, vou confirmar direitinho; sei muito bem como proceder, o pai não vai me confundir, não vai mesmo!

Marcos acertara em cheio. *Serginho* realmente vigiava o edifício onde residiam, não levantando suspeita alguma, pois seu pai era o proprietário da lanchonete na esquina! Assim, se a polícia ou qualquer outra pessoa fosse envolvida, decerto veria o movimento, alertando os criminosos.

Quando novamente ligaram para passar as diretrizes da entrega do resgate, Marcos foi taxativo:

— Quero falar com Zé Luís, o meu pai! Sem isso, nada feito. Pretendo pagar o resgate, mas antes necessito acertar alguns pontos pendentes, nada difícil de cumprir, pode acreditar.

Assim, Zé Luís realizou o próximo telefonema. Nada receava, pois conhecia o caráter do filho.

— Pai, a Lalinha está bem?

— Muito bem.

— Vou pagar o resgate, mas o senhor precisa prometer duas coisas: deixar nossa família em paz e desaparecer do Brasil para sempre.

— Você deve estar preocupado com o Fernando e o *gayzinho* companheiro dele. Certo, se desejam continuar na pouca-vergonha, problema deles; lavo minhas mãos de pai. E, quanto a ir embora, pode contar com isso. Afinal, com essa dinheirama toda, quem quer viver nesse *país mixuruca?* Vou pra Europa ou pra Nova Iorque, talvez pra uma daquelas ilhas onde os bacanas se escondem depois de roubar uma fortuna.

— O senhor não se arrepende, pai? Matou a mãe, quer matar o Fernando...

— Me arrepender de quê? Você sim deveria ter vergonha de viver na riqueza e deixar seu pobre pai passando dificuldade! Agora chega de conversa besta; vou passar as coordenadas da entrega. Em dinheiro vivo, entendeu? E nada de truques, pois meu colega pode muito bem eliminar sua irmã!

— Onde vai deixar a Lalinha?

— Não se preocupe; ela voltará direitinho para casa, como esses cães vira-latas, que sempre dão um jeito de achar o caminho...

Cláudia indignava-se:

— É muito dinheiro; ele não merece essa grana toda, amor, chega a ser uma blasfêmia!

– É só dinheiro; ainda tenho bastante, graças a Deus. E, mesmo que nada restasse, entregaria tudo, pois a vida da Lalinha vale muito mais. Dinheiro, Cláudia, a gente trabalha e ganha... A vida, no entanto, ninguém consegue recuperar depois de perdida. Está decidido!

Dessa maneira, Marcos ficou cinco milhões menos rico, e Zé Luís enriqueceu cinco milhões de uma hora para outra. Pelo menos, assim Marcos e Cláudia acreditavam, pois a vítima do sequestro preferiu calar, nada revelando a respeito do cúmplice e seu filho.

Dias depois de seu retorno, no calor da tarde do Rio, Lalinha permanecia deitada no sofá, a televisão ligada e ela distante, absorta em pensamentos. Depois do pagamento do resgate, o pai a deixara em uma praça deserta no final da madrugada. Não conseguia entender a frieza daquele homem; nenhuma palavra de consolo ou desculpa, simplesmente tirara a venda e as amarras de suas mãos, dizendo:

– Volte para casa.

A lembrança de Serginho veio forte, acompanhada de imensa compaixão por aquele menino que crescia em meio ao crime. Qual seria seu futuro?

Na última noite de cativeiro, quando ele adentrou o quartinho, logo percebeu algo diferente. Sério, comunicou:

– Tu vai ser solta amanhã bem cedinho, Lalinha.

Surpreso com seu silêncio, indagou:

– Por que essa cara? Deveria estar feliz, isso aqui num é hotel cinco-estrelas, garota! Qual é?

– Não é mesmo, Serginho, mas você é cinco-estrelas.

– Desde quando se viu *projeto de bandido* ser considerado com essas estrelas todas? Tá doida?

– Você não é bandido, Serginho. Olhe, diga uma coisa: pagaram o resgate?

– Pagaram sim, uma bolada, muito dinheiro mesmo!

— Algo me diz que você também vai ficar legal financeiramente. Não vou fazer nenhuma pergunta, somente dar um conselho, escute bem: estude, Serginho, e saia dessa vida; você é um menino inteligente, de bons sentimentos. Veja só como me tratou, até ficamos amigos.

— Vamos fugir, eu e o pai; a polícia virá atrás de nós. O bicho vai pegar!

— Não acredito nisso. O resgate certamente será pago pelo Marcos, meu irmão, e ele acabará deixando a justiça nas mãos de Deus. Seu pai deve ter ajudado o meu nessa história, e isso me preocupa, Serginho. Todo mundo que consegue uma bolada dessas sem trabalho honesto sai por aí gastando o dinheiro a torto e a direito...

— Não, o pai jurou que vai abrir um quiosque enorme numa praia bem linda do Nordeste, arrumar alguns empregados e passar os dias olhando as mulheres bonitas de biquíni e dando ordens. Esse é o sonho dele há muito tempo!

— Menos mal! Convença seu pai, volte para a escola...

— Vou pensar. Coma seu lanche, caprichei. Adeus e desculpe alguma coisa, Lalinha.

A porta fechou-se suavemente, e o menino desapareceu de sua vida.

Não se enganara; Marcos realmente decidira encerrar definitivamente o capítulo Zé Luís. Nada poderia trazer a mãe de volta, o pagamento do resgate bem pouco representava diante da enormidade da vida, e, se o dinheiro valia tanto para o pai, que ele o aproveitasse bem.

Seus pensamentos foram interrompidos pela entrada de Marquinhos e Cláudia:

— Precisamos retornar a Barcelona. Segue conosco, não é?

— Pensei bem e resolvi acompanhá-los; não me resta nada a fazer aqui. Resolvo hoje mesmo as pendências relativas ao apartamento e partimos. Podem acertar tudo!

Assim que Marcos saiu da sala, Cláudia acomodou-se no sofá, ao lado da futura cunhada, falando baixinho:

— Não quero meter o nariz em sua vida, Lalinha, mas estou preocupada. Veio ao Rio para fugir daquele namoro infeliz do primo com a tal psicóloga, agora resolveu voltar...

— Cláudia, minha família está todinha lá, sem falar que não consigo sobreviver financeiramente aqui, não por enquanto.

— O Marquinhos jamais deixaria faltar algo a você, menina!

— Eu me sinto mal diante dessa situação, Cláudia. E ainda estou muito abalada com a morte da mãe, o sequestro armado pelo pai, entende? Preciso ficar perto das pessoas amadas! Quanto ao Eduardo, não sei, rezo para o namoro daqueles dois ser uma simples atração passageira; continuo torcendo para darmos certo, vejo-me casando com ele, tendo filhos... Espere aí! Que cara é essa? Sabe de alguma coisa e não me contou?

— Não, Lalinha, ninguém disse nada, fique calma. Falei a respeito disso por falar! Ah, vou fazer um suco de laranja; quer também? A Rosa faz uma falta danada; se estivesse aqui traria um lanchinho da hora, um suquinho...

Lalinha sorriu com tristeza. Precisava sair daquela leseira, pelo menos para cozinhar, pois a comida de Cláudia, apesar de sua boa vontade, era intragável. A do Marcos resumia-se a lanches e mais lanches... Meu Deus, quando aquela angústia teria fim?

Recordou-se do pai. Qual seria seu paradeiro? Zé Luís tivera o cuidado de vendá-la, deixando-a em uma praça distante do Rio no amanhecer do dia seguinte ao pagamento do resgate, tudo para evitar suspeitas, e desaparecera no mundo.

Ah, se a moça soubesse da história toda! A lanchonete da esquina cerrara suas portas, seu dono e o filho deixaram a cidade, rumo ao Nordeste. Quanto a Zé Luís, impossibilitado de seguir pelas companhias de aviação devido a seu passado notoriamente criminoso, temendo ser preso de uma hora para outra, ainda por cima carregando uma maleta com aquele dinheiro, optou por países da América do Sul mesmo, neles ingressando por rotas escusas.

Na cozinha, Marcos, aproveitando o barulho do espremedor de laranjas, cochichava para a noiva:

— E daí, falou com ela?

— Não tive coragem, amor. E também fiquei com medo de que empacasse, recusando-se a ir conosco.

— Tem razão. Mas ela está mais conformada?

— Nadinha! Veio com um papo de atração passageira, de sonhar em casar com o primo, ter filhos...

— Ih, isso vai azedar, Claudinha!

— Pode ser, amor, mas vamos esperar para ver como fica; não adianta precipitar as coisas, não acha?

— Acho! Leve o suco para ela e o sanduíche... Aproveite e leve o seu também, antes que esfrie! Vou fazer o meu...

UMA PAIXÃO MAL RESOLVIDA DO PASSADO

Paula não se conformava! Estavam os três no píer da mansão em Barcelona, local predileto da mocinha quando algo a incomodava. Lucien e Adriano assistiam ao seu rompante pacientemente, pois haviam aprendido que deveriam deixá-la esvaziar a indignação toda antes de maiores explicações.

– Gente, como pode? Tentou matar o filho duas vezes... Não, três, quatro, não sei quantas mais, se contarmos as falhas *milagrosas* daquela arma! Assassinou a dona Cidoca, *que não era flor que se cheire*, é bem verdade, contudo isso não se faz! Ameaçou o Fábio, sequestrou a própria filha, deixando a coitadinha durante um tempão presa naquele cubículo, despreocupado de sua segurança. Já pensou se o cúmplice resolvesse fazer algum mal a ela? E depois fica rico, milionário, aproveitando a vida, feliz como ele só? – e a mocinha foi relacionando as peripécias de Zé Luís envolvendo jogo, mulheres, bebida, drogas... e nada de trabalho, *só felicidade*!

Os dois instrutores espirituais aguardaram o cessar da avalanche de considerações. Então, Lucien indagou com inocente semblante:

– E *a quem* você atribui *tamanha injustiça*? A seu ver, quem seria o culpado, Paulinha?

– Ora, quem? *Quem?*

Os dois rapazes sorriram:

– Pode falar, Paulinha. Por acaso, a resposta seria *Deus* ?

A mocinha embatucou.

– Quando ocorre algo semelhante ao relatado há pouco, as pessoas até duvidam de Deus, pois a injustiça parece tão grande e visível que é impossível não procurarmos um responsável: *como Deus permite que isso aconteça?* Conforme você está fazendo... No entanto, ao nos conceder o livre-arbítrio, o Criador permitiu que agíssemos de acordo com nossas escolhas, porém respondemos *sempre* pelas consequências delas advindas. Os aparentemente injustiçados somente estão colhendo os resultados de suas ações repletas de desacertos realizadas em existências pretéritas! Quanto aos que continuam semeando sofrimento, despreocupados com a dor do próximo, esses um dia igualmente colherão os frutos de seu egoísmo. Nossa limitada visão permite enxergar apenas o presente, todavia também existem o passado e o futuro, obrigatoriamente interligados. Concluindo: Cidoca, Lalinha e Fernando estão em plena colheita, enquanto Zé Luís ainda permanece semeando; a colheita virá um dia...

– Meu Deus, fico me perguntando quando aprenderei a manter minha boca fechada, em vez de ficar deitando falatório inútil, repleto de besteiras.

Adriano interrompeu a queixa:

— Paula, calar simplesmente não resolve, precisamos aprender a raciocinar.

A jovem desatou a rir.

— Lá em Minas, minha avó costumava dizer que eu vivia *dando bom-dia a cavalo*!

Restou ao sorridente Adriano concordar:

— É bem assim, menina!

— Olhe, gente, por enquanto resolvi deixar para lá essa história de Zé Luís e suas falcatruas e crimes. Tem outra coisa me preocupando: a Lalinha. Acham que ela está legal? Se está, logo a coisa vai desandar...

— Sabe de algo?

— Ah, vocês dois vivem no mundo da lua! O Eduardo casou! *Ca-sou!* Não avisou ninguém, simplesmente *casou*, assim do nada, com a tal Márcia. Estou começando a sentir uma *baita raiva* dela!

— Paula!

— Qual é, Adriano? Gosto mesmo é da Lalinha, *adoro* aquela garota. E essa intrometida da Márcia meteu-se no meio do romance dela e do Eduardo; *roubou* o namorado da menina, acreditam? Por que me olham assim, não se pode ser sincera?

— Está novamente analisando somente o agora. Não sei se percebeu, mas o Eduardo nunca conseguiu se envolver completamente com a Lalinha.

— *Mentira sua, Adriano*, eles até se beijaram! E o ciúme dele quando percebeu o interesse daquele gato do Javier por ela? Hein, hein?

— Nunca se decidiu, apesar de considerá-la atraente, linda, sincera, honesta, muito querida. Contudo, não seguia adiante com o relacionamento, como se estivesse esperando por algo mais... ou por alguém!

— Ele ficava em cima do muro, isso sim.

— Em cima do muro justamente por não considerar seus sentimentos suficientes para assumir uma relação tão séria quanto um casamento, percebe?

— A Lalinha não devia ter saído de Barcelona, Adriano; precisava sim desbancar aquela metida da Márcia, até dando uns sopapos nela, se preciso! Agora, o Eduardo já cometeu a burrada. Não entendo essa pressa toda em se casar. Não entendo *mesmo*!

Lucien resolveu entrar na conversa:

— Aí deparamos com outra questão. Lembra quando lhe contei aquela história a respeito do pai dele?[1]

— Mais ou menos. Em uma existência passada, o pai o obrigou a desposar uma jovem que não amava, por dinheiro, poder ou sei lá o quê, e ele foi muito infeliz... Traumatizou-se!

Lucien sorriu.

— Nosso Eduardo de outrora, antes de se unir à indesejada jovem, estava perdidamente apaixonado por outra. Revelou isso ao pai, suplicando permissão para casar com sua eleita, todavia seu pedido foi rechaçado com veemência, pois a família da moça, embora tradicional, perdera praticamente tudo, enfrentando sérias dificuldades financeiras.

— Você não disse nada sobre isso antes.

— Porque não tive autorização para tanto, Paula.

— Sabia disso, Adriano? Sabia sim, só eu estava por fora. Por favor, Lucien, trate de desembuchar a história inteira de uma vez!

— Não há muito a acrescentar, além do fato de aquele moço jamais haver tocado na esposa imposta pelo pai.

— Está brincando? Nadinha? *Nem um dedinho sequer?*

— Viviam como dois irmãos, afastados um do outro, porém mantendo as aparências, um abismo de indiferença e ressentimento separando-os. Finalmente, após algum tempo, a esposa rejeitada procurou o pai e o sogro, relatando a estranha

---
[1] Maffei, *Joana*, obra já citada.

e vexatória situação daquele casamento. Imaginem o inferno enfrentado pelo rapaz, sua virilidade contestada, pois amor e sexo nada tinham a ver um com o outro naquela cultura, na qual se admitiam inclusive muitas esposas e concubinas.

– Não era necessário amar para fazer sexo!

– Exatamente. Então, se o moço *não funcionava* com a esposa, havia algo muito errado com sua virilidade. Inadmissível, vergonhoso! Igualaram-no a um pária, submetendo-o às maiores humilhações no ambiente familiar, embora continuassem a esconder tudo do mundo.

– Que horror!

– Verdadeira tortura, levada ao extremo quando seu pai enviuvou e decidiu unir-se a belíssima moça, muito mais jovem, cuja família havia perdido a fortuna.

– Nem precisa continuar, Lucien; era a jovem amada pelo filho! Tremenda sacanagem! E ela aceitou?

– Foi obrigada pelo pai; era assim naqueles tempos. O pai mandava, o filho obedecia! O esposo levou-a para sua casa, onde residia na companhia do filho e da mulher por ele rejeitada.

– Que situação mais sinistra! Aposto que ela também não quis saber de transar com o marido...

– Imagine se houve escolha, Paula. Foi literalmente forçada a isso, teve filhos com ele...

– Pobre Eduardo!

– E pobre Márcia, Paula, pois essa jovem daquele tempo é a Márcia de hoje. Eles se reencontraram, e a atração foi imediata. Agora nada os impedia de reatar os laços do passado, vivenciando o romance antes proibido. O que acha disso, minha amiga?

Paula quedou-se muda. Depois, murmurou:

– Preciso perder essa mania de julgar... Fui tremendamente injusta, Lucien, mas estava com tanto dó da Lalinha, entende?

— Claro. Quando sabemos de um episódio como o de Eduardo, Lalinha e Márcia, geralmente escolhemos um lado para apoiar. No entanto, se quisermos ser justos, precisamos analisar o todo. No passado, Eduardo e Márcia foram forçados a desposar pessoas não amadas porque era o costume daquela cultura, a maioria dos casamentos sendo realizada à revelia dos anseios dos nubentes, que acabavam aceitando e convivendo, alguns até se enamorando de seus parceiros. Porém, quando já se haviam apaixonado por outras pessoas antes do casamento, tudo ficava muito complicado mesmo. Agora, Paula, resta expulsar de seu coraçãozinho essa implicância toda contra aquele que foi o pai de Eduardo no pretérito.

— Nem pensar, Lucien! Adriano, escutou *essa* do Lucien?

Os instrutores entreolharam-se. Depois, Adriano disse:

— Pensei que *adorasse* a Lalinha...

Paula ficou olhando para os dois, recusando-se a acreditar.

— Não pode ser, meninos; a Lalinha é um doce... e aquele pai praticamente destruiu a vida do filho. Era prepotente, orgulhoso, manipulador, maldoso, tudo de ruim! *Casca de ferida*, isso sim!

— *Paula, Paula...*

— Parem! A informação recebida só pode estar errada, ou vocês não entenderam direito. Sem falar que sabemos de uma das reencarnações anteriores da Lalinha, e ela já era meiga, solidária...

— Quer dar um tempo e nos escutar? Envergando a vestimenta carnal de mulher por muitas reencarnações, nossa amiga conquistou algumas nobres qualidades inerentes à estrutura psicológica feminina, isso não se discute, Paula. Durante séculos foi esposa e mãe, exercitando submissão e renúncia, pressionada pelos impositivos daqueles tempos, quando as mulheres não tinham voz ativa, somente acatando ordens e diretrizes masculinas. No entanto, ao se ver em experiência no corpo masculino, deparou com algo inédito: o enorme poder conferido naquela cultura aos homens, acompanhado de uma série de variantes, incluindo riqueza e domínio sobre os filhos. Infelizmente, não soube agir de maneira equilibrada, deixando-se dominar por convenções sociais, orgulho e vaidade, a ponto de anestesiar seu discernimento sobre o certo e o errado, o bem e o mal.

Falando assim, parece terrível, porém isso se verifica com frequência entre os encarnados no planeta Terra. Precisamos ter em mente que a reencarnação somente ocorre em função das necessidades evolutivas; os planos reencarnatórios priorizam situações visando ao aperfeiçoamento do ser. Assim, ninguém renasce em função de suas conquistas espirituais, mas daquilo que ainda precisa conquistar para sua evolução. Lalinha foi com certeza um pai autoritário e insensível no passado, a verdade é essa, o que não depõe contra ela na atual existência, somente evidenciando a grande mudança efetuada em seus sentimentos desde aquela época. As pessoas mudam, evoluem. Melhor seria se disséssemos que os Espíritos evoluem, não acha?

— Gente, a Lalinha vai sofrer tanto com o casamento do Eduardo; tremenda desilusão! Sabe qual é o meu medo? Que ela resolva ficar longe de Barcelona por não conseguir conviver com o casal. Já pensaram nisso?

— Tanto que combinamos uma reuniãozinha hoje à noite com a Lalinha, a Joana, nós...

— Vão falar a respeito do casamento?

— Sim, e também sobre aquela existência na qual Eduardo reencarnou como seu filho, pois assim poderá entender e aceitar os eventos atuais, deixando para lá essa história de fugir, como fez anteriormente. Naquela ocasião, sua presença talvez fosse necessária no Rio para evitar uma desgraça maior, por isso não interviemos, mas agora nada justifica sua ausência.

— Deixem-me ver se entendi... Sabiam das intenções assassinas do Zé Luís?

— Sim, ele jamais fez segredo quanto a desejar eliminar Fernando. No entanto, poderia mudar de ideia; lembre-se do livre-arbítrio. A presença de Lalinha desviou o foco da pessoa do rapaz, a partir do momento em que conseguir o dinheiro do resgate suplantou a importância de eliminar o filho.

— Mas... e quanto a dona Cidoca?

— Infelizmente, a raiva guardada no âmago de seu ser, realimentada por uma existência distante de nobres valores, levou Zé Luís a acionar aquele gatilho. Por um breve instante, pensou em desistir de atirar contra a mãe de seus filhos, tomando a filha nos braços e saindo dali sem derramar sangue algum, mas não conseguiu.

— Se pudesse, teria matado Fernando, Lucien?

— Teria! Transferiu para o filho homossexual a raiva guardada contra o estancieiro que dele abusava, tudo de uma maneira inconsciente.

No apartamento do Rio, Lalinha olhou as malas dispostas no corredor, prontas para serem levadas ao aeroporto na manhã seguinte, quando partiriam para Barcelona. Sentiu o peito apertado, uma angústia sem fim tirando-lhe o fôlego. Caminhou até a cozinha, respirando fundo e sentindo o coração bater muito forte e rápido. Tratou de aquecer um copo de leite adoçado com mel. Às vezes, a mãe costumava fazer aquilo, sentando-se no banquinho ao lado da mesa de refeições do barraco, sorvendo-o aos poucos, quase sempre chorando a ausência do marido ou esperando a dor de seus tapas passar.

Pobrezinha, raramente tinham aqueles ingredientes ou o dinheiro para ir até a vendinha, pois o pai se apoderava de cada moeda!

A moça engoliu o leite de uma vez só, controlando as lágrimas. Melhor dormir, pois precisavam estar cedo no aeroporto. A costumeira oração do Pai-Nosso mal chegou ao fim, e ela se viu em uma sala aconchegante, com flores na mesa e algumas pessoas, entre elas, a irmã Joana.

— Joana!

— Lalinha! Um abraço, minha irmãzinha. Quanta saudade! Venha. Recorda-se da Paula, do Adriano, do Lucien?

— Claro, já nos encontramos antes.[2] Estamos no mundo espiritual, não é?

— Exatamente. Queremos conversar com você... sobre o Eduardo.

— Ai, Joana, o Eduardo não me ama! Está com uma moça, a psicóloga contratada por ele. Acredita nisso? Quando soube, fiquei desesperada, tratando de vir para o Rio, pois não conseguia encarar os dois namorando, entende? Não posso, no entanto, esconder-me para sempre; amanhã retorno a Barcelona.

Lucien adiantou-se, segurando as mãos da moça e dizendo:

— Lalinha, você aprendeu sobre as muitas reencarnações e o esquecimento quando ocorre o reencarne.

— Sim, aprendemos com o Eduardo.

— Esse esquecimento existe para proteger o Espírito reencarnante de lembranças desagradáveis das existências anteriores, que somente dificultariam uma nova experiência no corpo físico. Você está retornando...

— ... e espero que aquele namoro esteja terminado, embora tenha muito medo do contrário! Se isso não ocorrer, pego minhas coisas e volto definitivamente para o Rio.

— Toda a nossa família está em Barcelona, irmãzinha.

---
2 Maffei, *Joana*, obra já citada.

— Não importa; eu me viro, arrumo um emprego, dou um jeito...

Lucien continuou:

— Justamente por saber de suas intenções, convocamos esta reuniãozinha. Fomos autorizados a revelar os motivos de seu relacionamento com o Eduardo não ter dado certo. Para tanto, precisamos acessar parte de uma existência passada de vocês. Venha, sente-se aqui neste sofá e relaxe.

Imensa tela abriu-se na parede diante de Lalinha, permitindo a visualização da história ocorrida há séculos. Quando tudo terminou, a mocinha chorava, compreendendo seu papel nela, na pele do pai intransigente e egoísta.

— Lalinha...

— Não precisam dizer nada, está tudo certo, de acordo com a perfeita justiça divina. Agora chego a sentir um imenso alívio ao ver que os dois se encontraram finalmente; jamais constituirei empecilho ao relacionamento deles, sequer dando motivo para um mínimo constrangimento. Meu amor por Eduardo não vai sumir de uma hora para outra, porém saberei aceitar sua escolha.

— Eles se casaram, Lalinha, e não sabem como contar, receando magoar você e os que a amam; *tomar as dores*, entende?

— Claro, Paula. Tenho somente uma preocupação: quando despertar, vou me lembrar de tudo? Se isso não ocorrer, pode ser que meu amor por ele fale mais alto e decida lutar por sua afeição, ou fugir para bem longe, não sei...

— Não, Lalinha, não vai lembrar com nitidez; no entanto, como seus sentimentos e emoções relacionados ao casal estarão devidamente equacionados depois deste nosso encontro, acabará considerando-os amigos.

— E tem outro ponto importante, minha irmã: não vale a pena abandonar o programado para sua atual reencarnação por conta de um afeto mal resolvido. Abandonar tudo? Insensatez! Além disso, quando amamos verdadeiramente, desejamos o melhor para o outro, ainda que não fique conosco. Importamo-nos com o bem-estar da pessoa amada, com sua felicidade.

Paula se intrometeu:

— Ah, Joana, falar é fácil! *Na minha opinião*, passado é passado, o que vale é o presente; se ela resolver lutar pelo amor do Eduardo, a gente tem de entender... e apoiar!

Adriano interferiu:

— Paula! Olhe só o que está falando, menina! Pare e pense: quantas reencarnações você acha que a Lalinha já teve?

— Não sei...

— Muitas e muitas, pode crer. Em cada uma teve amores, e não foram os mesmos; Eduardo nem sempre esteve na posição de seu parceiro afetivo. E aí, como sairá dessa, *dona sabichona?*

— Hum...

— Ainda alimentamos uma visão muito restrita a respeito do amor. A maior parte das pessoas ignora que ele resulta de um longo processo envolvendo a convivência de almas em múltiplas reencarnações, com consequente surgimento de profundos laços. No atual estágio evolutivo dos encarnados no planeta Terra, ainda distantes da incondicionalidade afetiva, esse amor expressa-se por meio de variados papéis: pai, mãe, filho, irmão, amigo, amante, cônjuge. Nesse longo trajeto, existe enorme probabilidade de desacertos, decorrentes da imperfeição espiritual dos envolvidos, exigindo a retomada da experiência fracassada, consistindo no denominado resgate.

— E tome sofrimento!

— Em um primeiro instante, até pode ser; não obrigatoriamente, porém, pois vai depender da evolução de cada um. Com a permissão da Lalinha, tomemos seu caso como exemplo.

Nesta reencarnação, Eduardo e Márcia estavam destinados ao reencontro, pois a situação dos dois continuava pendente, constituindo um entrave. A maneira como escolheram lidar com isso resulta do exercício do livre-arbítrio de ambos, e optaram por viver a paixão impossível de outrora no papel de marido e mulher. Nossa amiga está sofrendo a perda desde que soube do envolvimento dos dois, porém caberá a ela aplicar toda a sua vontade no sentido de sair dessa situação e seguir adiante. Sem dúvida, no momento certo encontrará alguém. Agora, se ficar pensando igualzinho a você, poderá causar estragos na própria existência, interferindo também no relacionamento do casal.

Lucien completou:

— Se acalentar revolta, acabará amarga, infeliz!

— Por favor, gente, não está mais aqui quem falou aquela besteira. Lalinha, esqueça!

A moça começou a rir; somente aqueles três poderiam conseguir isso. Depois, sua fisionomia cobriu-se de tristeza, e ela mudou o rumo da conversa, indagando:

— E a mãe?

Os dois jovens instrutores entreolharam-se. Lucien explicou:

— Poderia estar bem melhor se permitisse que a auxiliássemos.

— Como assim?

— A dona Cidoca ainda não sabe que perdeu o corpo físico. Aprendeu em sua religião que ficaria dormindo até o advento do juízo final; como isso não ocorreu, acredita estar encarnada ainda; sente-se viva, inclusive com as dores da ferida produzida pela bala.

— E onde ela está agora?

— Onde seu coração está, Lalinha...

— Ao lado do meu pai, o seu amado Zé Luís!

— Exatamente! Precisamos dar tempo ao tempo, para que ela, gradativamente, vá assumindo consciência de seu estado.

— E quanto vai demorar, Lucien?

— Meses, anos, séculos, depende somente dela.

— Podemos ajudar?

— Com orações, pensamentos positivos, vibrações de amor e carinho.

— Pobre mãe, tanto sofrimento em vida... e depois da morte também!

— Não podemos olvidar a lei do retorno, Lalinha. A dona Cidoca de hoje errou muito no passado. No entanto, não se encontra desamparada de forma alguma, pode confiar.

Joana abraçou a irmã, dizendo baixinho:

— Devemos retornar a nossos corpos físicos, está amanhecendo.

— Joana, quando você vai voltar para nós?

— Logo, espero; assim que a justiça terrena autorizar.

De repente, Lalinha acordou com o toque do despertador do celular, recriminando-se por ir dormir tão tarde, pois ainda estava com muito sono. Seria muito bom continuar na cama, mas escutava barulhos na cozinha, seguidos do cheiro bom de café. Só podia ser Marcos! Recordou-se de tempos atrás,[3] quando Eduardo surgira na casa da prima Cláudia, onde trabalhava como doméstica. Ele também costumava arrumar a mesa para o desjejum, trazendo pãezinhos frescos ao retornar da praia. Quanta saudade! Agora, aquela moça, Márcia... Estariam namorando ainda? Pulou da cama, dizendo baixinho para si mesma:

— Lalinha, deixe para se preocupar com isso depois. Nada de tristeza inútil!

---
3 Maffei, *Joana*, obra já citada.

Enquanto isso, em Barcelona, Verinha adentrava a cozinha da mansão como um vendaval, abraçando Rosa e anunciando:

— Eles vão voltar finalmente! Não aguento mais de tanta saudade, sem falar no medo de que mais alguma coisa terrível desabe sobre nós. Onde estão todos? No jardim? Vou até lá!

Rosa sorriu. Aquela menina vivia correndo... e batendo portas! Mas era tão amorosa... Pranteara a morte da mãe de maneira comovente, porém agora parecia refazer-se pouco a pouco, embora evitasse tocar no assunto.

Manolo entrou, trazendo sacolas com verduras e frutas.

— Rosa, minha querida, está acontecendo algo muito estranho nesta casa!

— Estranho? Por quê?

— Fui à cidade para as compras, depois parei naquela cafeteria do centro, acomodando-me em uma das mesinhas, saboreando meu café enquanto observava o movimento. Foi então que vi Eduardo e Márcia entrando sabe onde? No hotel em frente, Rosa! Pela porta de vidro, consegui entrever quando se dirigiram à recepção, e o atendente lhes entregou uma chave. Eles estão hospedados lá, acredita?

— Impossível. O Eduardo está trabalhando fora, e a Márcia foi passar uns dias na casa de amigos, em Tarragona...

— Foi o que nos disseram, mas estão juntos, hospedados no hotel, Rosa.

— Esquisito...

— Muito! Como não temos nada com a vida deles, vamos guardar isso para nós.

— Não vou falar para ninguém, pode confiar, mas essa história certamente vai durar pouco; uma hora aqueles dois terão de retornar a esta casa. Esqueceu que a Márcia foi contratada para o projeto com as vítimas do tráfico sexual? E o Eduardo é primo da Cláudia, mora aqui. O tempo vai esquentar!

— Também estou pressentindo isso!

Finalmente Marcos, Cláudia e Lalinha chegaram, com direito a abraços e beijos, e um lanche caprichadíssimo. Estavam todos ali, Fernando completamente restabelecido, Fábio, Verinha, João Paulo, Giovana, Diego, Javier, Manolo, Rosa – todos, *menos Eduardo*. Percebendo a inquietação de Lalinha, Cláudia empurrou Rosa para a cozinha, indagando baixinho:

– Cadê o primo, Rosa?

– Não aparece há dias, Cláudia. Nem a Márcia.

– Não telefonaram, não deixaram mensagem?

– Nada.

Percebendo algo diferente no olhar da amiga, Cláudia indagou:

– Está escondendo alguma coisa, Rosa? Segredos comigo, qual é?

– O Manolo pediu para não comentar.

– *Pediu mesmo?* Pense na Lalinha e em que baque seria, neste momento, uma surpresa desagradável...

Diante daquele irrefutável argumento, Rosa contou o caso do hotel no centro da cidade.

– Pode deixar comigo; investigarei qual é a desses dois!

Na manhã seguinte, Cláudia e Marcos foram ao tal hotel, descobrindo que o casal ocupava uma das suítes destinadas a casais em lua de mel. A moça não se conformava:

– Aqueles dois traíram a gente, amor! Lua de mel? Ouviu o gerente quando falei serem solteiros? *Senhorita, para terem direito a nossos descontos especiais, exigimos a comprovação do enlace matrimonial.* Falou assim, empostadíssimo, bem na minha cara!

– Claro, amor, você estava duvidando dele!

– Tudo culpa do Eduardo. Se estou sentindo essa raiva, imagine a pobre da Lalinha. Acreditando que o namoro dos dois *noivinhos* tivesse terminado...

– Você vai contar?

— E tem jeito de esconder? Se fizermos isso, nunca mais ela confia em nós!

— Verdade.

E Cláudia contou. Lalinha ficou parada, o olhar distante, sentindo dentro de si que aquela revelação parecia ter ocorrido antes, uma espécie de *déjà vu*. Depois, muito calma, simplesmente falou:

— Se eles se amam, nada mais justo e certo, Cláudia.

— Escondido da gente, Lalinha?

— E quem são os culpados? Nós mesmos! Desde o começo estamos encarando o romance dos dois como algo inaceitável, um tipo de pecado, uma traição a todos nós. *Pobre da Lalinha...* Seria *pobre*, na verdade, se ele fingisse um sentimento inexistente, somente para agradar aos demais. Graças a Deus teve discernimento suficiente para não cair em um relacionamento desastroso comigo, que magoaria a ambos, concorda?

— Mas você gosta tanto dele...

— Quando amamos, desejamos o outro feliz, realizado, mesmo sem ser em nossa companhia. Cadê as crianças?

— Nadando no riacho, mas...

— Vou nadar com eles! Por favor, peça à cozinheira para providenciar um lanche bem caprichado; estaremos morrendo de fome na volta!

— Mas... o que vamos fazer a respeito *desse casamento*?

— Muito simples: você e o Marcos vão voltar ao hotel, dizer que o segredinho deles foi descoberto, dar os parabéns em nome de todos nós, intimando-os a retornar depois da lua de mel. Nada de cobranças inúteis, entende?

Cláudia mal podia acreditar naquela reação de Lalinha! Ah, se o caso fosse com ela... Acabaria com os dois!

Marcos encontrou-a sentada na varanda dos fundos, com uma fisionomia carrancuda. Foi logo indagando:

– E a Lalinha, você contou?

– Contei, e sua irmã aceitou numa boa. Dá para acreditar? Foi nadar com as crianças!

Assim, a paz voltou à mansão espanhola, Eduardo e Márcia receberam aposentos adequados a um casal, Lalinha conversava com eles normalmente, porém Cláudia ainda não se conformava, confabulando com Rosa:

– Ah, se fosse comigo! Aquela Márcia ia ver... E o Eduardo, então? É meu primo, mas pisou feio na bola, Rosa!

– A Lalinha parece bem, Cláudia, não guardou rancor; talvez isso seja o certo.

– Olhe, fico imaginando se eu viajasse para um desfile e, no retorno, desse de cara com o Marcos casado com outra. Só de pensar, sinto uma raiva subindo, subindo...

– ... e avermelhando esse rostinho lindo, amor! Jamais trocaria você por outra; sou um apaixonado fiel.

Depois, piscando para Rosa, complementou rapidinho:

– E não sou nem é louco...

Irritada com a risada dos dois, Cláudia saiu em disparada para o jardim, seguida pelo noivo. Quase atropelado pela moça, Manolo colocou as flores colhidas há pouco sobre a mesa, indagando:

– O que foi aquilo, mulher?

Diante do relato bem-humorado da esposa, somente comentou:

– Lalinha subiu muito em meu conceito! Mudando de assunto, quando os integrantes do tal projeto vão chegar?

– Em breve, a Cláudia me disse. Essa confusão toda provocada pelo tal Zé Luís acabou atrapalhando tudo, sem falar no casamento do Eduardo. Agora que ele retornou com a esposa e as coisas entraram nos eixos, teremos novidade. O doutor Luís chega no final da semana; finalmente conseguiram a liberação para o cumprimento de sua medida cautelar aqui, condicionada a monitoramento eletrônico por meio de tornozeleira.

— Deve ter ouvido que Verinha, Fábio, Fernando e João Paulo foram até o Eduardo, praticamente exigindo a repetição resumida do estudo sobre sexualidade, para se inteirarem do conteúdo, pois sem isso ficariam perdidos, podendo inclusive atrapalhar os demais trabalhadores do projeto. Como sempre, a *apressadinha* da Cláudia rateou um pouco, mas foi contida pelo Marcos, que usou um argumento muito convincente, mais ou menos assim: *deixe de ser egoísta, amor; além disso, pense que nos ajudarão muito no futuro, ou pretende dar conta daquele povo sozinha?*

Rosa caiu na risada, pois todos conheciam o medo de trabalhar em demasia da bela modelo.

— Bem no alvo, senhor meu marido!

— Pois é, Rosa, você poderia aproveitar e juntar-se a eles.

— Não!

— Pense bem; não seria melhor deixar para trás essa mágoa guardada há tanto tempo?

— Não quero, Manolo. Por favor, respeite meus sentimentos!

— Não está mais aqui quem falou. Essa quantidade de flores é suficiente? Posso colher mais.

O doutor Luís finalmente chegou, conquistando todos com sua boa vontade e entusiasmo. Cláudia, ainda temerosa quanto ao sucesso da empreitada, indagou sobre as razões de sua incondicional entrega, recebendo comovente resposta:

— Quando se passa muito tempo forçado a trabalhar sob as ordens daqueles que menosprezam o ser humano, reduzindo-o à condição de mera mercadoria descartável, com o nosso coração dilacerado pelas injustiças, bem pouco podendo realizar em prol dos infelizes, ao encontrar pessoas que solicitam concurso médico visando ao resgate de vidas e dignidade, sentimo-nos felizes, realizados, independentemente das dificuldades porventura encontradas no decorrer do processo de ajuda.

Mais tarde, no silêncio da noite, acomodados no banco sob o caramanchão de rosas brancas, a moça exclamou comovida:

– Acertamos, amor, o doutor Luís é o cara!

– Agora só falta ele e a Márcia juntarem forças. Daí, mãos à obra! Os *meninos* chegam no início da semana que vem.

– Ai, meu Deus! Tão depressa, Marcos?

– Na minha opinião, passou da hora!

MIGUEL

Na segunda-feira seguinte chegava o primeiro hóspede, ninguém mais, ninguém menos que o belo Miguel. Marcos abraçou o antigo companheiro de desdita carinhosamente, estranhando seu olhar vago, a aparência entristecida; emagrecera muito também. Conduzido a seu quarto, simplesmente desabou sobre a *chaise-longue* escolhida por Cláudia com imenso cuidado, caríssima por sinal, e ficou ali, perdido em pensamentos, desligado do mundo, a ponto de a modelo comentar com Rosa:

– Se todos forem como esse Miguel, estamos *lascados*! Esse *bendito o fruto* vai dar trabalho. Mandou levarem o lanche ao quarto dele?

– Ao quarto, não. Esqueceu o combinado? As refeições seriam colocadas na sala expressamente arrumada para isso entre a ala feminina e a masculina dos alojamentos, possibilitando maior entrosamento, sociabilidade e tal, de acordo com a *psicóloga Márcia*.

– Ela continua atravessada em nossa garganta.

– Ah, Cláudia, meu coração dói ao perceber a Lalinha se esforçando para superar a decepção. Ou pensa que não sofre vendo Eduardo todo derretido, hein?

– Realmente. Mas precisamos encarar, não é? Será que a copeira avisou onde o lanche estava servido? Parece que esse rapaz passou muita fome...

– Avisou sim, ela comentou a respeito.

– Por favor, peça à moça para ir até lá conferir se ele comeu, se está tudo bem.

Meia hora depois, a jovem retornava:

– Nem tocou no lanche! Bati na porta do quarto dele e não respondeu. Daí, como a porta estava destrancada, abri devagarzinho, e ele estava lá, falando sozinho, *nervoso*... Acho melhor alguém de vocês ir até lá; esse rapaz não está nada bem. Uma pena, tão bonito!

No começo da tarde, as meninas chegaram, e Cláudia suspirou reconfortada: ao menos pareciam *normais*! Amaram seus aposentos, a decoração caprichada, a beleza do lugar, tratando de adentrar o riacho, seus gritos e risos espalhando-se na tarde quente e ensolarada. Antes, porém, praticamente devoraram o lanche!

Feliz, Cláudia subiu a seu quarto, retornando em lindo biquíni, prontinha para se juntar ao alegre grupo, sendo barrada por Eduardo bem na hora:

– Se fosse você, não me entusiasmaria tanto, Claudinha. No começo, tudo são flores. Depois, conforme os dias forem passando, conheceremos melhor cada uma delas, e os problemas pessoais vão surgindo, percebe? Deixe-as, não se enturme...

— Mas... *por quê*?

— Porque você não é a *amiguinha delas*, mas sim uma das coordenadoras do projeto, e sua primeira tarefa consiste em observá-las, o que não pode ser feito imparcialmente se houver envolvimento psicológico... E você vai se envolver; sempre faz isso.

— Ah, eis aqui Eduardo, *casado com a senhora psicóloga*!

— Viu? *Envolvimento*...

Resmungando, a moça disparou escada acima.

— Ih, Eduardo, ela ficou brava!

— Sei, Marquinhos, sinto muito, porém sua noiva precisa ter mais responsabilidade; não estamos brincando de casinha com essas pessoas. Vai entender daqui a alguns dias. Aí vem a Márcia; foi falar com o Miguel. E daí, amor?

— Complicado... Pouco consegui com ele; não se abre de maneira alguma, no entanto aceitou o lanche que levei comigo, devorando-o diante de mim. As meninas haviam mandado ver, não sobrando nadinha da comida servida antes. Ele está desnutrido, não sei se perceberam, levando a concluir que precisamos acompanhar de perto se nosso amigo vai até a sala de refeições. No começo pode necessitar de um tratamento diferenciado, alimentação no quarto, companhia enquanto come...

Marcos adiantou-se:

— Podem deixar comigo essa parte da companhia.

— Ótimo! O que mais, Márcia?

— Sinceramente, não sei. Parece assustado, triste... e se recusa a participar de qualquer tipo de terapia.

— E as meninas? A Cláudia acredita estarem ótimas!

Márcia sorriu, limitando-se a comentar:

— Nem tanto, nem tanto...

Os dias foram passando. Marcos dirigia-se ao alojamento em todos os horários das refeições, cumprindo religiosamente o combinado com a psicóloga, conseguindo que Miguel pelo menos se alimentasse; contudo, parava por aí o relacionamento – nenhuma conversa mais íntima, diálogo muito menos. O que estaria sucedendo de tão sério com aquele rapaz?

Naquela manhã, ao adentrar o alojamento, Marcos escutou Miguel falando com alguém em seu quarto. Curioso, depôs a bandeja do desjejum sobre uma das mesinhas da entrada, aproximando-se silenciosamente. Girou a maçaneta da porta com cuidado, deparando com uma cena chocante: Miguel e Alonso[1] conversando! Assustadíssimo, fechou a porta com cuidado, sentindo o coração bater acelerado. Alonso estava morto, *morto*! Agora entendia o problema de Miguel!

Saiu para a manhã ensolarada e respirou o ar fresco e perfumado em longos haustos, dirigindo-se depois ao píer, onde se acomodou sobre as tábuas da beirada, a cabeça parecendo explodir. Desde que saíra do cativeiro do sequestro, não deparara com nenhum Espírito, chegando a olvidar aquele seu *dom*, e agora dava de cara com Alonso, o carcereiro da casa dos *acompanhantes* masculinos! Muito azar mesmo! E o que estaria fazendo ali? Por que Miguel? Afinal, ele mesmo, Marcos, conseguira impedir o ato assassino do jovem contra seu algoz. Infelizmente descuidara de alguns dos outros rapazes, que acabaram por terminar a tarefa, justamente enquanto ele aconselhava Miguel. Nenhuma surpresa; Alonso abusava sexualmente de muitos!

Mais refeito, Marcos resolveu servir o desjejum, mas primeiro tratou de fazer barulho, alertando sobre sua presença. Miguel silenciou de imediato, fornecendo-lhe a deixa para adentrar o quarto. Um olhar rápido pelo ambiente bastou para perceber o vulto dentro do armário de roupas entreaberto, espreitando-os.

---
[1] Maffei, *Joana*, obra já citada.

Fingindo nada ver, embora arrepiado da cabeça aos pés, conversou de maneira normal, servindo o companheiro, recebendo de volta os costumeiros monossílabos inexpressivos. Praticamente forçou o rapaz a comer, por entender que, enfraquecido, seria subjugado com maior facilidade. Depois, comentando sobre seu aspecto cansado, recomendou dormisse mais um pouco, recebendo de volta um olhar apavorado. Compreendendo a extensão de seus temores, Marcos sugeriu:

— Cara, se você dormir, vou ficar quietinho nesta sua cadeira maravilhosa, lendo aquela revista ali. Sabe por quê? Se subir agora, vão me colocar para trabalhar, acredita? A Claudinha e o Eduardo são terríveis! Então, se não incomodo você, vou fazer hora por aqui mesmo. Durma, aproveite... Antes de sair, desperto você para mais um cafezinho.

Em segundos, Miguel mergulhava em profundo sono. Marcos ficou com a revista nas mãos, sentindo o olhar do irritado vulto sobre ele. Começou então a orar, implorando a ajuda de Jesus para os dois infelizes, observando aliviado que Alonso parecia sumir do local, deixando temporariamente Miguel em paz.

As horas foram passando, e ele não se atrevia a sair dali, lamentando interromper o sono reconfortante de Miguel. Então Cláudia surgiu em busca do noivo *desaparecido*, parando na porta ao ver Marcos com o dedo nos lábios em sinal de silêncio, apontando depois para a saída. Do lado de fora do alojamento, perguntou intrigada:

— O que houve, Marquinhos? As moças estão na terapia de grupo com a Márcia e o Eduardo, a Lalinha ajudando a Rosa e a cozinheira, pois nunca vi um povo comer desse jeito, não há o que chegue! O Fábio foi à cidade com o Fernando, e você aqui, *sentadinho*, lendo revista? Assim não dá, amor! Vamos, necessito de sua ajuda com a papelada. Sabe que odeio papel!

— Agora não posso, Cláudia, preciso aguardar que Miguel acorde; prometi tomar um cafezinho com ele antes de ir embora e não posso falhar nas minhas promessas, o rapaz está acabado!

A moça mal podia acreditar! Cafezinho?! Promessa? Antes que a coisa piorasse, Marcos sussurrou rapidinho:

— *Tinha alguém lá com ele...*

— Como assim, *alguém*? Esta casa é uma segurança só, não entra ninguém sem autorização, esqueceu? Antes da chegada de *nossos hóspedes*, reforçamos tudo; foi exigência das autoridades. Não pode ser...

— *Trata-se de um Espírito!* Escute, vou explicar...

E a história de Alonso preencheu a meia hora seguinte. Cláudia somente ouvia, muda, olhos arregalados. Depois, baixinho, ousou perguntar:

— *Ele* ainda está lá? O *fantasma*?

— Depois que fiz uma oração e pedi ajuda a Jesus, ele sumiu, mas pode ter retornado quando saí.

— Ai, meu Deus, sabia que esse moço ia dar trabalho, mas jamais assim, desse *jeito fantasmagórico*! Vou embora. Se diz precisar, fique aí, não quero saber de nadinha disso!

— Vá mesmo, amor. Quando ele acordar, subirei. Ah, faça-me um favor: conte tudo isso ao Eduardo, *longe dos demais*, pois não quero ninguém perdendo o sono!

Cláudia disparou caminho acima, monologando a meia voz:

— *Contar longe dos demais... Os outros não podem perder o sono...* E eu? Com certeza, depois desse relato no mínimo chocante, perdi meu sono definitivamente. E a minha pele, como vai ficar? Marquinhos parece esquecer que sou uma modelo, e uma modelo *ne-ces-si-ta* de seu sono de beleza! Precisava contar justo para mim essa história de assassinato e Espírito? Já estou começando a me arrepender de ter concordado com esse projeto; gente mais *estranha...*

No quarto, Miguel ainda dormia tranquilamente. A hora do almoço chegou, e Marcos precisou despertá-lo, alegando como desculpa a chegada da bandeja trazida por uma das copeiras. Graças a Deus, Cláudia tivera a maravilhosa intuição de enviar comida para os dois. Na realidade, Eduardo sugerira isso, pois, pela moça, resgatariam o noivo o mais breve possível daquele *circo de horrores*, como ela passara a denominar o quarto do rapaz.

Finda a refeição, Marcos convidou Miguel para um passeio pelas redondezas, buscando tirá-lo do pesado ambiente do quarto. Sentados no píer, observando as límpidas águas rolando, sob a sombra de enorme e bela árvore, Miguel começou:

— Marcos, você ainda se lembra daquela vez em que me impediu de matar Alonso, nosso carcereiro da casa dos rapazes?

— Claro, essas coisas a gente não esquece, amigo.

— Alguns dos rapazes acabaram com ele, aproveitando que eu o havia sedado e não podia defender-se direito...

— Verdade.

— Olhe, vou falar *uma coisa*, mas não quero que me considere louco.

— Vai dizer que vê o Alonso e que vocês conversam?

O rapaz ficou olhando Marquinhos imensamente surpreso, acabando por murmurar:

— Como sabe? Você também consegue ver?

— Sim, Miguel, e isso não significa loucura de maneira alguma. Ambos somos médiuns, ou seja, pessoas capazes de se comunicar com aqueles que partiram da Terra. Pode ser considerado um dom, entende?

— Que dom, que nada! Isso é um castigo, Marcos, um inferno!

— Depende de como encaramos; também vemos e ouvimos Espíritos bons, que nos ajudam a evoluir. Por outro lado, acredita realmente na maldade do Alonso?

— Claro! Ele me acusa por sua morte, fica gritando que o sedei! Afirma que, se estivesse acordado, jamais o teriam entupido de droga... E nisso tem razão, eu iniciei a coisa toda. Não consigo dormir, pois ele se deita ao meu lado e fica tentando fazer *aquelas coisas* que você sabe... Graças a Deus, você fica comigo na hora de comer, ou já teria morrido de fome, mas talvez fosse melhor morrer mesmo. Por favor, Marcos, não me deixe só; com você aqui, o Alonso sai de perto. Você pode ficar no quarto, eu durmo no sofá, é bem confortável. Pelo amor de Deus!

Marcos ficou ali, escutando o desabafo, perguntando-se qual seria a maneira correta de agir. Depois, tomado de imensa compaixão, concordou:

— Tudo bem, mas até resolvermos isso, pois não podemos deixar assim de maneira alguma. Você continua no quarto, eu durmo no sofá, pronto. Agora preciso voltar, ou alguém vem atrás de mim. Pego minhas coisas e daqui a algumas horas retorno. Você aguenta, não é?

— Marcos, tem ideia de há quanto tempo estou enfrentando essa vida? Quando me libertaram, passei uns tempos em um abrigo, depois começaram a exigir meu retorno ao Brasil. Se tivesse juízo, teria pego a passagem e feito isso, mas ainda acreditava na possibilidade de superar os traumas causados pela escravidão sexual e vencer como modelo na Europa. Pura ilusão; acabei voltando a me prostituir e às drogas. Um pouco antes de ser chamado para participar do projeto de vocês, Alonso apareceu. Pode não acreditar, mas até serviu para abandonar as drogas, porque o assédio do Alonso piora muito quando as uso; ele consegue me influenciar de um jeito inimaginável.

— Como assim?

— Olhe!

O rapaz subiu a manga da malha, revelando cicatriz de profundo corte em um dos pulsos.

– O Alonso me infernizou de tal maneira que decidi morrer para ficar livre dele! Burrice, não é? Desespero, puro desespero! Fui salvo por um dos antigos companheiros da casa dos rapazes; felizmente ele ainda estava esperando autorização para viajar. Tirou o estilete de minhas mãos, amarrando-me na cama, pois eu estava alucinado, indo atrás do doutor Luís...

– O doutor não podia sair de casa, Miguel, estava com tornozeleira!

– Verdade! Aí deram um jeito, levando-me até lá, amarrado e amordaçado, e ele me atendeu. Pergunte sobre mim ao doutor, Marcos.

– Estranho... O doutor Luís visitou os hóspedes todos; certamente se lembraria de você e de sua tentativa de suicídio...

– Ele não veio conversar comigo, pode crer! Deve ser coisa do Alonso; o danado desviou a atenção dele. O Alonso vira uma verdadeira sarna quando quer! Tome cuidado, Marcos! Se ele implicar com você...

Marcos voltou para a mansão a passos acelerados. Precisava falar com Eduardo urgentemente! O ex-futuro cunhado o aguardava no escritório, ao lado de tentadora bandeja de sanduíches e uma garrafa de café quente e forte.

– Sente-se, Marquinhos, a Cláudia me adiantou o assunto. Que coisa, hein? Antes, pegue um café, um sanduíche, vamos comendo e falando. Pela sua cara, duvido que tenha almoçado.

– Quem é que consegue comer numa situação dessas, Eduardo? Com o Alonso me espionando de dentro do armário? Meu estômago embrulhou, a comida não descia... Hum, este sanduíche está uma delícia! Vou contar a história toda desde o início, quando o Miguel e eu estávamos confinados naquela casa da célula do tráfico. Havia um homem, o Alonso, que era um tipo de carcereiro, vigiava a gente e...

Eduardo escutou atentamente até o final da narrativa. Depois se levantou, solicitando:

– Aguarde um pouquinho, já volto.

Meia hora depois retornava, as mãos ocupadas com duas fatias generosas de bolo em pratinhos. Sorriu com ar maroto, enquanto estendia uma delas a Marcos:

– Passei pela cozinha, não resisti... Antes, porém, fui confirmar com o doutor Luís a história do suicídio. Há algum tempo, ele realmente atendeu o transtornado Miguel com o pulso cortado; dois rapazes o levaram a sua casa e ele o tratou às escondidas, pois ainda estava proibido de clinicar. E não viu o Miguel em nossa relação de hóspedes.

– Não viu? Como não? Está lá!

– Não viu; ficou de queixo caído quando lhe mostrei. Então, Marcos, como combinamos trabalhar em equipe, à noite nos reuniremos para discutir o caso e tomar as medidas necessárias.

– E o estudo dos iniciantes, não é na mesma hora?

– Pedi a eles um pouco de paciência enquanto resolvemos isso. Concordaram com a maior boa vontade. A Rosa contribuiu muito, dizendo terem direito a lanche no horário da aula.

– Assim, até eu concordava. E o Miguel?

– Leve suas coisas até o alojamento dele; avise de seu compromisso, mas não se esqueça de mencionar que dormirá lá. Se estiver assustado demais para ficar só, convide-o para vir até aqui. Poderá esperar ao lado da turma do novo estudo; eles são alegres, pensamento positivo, farão bem a ele.

Eduardo acertara em cheio. Ao adentrar os aposentos de Miguel, Marcos deparou com o rapaz agachado em um dos cantos, os braços protegendo a cabeça, simplesmente aterrorizado.

– Alonso esteve aqui! Pretende levar-me com ele, até mostrou onde mora, acredita? Um lugar escuro, com um cheiro horrível de lama podre. E tem outros lá, tão raivosos quanto ele, determinados a acabar com suas vítimas! Disse também que vocês não vão conseguir pôr as mãos nele, pois é muito mais esperto. O que faremos, Marcos?

— Trouxe minhas coisas, mas preciso ir a uma reunião hoje à noite, daqui a pouco. Não posso faltar de jeito algum. Sabe o Eduardo? Sugeriu que fosse comigo e ficasse com meus irmãos e o Fábio. Eles são muito legais! Quando a reunião acabar, a gente desce junto. Vá tomar um banho, ande, arrume-se rapidinho!

LIDANDO COM A OBSESSÃO

Subindo o caminho para a mansão, Marcos praticamente arrastava o amigo:

– Vamos, Miguel! Que desânimo é esse, cara? Não está com fome? Precisa ver o lanche que a Rosa estava arrumando quando saí para o alojamento. Estamos quase chegando...

– Não sei não, Marcos, estou sentindo uma coisa estranha; parece que minhas pernas estão pesando como chumbo, a cabeça zonza, zonza...

– Deve ser fome. Coragem!

Depois de apresentar Miguel à turminha do lanche instalada na cozinha, o rapaz correu para a biblioteca, onde todos o aguardavam ansiosamente, devido aos comentários alarmantes repassados durante o dia por Cláudia. Após a prece, Eduardo iniciou:

— Aqui estamos, os participantes da segunda fase do estudo sobre sexualidade, além do doutor Luís e da Márcia, recém-integrados à equipe de nosso projeto. Então, gente, tudo bem?

Cláudia quase engasgou de pura indignação:

— Como assim, meu primo? *Tudo bem?* Que pergunta mais doida! Tem um *Es-pí-ri-to* em nosso alojamento, entende? Eu não vi, você sabe, não vejo nadica de nada, graças a Deus! E desejo continuar assim, ceguinha, ceguinha, mas o amorzinho viu... viu um *fantasma* conversando com o Miguel!

— Parece muito assustada, prima...

— Por acaso, não é para estar? Só faltava isto aqui virar uma mansão mal-assombrada!

— Sua atitude é no mínimo irracional, pois há bem pouco estivemos estudando sobre nossa condição de Espíritos imortais. Somos Espíritos encarnados em um corpo físico, lembra? O tal *fantasma*, como você o tem chamado durante toda a tarde, também é um Espírito, porém sem corpo físico. Nada de sobrenatural, de terrível!

— Ah, Eduardo, não adianta explicar *racionalmente*! Pode parecer normal para você, mas a ideia *daquilo* em nossa casa dá um frio na barriga, não dá, pessoal? Viu? A maioria concorda comigo, logo...

Eduardo sorriu, percebendo ser melhor deixar para lá. Imagine se ela concluísse que os Espíritos estavam em todos os lugares, apenas a maioria das pessoas não conseguia enxergá-los!

— Marcos, você entrou no alojamento, deparando com Miguel conversando com um Espírito. Pode relatar sua experiência?

— Tudo bem. Conheci o Alonso enquanto encarnado, exercendo a função de carcereiro em nossa casa dos rapazes.

– E a casa dos rapazes era...?

– O local onde uma das células de tráfico sexual aqui, em Barcelona, confinava rapazes para comércio sexual. Morávamos lá, entende? Miguel e eu fomos enganados com promessas de brilhante futuro na carreira de modelo masculino, caindo como patinhos. A casa dos rapazes constituía uma prisão, da qual saíamos para a prática do sexo, aliada ao comércio de drogas. Alonso tinha como dever vigiar-nos, garantindo nossa permanência e segurança ali, contudo passou a drogar os rapazes que despertavam seu desejo, para estuprá-los. O pior era a droga utilizada, que impedia a vítima de se movimentar, deixando-a, contudo, consciente o tempo todo, uma tortura inenarrável!

– Ai, amor, não me diga que esse monstro fez *isso* com você...

– Graças a Deus, não! O Miguel, no entanto, foi reiteradamente submetido a esse abuso. Outros enfrentaram a mesma situação, daí o ódio nutrido por Alonso.

– E ninguém sabia de suas práticas abusivas?

O doutor Luís pediu licença, acrescentando:

– Cuidei de vários rapazes, feridos por conta da brutalidade daquele carcereiro, avisando Matilde e seus asseclas a respeito daquela covarde violência; todavia pareceram não ligar, rindo inclusive. Descobri depois terem anteriormente usado seus serviços em uma das casas femininas, com o surgimento de idêntico problema, solucionado por meio de sua transferência para uma casa masculina, pois receavam que engravidasse uma das meninas, prejudicando a *qualidade da mercadoria*! Tinham Alonso em alta conta de eficiência, acreditem!

– Acreditamos... Que mais se poderia esperar de pessoas dedicadas ao tráfico sexual?

– Realmente, Manolo, realmente!

Marcos prosseguiu:

— Segundo palavras do próprio Miguel, ele teria conseguido descobrir onde Alonso escondia a droga utilizada para imobilizá-los...

— ... e drogou Alonso, pretendendo assassiná-lo!

— Isso, amor, usando improvisado punhal, um abridor de cartas na verdade, mas o Alonso era um homenzarrão, e a dose foi insuficiente. Eles lutaram, a briga fez barulho. Quando entrei na sala, deparei com alguns dos rapazes da casa incentivando a luta, o carcereiro inutilmente tentando fugir das garras de nosso enlouquecido rapaz.

— Que horror!

— Tratei de tirar Miguel dali, colocando-o debaixo do chuveiro frio de seu quarto para acalmá-lo. Quando ele enfim adormeceu, fui até a cozinha, deparando com quatro dos incentivadores da contenda lanchando tranquilamente. Indagados sobre o paradeiro de Alonso, com a maior frieza disseram estar dormindo... Estava dormindo realmente, dormindo para sempre, com uma agulha na veia: overdose letal de cocaína!

O doutor Luís prosseguiu:

— Para a coisa não ficar pior, arrumei direitinho o cadáver, escondendo o corte feito por Miguel com o abridor de cartas, colocando no atestado de óbito *overdose acidental*, entendem? Em minha opinião, aqueles rapazes reagiram guiados por medo e revolta.

— E os traficantes *engoliram*?

— Por que não, Cláudia? Alonso era nada para eles, como nada éramos os rapazes e eu. Naquele lugar infame, a morte somente requisitava o sumiço dos corpos... No caso do guardião, entregaram-no à família, arcando com todas as despesas do caro enterro.

— Nesse caso, Miguel não matou Alonso?

— Não, Lalinha, apenas o sedou...

A moça questionou:

— E por que Alonso está na cola dele? Não seria mais certo perseguir os que consumaram o ato as sassino? Não acham?

Diante da anuência do grupo, Eduardo propôs-se explicar:

— Querem saber por que Alonso consegue atormentar Miguel e não os culpados pelo crime... Simples: porque Miguel se sente culpado pelo ocorrido naquela tarde fatídica; neste caso, poderíamos definir culpa como a consciência do erro cometido quando sedou o guardião, pretendendo matá-lo. E ele está vivenciando esse sentimento de culpa de uma maneira nada saudável, que o coloca sob o domínio de seu obsessor. Está preso a um remorso improdutivo, patológico mesmo, prisioneiro de sua dor, acreditando-se *uma titica de galinha*, como o povo costuma dizer, sem direito a nada de bom na vida, inserido em uma rotina de queixas e lamentações, num vicioso processo de sofrimento. Remorso tem tudo a ver com imaturidade psicológica.

— O Miguel está do jeitinho descrito pelo Eduardo. Como uma criança que não consegue reagir, apanhando, apanhando... e o Alonso bate firme, gente! Eu vi, a coisa está pra lá de feia...

— ... porque ele próprio está se colocando nas mãos do algoz, Marquinhos! Ele precisa primeiramente analisar seu erro de uma maneira isenta de julgamento. Errou? Sim; porém, quais as circunstâncias? Pressionado pelo medo, pela aversão ao estupro, pela raiva... Está arrependido ou se trata de remorso?

— Não é a mesma coisa?

— Claro que não! O remorso remete a um processo pernicioso no qual a pessoa pensa continuamente em seu erro, de maneira equivocada e muitas vezes inconsciente, acreditando precisar sofrer para pagar pelo mal cometido.

— Isso parece aquele autoflagelo de outrora, a pessoa se chicoteando, no intento de apagar seus erros através da dor de seus ferimentos.

— Exatamente, Javier, bem lembrado. Tem gente que ainda acredita que resgatar significa sofrer. No entanto, a Doutrina Espírita fala de consciência da culpa, arrependimento e reparação. A partir do instante em que a pessoa tem consciência das consequências de seus erros em relação a ela mesma e aos outros, surge a necessidade de reparação.

— Eduardo, *o cara está morto...* Vai reparar como?

— Nem sempre conseguimos consertar nossos erros atuando de maneira direta, junto aos que prejudicamos, Marcos. Podemos, porém, começar fazendo o bem para nós mesmos, reconhecendo nossa imperfeição e nos perdoando. Se Jesus recomendou que perdoássemos aos nossos inimigos, por que não exercitar a bênção do autoperdão? Seguramente somos nosso maior inimigo ainda, devido às nossas deficiências morais.

Depois, prossigamos no caminho da caridade. Parece fácil? Não é, podem crer! Kardec,[1] a respeito do tema caridade, considera duas divisões: a caridade beneficente e a caridade benevolente. A beneficente seria aquela subordinada aos bens materiais, enquanto a benevolente teria tudo a ver com o amor ao próximo. Nas palavras do Codificador, amar ao próximo é, pois, abjurar todo sentimento de ódio, de animosidade, de rancor, de inveja, de ciúme, de vingança, numa palavra, todo desejo e todo pensamento de prejudicar; é perdoar aos seus inimigos e retribuir o mal com o bem; é ser indulgente para com as imperfeições de seus semelhantes e não procurar o cisco no olho do vizinho, quando não vemos a trave que temos no nosso; é cobrir ou desculpar as faltas dos outros, em vez de nos comprazermos em pô-las em relevo por espírito de maledicência; é, ainda, não nos fazermos valorizar à custa dos outros; não procurarmos esmagar a pessoa sob

---

1 KARDEC, Allan. *Revista Espírita*, dez. 1868, Edicel, p.411.

o peso de nossa superioridade; não desprezarmos ninguém por orgulho.

Marquinhos não se conteve:

— Danou-se! Eita caminho mais difícil! Para reparar o mal, tem de fazer *tudo isso*?

— Pelo menos, esforçar-se. Não basta dar somente do que temos materialmente, essa é a parte mais fácil, pois em geral damos o que nos sobra, não é? Agora, amar o próximo de verdade, de verdade mesmo, exige uma busca constante de reforma íntima.

Notando a inquietação de Javier, Eduardo perguntou:

— Quer dizer algo, amigo?

— Se continuar assim, Miguel será considerado louco. Estou enganado, doutor Luís?

— Não, de maneira alguma; Miguel está prestes a surtar. Posso ministrar medicamentos para acalmá-lo...

— Em outras palavras, o senhor pretende sedar o rapaz.

— Sim, por enquanto. Pelos relatos do Marcos e o jeitinho dele lá na cozinha, a coisa não vai nada bem. Um sedativo leve ajudará Miguel a dormir, enquanto decidimos como proceder para eliminar as causas desse desequilíbrio. Concorda, Eduardo?

— Claro, doutor. Estamos aqui justamente para estabelecer diretrizes de trabalho junto a Miguel e aos demais integrantes do projeto.

— Quer dizer que pode haver Espíritos parecidos com Alonso rondando as meninas?

— Se levarmos em conta a gravidade do ocorrido com elas e o descaso até nossa interferência, minha prima, existe enorme probabilidade.

Márcia complementou:

— Na terapia de grupo percebemos um bloqueio incrível, como se pretendessem enterrar bem fundo as ocorrências terríveis, deixando tudo para trás.

— Como se *não tivesse acontecido nada*?

— Exatamente, Cláudia! Recusam-se a falar sobre o assunto, conversam, riem, constroem castelos de sonhos, fantasias... Estão fugindo da realidade, porém chegará a hora em que precisarão encarar seus sentimentos e emoções, arregimentando forças para seguir adiante de maneira construtiva e realista. Estudar, trabalhar, conseguir independência financeira, emocional...

Lalinha comentou:

— Estive durante alguns dias prisioneira na mansão de Matilde...[2] Não podem imaginar o horror! Pobrezinhas!

— Ai, meu Deus!

— Prima, não adianta gemer, entrar em desespero... Quando decidimos enfrentar este projeto, contratamos profissionais habilitados; se necessário, buscaremos a ajuda de outros. No entanto, jamais devemos olvidar nossa proposição de trabalho considerando a ciência e a realidade do Espírito, ou simplesmente nos igualaríamos a muitas outras instituições não espíritas. Miguel consolidou-se como nosso primeiro desafio. Que faremos? Simples: não pretendemos desprezar os valiosos recursos da Medicina nem da Psicologia, priorizando, contudo, os ensinamentos da Doutrina Espírita no tocante aos processos obsessivos.

— Mas *como*, Eduardo, *como*?

— De imediato, sugiro duas ações extremamente benéficas. Primeiro, um momento de oração diário, quando nós, os trabalhadores do projeto, cessaríamos nossas obrigações por alguns minutos, estejamos onde estivermos, unindo-nos pelo pensamento ao Mestre Jesus, irmanados em uma corrente de pensamentos positivos. Temos estado distanciados uns dos outros, cada um preocupado com problemas particulares.

— Sucedeu muita coisa ruim, Eduardo!

---

2 Maffei, *Joana*, obra já citada.

– Concordo, Marcos, não estou culpando ninguém de coisa alguma, somente dizendo ter constatado esse prejudicial distanciamento, que nada tem a ver com presença física, mas sim com nosso lado espiritual, percebem? Não é por acaso que estamos reunidos nesta casa, gente! Também inexiste acaso em nosso projeto visando auxiliar estes jovens. Assumimos uma responsabilidade, entendem? Se colocarmos nossos problemas pessoais à frente, fatalmente falharemos.

– Certo, a coisa tem estado dispersa mesmo. Então, deixe ver se entendi: estabeleceríamos uma determinada hora e, *diariamente*, todos faríamos uma oração naquela hora ...

– Isso, Marcos; coisa rápida, o que importa não é o número de palavras, mas sim nossas vibrações de amor, compaixão, solidariedade. Para tanto, precisamos preparar-nos, deixando de lado julgamentos, entendendo todos, encarnados e desencarnados, como necessitados, amando-os na qualidade de nossos irmãos em Cristo.

– Fica difícil sentir *essa coisa toda* por Alonso!

– Fica sim, Cláudia. Porém, conhecendo o princípio da reencarnação, devemos perguntar a nós mesmos: quanto já erramos no passado, talvez até fazendo coisas piores que Alonso? Consideramo-nos *muito bonzinhos*... Somos mesmo? O trabalho em nome do Mestre exige disponibilidade para fazer o bem; no entanto, para atingir as metas propostas, torna-se imprescindível o autoconhecimento. *Como sou realmente?* Assim, aos poucos teremos condições de implementar mudanças em nós mesmos, corrigindo as falhas morais, pois elas se delineiam com maior clareza à medida que entramos em contato com o semelhante. Isso vale para todos! Ou não estaríamos encarnados no planeta Terra, ainda considerado um dos mundos menos evoluídos, e sim em um lugar sem fome, sem doenças, sem crimes, sem corrupção, todo mundo feliz. Perceberam?

— Nestas horas, sinto-me tão pequenininha. Desde o relato do envolvimento de Miguel com Alonso, tenho estado a reclamar, querendo livrar-me do problema a qualquer custo.

— Mandar o Miguel embora...

— Confesso ter pensado nisso, primo!

— Cláudia, quando nos propomos a auxiliar, a maioria de nós tem boas intenções. Depois, à medida que as dificuldades inerentes a todo processo de ajuda vão surgindo, nosso egoísmo fala mais alto; sentimos vontade de abandonar tudo, recuperando nossa ilusória paz.

— É assim mesmo!

— Por isso a necessidade de estarmos sempre antenados com Jesus. Se fôssemos evoluídos espiritualmente, essa ligação ocorreria de forma natural, automática. Como ainda estamos bem longe da perfeição, precisamos desse salutar condicionamento diário. A segunda proposição envolveria todos da casa, inclusive nossos hóspedes, realizada em um dia selecionado da semana, sempre à mesma hora, não excedendo trinta minutos. Uma prece, a leitura do Evangelho do Mestre, comentário e a prece final.

— Todos juntos, sempre no mesmo lugar, mesma hora, mesmo dia da semana...

— Isso, Marcos. No meio espírita, conhecemos tal prática como Evangelho no Lar. Repararam o cuidado que temos com nossas casas? Utilizamos água e muitos produtos de limpeza, polimos, perfumamos, enfeitamos, mas o meio ambiente espiritual, a psicosfera estabelecida pelo somatório das faixas vibratórias das pessoas que ali convivem, esse continua sujíssimo, pois não nos preocupamos em zelar por nossos sentimentos e pensamentos.

— Então, se pudéssemos *ver* as condições da psicosfera desta casa, provavelmente estaria necessitando de uma *bela faxina*!

– Exatamente, Lalinha, e não poderia ser de outro jeito. Nossos hóspedes passaram a influenciar o padrão vibratório do ambiente em que vivemos. Já pensaram como estas meninas se sentem, quais são seus pensamentos? E os sentimentos e pensamentos de Miguel? Precisamos modificar logo esse padrão de vibrações, e uma das maneiras de conseguir isso consiste justamente em implantar o Evangelho no Lar como parte dos deveres de cada um dos residentes, inclusive os integrantes do projeto. Esclarecendo os encarnados, por tabela estaremos propondo o mesmo em relação aos Espíritos que os assediam...

– E se algum hóspede se recusar a participar?

– Pode acontecer, Lalinha, até por influência das companhias espirituais. Vamos devagar, sem forçar a barra; podemos lançar mão de certas *estratégias sutis de convencimento*.

– *Estratégias?* Do que está falando, primo?

– Lanche, gente! Bolo, sorvete, torta de chocolate...

Todos caíram na risada. Tão óbvio, bem de acordo com Eduardo e os famintos jovens!

– Ultimamente, a casa parece estar envolta em escura neblina, às vezes sinto cheiros desagradáveis, mas procuro e não encontro nada errado. Será que eles são os únicos responsáveis pela situação?

– Bingo, Marcos! Muito fácil colocar a culpa somente nas meninas e no Miguel... E nós, como estamos?

– Todos contribuímos para esse estado de coisas. No meu caso, reconheço que tenho andado *irritadíssima*! Olho para *esse povo* comendo sem parar, rindo e brincando como se o mundo se resumisse a isso, e fico pensando se não estamos jogando fora nosso precioso tempo, entendem? Chego exausta dos desfiles, vida de modelo não é fácil, e esta casa virou uma correria: é a Rosa, a Lalinha, os serviçais, todos voltados somente para *os hóspedes*! E essas meninas deixam lixo por toda parte, gente, latinhas, copos, guardanapos de papel, cascas de frutas. Precisam tomar urgentemente um chá de *Simancol!*[3]

— Pois é, Cláudia... Sentimentos em desacordo com os preceitos cristãos conduzem a pensamentos de igual teor, resultando em uma pesada atmosfera ao redor da pessoa que os acalanta, atraindo para si entidades do mundo espiritual na mesma faixa vibratória. Vou explicar melhor. Cada ser, encarnado ou não, é detentor de um estado vibratório particular, diferente dos demais. Esse padrão vibratório tem a ver com nosso adiantamento moral e intelectual, expressando-se a cada instante por meio de pensamentos, emoções, palavras e atos. Vamos considerar especificamente cada um de nós, encarnados, moradores desta casa. Estamos rodeados de Espíritos, embora não os vejamos. Esses desencarnados possuem um poder de percepção muito maior do que o nosso; eles reconhecem nosso estado vibratório.

— ... percebem o jeito que somos de verdade!

— Isso, Javier. Aí acontece a sintonia, ou seja, eles se aproximam de nós atraídos pela similaridade.

— Estranhei essa história de adiantamento intelectual. Isso também influi?

— Certamente, Manolo. O Espírito Emmanuel[4] menciona essas duas vertentes da evolução do ser, dizendo que *o sentimento e a sabedoria são as duas asas com que a alma se elevará para a perfeição infinita,* evidenciando, contudo, a supremacia do avanço moral ao afirmar que *o avanço moral jamais será excessivo, representando o núcleo mais importante das energias evolutivas.*

Vamos exemplificar? Um cientista de destaque por seus conhecimentos, quando desencarnado, certamente jamais se

---
3 S*imancol*, medicamento imaginário recomendado a pessoas que não *se mancam*. Deriva da expressão *se mancar*, regionalismo do Brasil, com o significado de perceber a inconveniência da própria atitude.
4 XAVIER, Chico/Espírito Emmanuel. *O consolador*, questão 204.

sentiria tentado a ficar perto de um encarnado destituído de interesses científicos, fixado somente em trivialidades, tais como o próximo jogo na TV, a torcida pelo clube predileto. E aqui não vai nenhuma crítica! Quem se aproximará desse encarnado? Um torcedor apaixonado por futebol! Nosso cientista se sentirá atraído por outros cientistas...

— E a evolução moral, como influenciaria essa aproximação?

— Aí é que está, Lalinha! Um Espírito detentor de sentimentos inferiores pode até querer acessar alguém cujos sentimentos sejam elevados, mas não consegue... Inexiste a tal sintonia, entende? Se você mudar seu padrão vibratório, elevando-o por meio do estudo, da conquista de virtudes como humildade, paciência, fraternidade, tolerância e outras mais, persistindo em deixar de lado o orgulho, o egoísmo e os vícios, certamente terá a seu lado Espíritos bons, afastando com naturalidade os maus e os que insistem em permanecer atados a seus desequilíbrios e inferioridades.

— Parece *tão difícil*, primo!

— Trata-se de uma mudança gradativa, jamais realizada a toque de caixa. Escutamos frequentemente recomendações sobre mudar os pensamentos de negativos para positivos, elevar a vibração, como se tivéssemos uma chave, do tipo daquela presente nos trilhos de estradas de ferro, direcionando o trem de um para o outro trilho, olvidando que a origem de todos os nossos pensamentos e ações se encontra nos sentimentos. Pessoas detentoras de sentimentos elevados não pensam coisas más ou degradantes.

— E a oração, Eduardo?

— Orar somente não basta; precisamos começar a refletir sobre nossa maneira de ser, mudando aos poucos, guiados pelos ensinamentos de Jesus.

— Então, se a gente não fizer a tal da reforma íntima, o Evangelho no Lar será inútil? Porque, Eduardo, tem gente que vai continuar empacada!

— Pode não dar resultado quanto aos *empacados*, mas no caso dos demais será dez, pois somaremos forças na obtenção de uma psicosfera melhor para nossa casa! Além do esclarecimento através da leitura e dos comentários do Evangelho do Mestre, atrairemos o concurso dos bons Espíritos, afastando os maus ou até conseguindo despertá-los para as realidades espirituais. Quando uma pessoa procura reformar-se moralmente, com certeza será muito mais fácil manter bons pensamentos e realizar boas ações, conseguindo conectar-se com a espiritualidade superior, obtendo auxílio sem maiores dificuldades, acabando por tornar-se mais equilibrada, melhorando inclusive sua saúde física.

— Em outras palavras, cada um de nós é responsável por seu mundo mental; somente a própria pessoa pode transformá-lo.

— Isso, Javier. No entanto, reflitam comigo: se pelo menos nós aqui presentes, em um primeiro momento em busca da renovação, conseguirmos efetuar gradativas mudanças em nosso universo pessoal, o meio ambiente espiritual de nossa casa refletirá essas conquistas, concordam? Então, vamos fazer a nossa parte!

— Primo, o tempo todo sinto que está falando para mim... Tem a ver com meu desabafo de há pouco, não é?

— Não, Cláudia, de maneira alguma; essa sensação sua, no entanto, costuma ser muito comum, pois todos somos proprietários do popular *telhado de vidro*. Mas, já que mencionou o assunto, que tal utilizarmos *seu desabafo* como exemplo prático. Posso?

— Pode, mas eu tenho razão em reclamar, não tenho? *Esse povo* é muito invasivo!

— Tudo bem, prima. Vamos lá! Miguel e as meninas... Acha mesmo que só desejam rir, brincar, comer e sujar nossos belos jardins?

Cláudia pensou, pensou... Eduardo resolveu ajudá-la:

– Não seriam pessoas enfrentando dificuldades decorrentes de sua própria imaturidade? Não conseguimos oferecer mais do que possuímos evolutivamente, sequer percebemos nossos erros. Por outro lado, as experiências existenciais não aparecem ao acaso, constituindo frutos de semeadura em vidas passadas ou nesta mesmo. O projeto seria para auxiliá-las a superar esses entraves, demandando empenho e tempo de nossa parte.

– Acreditava que chegariam aqui e tudo se resolveria, porque estávamos disponibilizando recursos para tanto. Pretendia dar o melhor de mim, entende? E agora me sinto *incomodada* com a presença deles, quero meu espaço de volta. Afinal, talvez tenha sido uma ideia infeliz ceder nossa casa para este projeto. O Marcos tem muito dinheiro, pode fazer doações generosas a alguma ONG; ela tomaria conta dessas meninas, do Miguel...

– Do fundo do coração, realmente acredita nessa sua fala?

– Não! Porém uma parte de mim deseja o sossego de antes, a calmaria... Fico tão dividida, gente, e aí me irrito cada vez mais!

– Alguém gostaria de dizer algo?

Lalinha adiantou-se:

– Esse desabafo da Cláudia talvez possa ser verbalizado de outra forma... Desejamos auxiliar, porém questionamos se estamos agindo da maneira adequada, proporcionando tudo e deixando de estabelecer limites, minimizando assim a importância do trabalho, por exemplo, bem como a educação para o conviver. Estar nesta linda mansão é realmente muito bom, mas não vai durar para sempre... Como irão encarar a perda deste paraíso? Estão sendo preparados para enfrentar o mundo lá fora? E também sinto falta do sossego do riacho... estiveram lá recentemente? Não? Tem lixo nas beiradas, na água, uma tristeza! Talvez seja necessário rever algumas diretrizes de nosso projeto.

— Isso mesmo! A Lalinha conseguiu captar meus sentimentos e emoções certinho. Não quero que eles deixem a casa, mas precisamos estabelecer regras de convivência e mais algumas coisinhas; desse jeito não dá...

—Tudo bem, concordo, vamos analisar, implementando as mudanças necessárias ao projeto. Mas... e quanto a nós? Considero importante ressaltar a necessidade do autoconhecimento, pois costumamos não refletir sobre nossa maneira de ser, ignorando o que existe por trás de nossas atitudes.

— Outra coisa que tenho notado, Eduardo, é um pessimismo daqueles... Estamos de sobreaviso para acontecimentos ruins, jamais para os bons!

— Também, Manolo, queria o quê? Sequestros, assassinato, ameaças... *A gente traumatiza!*

Quando os risos cessaram, o próprio Manolo respondeu:

— Não é bem assim, dom *Diego* ![5] Se acreditamos realmente que Deus coloca as experiências tendo em vista nossa evolução, fixarmo-nos na possibilidade de sofrimento causará uma estagnação nada salutar. Para cada adversidade existe algo bom, podem acreditar, e o tempo vai revelar isso, aqui ou no mundo espiritual. Então, vamos trabalhar com amor, sem queixas inúteis, cientes de nossa imperfeição e da importante oportunidade evolutiva a nós concedida através dessas meninas... *e do Miguel.*

— Vamos implementar a oração diária especificamente para o nosso grupo e o Evangelho no Lar para todos, concordam? Em pouco tempo sentirão a mudança, tudo ficará mais leve, nossos pensamentos vão saindo da negatividade improdutiva, a coisa toda fluirá melhor.

---
5 Brincadeira de Manolo, referindo-se à personalidade assumida por Marcos no livro Joana, o primeiro da sequência sobre sexualidade.

— Mas... e o Alonso? O cara é jogo duro, Eduardo! Duvido que o Miguel consiga qualquer mudança benéfica sob o jugo de sua influência!

— Sei, Javier. No momento, resta-nos implorar pela interferência dos Espíritos protetores deste nosso projeto, confiando e tendo esperança.

— Primo, não consigo ficar assim *calminha*, com essa confiança toda naquilo que não vemos! E se esses tais Espíritos não fizerem nada...?

Eduardo somente sorriu da incredulidade da moça. O tempo mostraria a ela!

— Agora, gente, a Rosa está esperando por nós na cozinha com um lanche maravilhoso.

Marcos caiu na risada, complementando:

— Se o pessoal não devorou tudo!

Eduardo fez uma cara de malandro, refutando:

— Pensam que sou bobo? Pedi à Rosa para separar nossa parte. Chegando lá, que tal se fizéssemos o primeiro Evangelho no Lar?

— E já combinamos o dia e a hora dos próximos!

— Boa, Manolo!

Na esfera espiritual, Adriano e Lucien suspiraram:

— Parece que tudo correu às mil maravilhas. O grupo vai implementar o momento da oração, estejam onde estiverem seus membros, e o Evangelho no Lar! Assim sendo, a convergência de pensamentos positivos e elevados atuará sobre a psicosfera da casa e cada um deles, fortificando-os para o trabalho desgastante e nem sempre profícuo de imediato, favorecendo a união em torno de um ideal comum, sem o qual existe a tendência de dissolução do grupo.

Paula saiu de seu incomum mutismo:

— E o Alonso? Se ele continuar fazendo carga contra o Miguel, o rapaz vai surtar! Daí, já sabem, é hospício na certa...

ou suicídio. Ele está determinado a forçar o desencarne do Miguel, meninos! Entenderam? Vai tentar convencer o Miguel a dar cabo de sua existência física!

— Eduardo colocou, de uma maneira humilde e comovedora, o que lhes restava fazer nessa situação...

— ... passar a bola da vez para nós três, Lucien!

— Menos, Paula, menos, pois não estamos com esse cacife todo! *No entanto*, recebi um aviso sobre a realização de mesa mediúnica em nossa colônia, daqui a algumas horas, quando todos adormecerem na mansão de Barcelona.

— Quer dizer que, como os encarnados trabalhadores do projeto não dispõem de mesa desobsessiva, será realizada uma na colônia, especialmente para o caso do Miguel e do Alonso?

— Sim, nada de estranho nisso, pois costuma ser corriqueira a ocorrência de mesas mediúnicas na dimensão espiritual, Paulinha, envolvendo trabalhadores desencarnados e encarnados. Já reparou na enormidade de solicitações de atendimento depositadas sobre as mesas mediúnicas da Terra? Nem todas são atendidas no decorrer do trabalho, não é? Para concretizar alguns desses atendimentos, existem as mesas em nosso plano, aproveitando inclusive médiuns em desdobramento pelo sono físico.

— Mas... os Espíritos não podem resolver isso sem o concurso dos encarnados?

Adriano explicou:

— Primeiro devemos considerar que, ao participar desse tipo de mesa, os médiuns encarnados estão aprendendo, convivendo inclusive com situações impossíveis de vivenciar na mesa mediúnica de origem.

— Qual é a razão de não poderem desfrutar dessas experiências na Terra?

– Podemos citar o fato de a mesa, do ponto de vista qualitativo, ser o resultado da integração de cada um de seus membros...

–... e tem médium que não se prepara, não estuda.

–Isso, Paula. As mesas na esfera espiritual solicitam o concurso de médiuns encarnados conscientes de seus deveres, enquanto as das casas espíritas ainda se encontram sob a influência das vontades de seus integrantes. Também existem casos impossíveis de expor em uma mesa da Terra.

– Deve ter coisa do arco-da-velha!

– Sabe qual é a valiosa contribuição dos encarnados durante o processo desobsessivo? Não...? O vínculo entre obsessor e obsediado, nos casos de obsessão propriamente dita, estabelece-se perispírito a perispírito, chegando um momento no qual o obsessor consegue dominar completamente sua vítima, que fica sem conseguir reagir. Por ocasião do fenômeno de acoplamento do obsessor ao médium em uma mesa mediúnica, ocorre uma interação semimaterial com os fluidos vitais do duplo etérico e do perispírito do médium, provocando o denominado choque anímico, que vai aliviar os sofrimentos e sensações desagradáveis do obsessor, permitindo inclusive sua contenção para o diálogo necessário, pois alguns são agressivos, violentos mesmo.

– O caso do Alonso, Adriano!

– Exato, menina! Para tanto, o médium precisa ser verdadeiramente evangelizado, preparado para sua tarefa de amor e doação. Não basta desejar atuar na mesa mediúnica; é necessário assumir a necessidade de uma reforma íntima constante e gradativa.

– Uai, e tem médium que senta na mesa e não pensa assim?

– *De monte*, como vocês costumam dizer. Sem a adequada preparação para a tarefa, resistentes a reformar-se moralmente, eternos queixosos a respeito das sensações desagradáveis durante as comunicações, alguns até se recusam a receber obsessores, *exigindo* somente a presença de mentores.

— Não entendo... Por que os Espíritos concordam em trabalhar com esse tipo de médiuns? Não seria perda de tempo?

— De maneira alguma. Sempre aprenderão alguma coisa através das comunicações, nem que seja plantada uma sementinha para a próxima existência. Quanto à qualidade dos Espíritos condutores de tais atividades, estarão de acordo com a dos médiuns... Ninguém colocaria Einstein para administrar uma sala de alunos do ensino fundamental e nela ensinar...

— E quem vai receber o Espírito Alonso, Adriano?

— O Eduardo costuma participar das mesas mediúnicas na colônia, pois detém condições doutrinárias e morais para tanto.

— Verdade? Então o Eduardo vai receber o Alonso... *Gente*, posso assistir, posso, posso? Não digam que não, *por favor*!

—Vamos ver se permitem sua presença, Paula. Vou apelar para o fato de constituir algo importante para seu treinamento. No entanto, precisa prometer não interferir com pensamentos, deixando de lado seus costumeiros julgamentos apressadinhos, mantendo-se concentrada em coisas boas, edificantes. Sem isso, nada feito!

— Tudo bem! Prometo ser um anjo!

Adriano sorriu, questionando intimamente se poderiam acreditar naquela candura toda.

As horas foram passando...

— Meninos, esse pessoal não vai parar de comer? É a terceira fatia de bolo do Marquinhos! E a turma do estudo resumido? Vão virar uns *buchos* se continuarem nessa comilança toda! Estão lanchando novamente, acreditam?

Adriano caiu na risada, concordando:

— Verdade, Lucien. Eles comem como nunca vi!

— Mas o Miguel... o Miguel está encolhido na cadeira, parecendo um ratinho assustado, e eu sei a razão! Olhem lá no canto da cozinha.

— Já vimos, Paula, é o Alonso em atitude ameaçadora, dizendo...

— ... que vai acabar com ele quando retornar ao alojamento! E que o Marcos não vai dormir lá. O Miguel vai ter um treco; acho melhor a gente acabar com esse lanche...

— É bom mesmo, Lucien, antes que a Paula tenha um treco, isso sim! Vamos aplicar alguns passes magnéticos calmantes, logo sentirão sono.

Meia hora depois, todos dormiam profundamente em suas camas, inclusive o pobre Miguel, graças também ao sedativo providenciado pelo doutor Luís.

— Vamos, estão esperando por nós. Paula, lembre-se de nosso acordo.

— Pode deixar comigo, uai! Alguma vez falhei? Uma ou duas só, mas por motivos de força maior!

Imersa em suave penumbra, um odor sutil de rosas no ar, as cadeiras dispostas ao redor de uma mesa adornada com nívea toalha, tudo na sala convidava ao recolhimento. Paula contou cinco membros da colônia, mais Eduardo e uma moça linda, linda: Joana! Quis lançar-se ao encontro da amiga, todavia foi contida a tempo por um olhar gélido de Lucien, sinalizando uma das cadeiras desocupadas, onde ela se acomodou quietinha, quietinha.

Todos assentados finalmente, irmanaram-se em uma breve e sincera prece, permanecendo depois alguns minutos em silêncio. Foi então que a mocinha presenciou a entrada de Alonso na sala, quase arrastado, conduzido por dois Espíritos de elevado porte, procurando livrar-se das amarras magnéticas, bufando e se estorcendo vigorosamente. Posicionaram-no ao lado de Eduardo, e ela observou encantada o acoplamento dos dois perispíritos. A fúria de Alonso começou a abrandar, diminuindo, diminuindo... O choque anímico proporcionado pela união ao médium o havia fragilizado!

Joana aproximou-se, envolvendo Eduardo e Alonso em safirinas vibrações de amor. Uma comoção intensa tomou conta de Paula diante de tanta beleza, compreendendo agora a razão das recomendações de Lucien, pois um momento lindo daqueles jamais deveria ser conspurcado por pensamentos inoportunos de sua parte.

A conversa de Joana e Alonso foi simples, sem palavras difíceis:

— Olá, Alonso, seja bem-vindo. Meu nome é Joana, gostaria de conversar um pouquinho com você, pode ser?

— E tenho escolha, moça? Vai falar de qualquer jeito mesmo!

— Falar muitas vezes ajuda, sabia? Você, por exemplo, parece estar muito irritado, revoltado mesmo...

— No meu lugar, também estaria! Ou não tem justiça neste mundo? O Miguel me assassinou! E não adianta o safado afirmar o contrário, pois foi a maldita droga que me deixou nas mãos daqueles idiotas. Se não me tivesse sedado, eu acabaria com os cinco, ele e mais os outros quatro que enfiaram aquela agulha em minha veia, eliminando-os como se fossem uns cães sarnentos! E não fariam falta alguma para ninguém, a turma da limpeza se livraria deles! O doutor deu um jeitinho e a minha família recebeu meu corpo, mas nenhum dos ingratos de meus filhos derramou uma lágrima sequer por mim, e nunca deixei faltar nada a eles, nada! Da minha mulher nem perco tempo em falar, tremenda malandra, interessada somente em luxos e boa vida.

— Entendo sua decepção, Alonso. Sabe por que os rapazes queriam acabar com você?

— Só porque eu desejava um pouco de sexo com eles, moça. Os miseráveis viviam fazendo isso, enchendo de dinheiro os bolsos dos chefões, e se negavam a mim?! Aí eu sedava eles e mandava ver! Aquele médico, o Luís, teve a coragem de me denunciar uma vez, mas a Matilde calou a arrogância dele bonitinho, não dando importância ao fato. Bem feito para o idiota!

— Alonso, você falou em filhos...

— É, três. Queria uma menina, mas a mulher só teve macho, imprestável até para isso...

— Com certeza tem conhecimento da maneira como a maioria daqueles rapazes veio parar fora de seu país natal...

— Uns bestalhões todos eles, enganados por promessas dos aliciadores, tudo porque estavam de olho em riqueza, fama e sei lá mais o quê. Bem feito!

— Não acha esses sonhos comuns entre os jovens da idade deles, Alonso?

— Claro, não sou ignorante, moça. Meus filhos mesmo desejam subir na vida, achando que vai ser num passe de mágica. Vão ver que não funciona fácil assim.

— Mas... e se um deles fosse enganado por um aliciador, indo parar numa casa daquelas?

— Não vai rolar, moça!

— E se...?

— Eu acabava com a Matilde ou outro qualquer disposto a fazer essa sacanagem com um filho meu!

— Por que, Alonso?

— É uma vida danada de ruim. Filho meu, jamais!

— Esses rapazes têm pais, que podem ser iguais a você, Alonso. Já pensou nisso?

— Estava demorando! Começou boazinha e agora vem com essa cobrança toda, jogando a culpa em mim! Mas eu acabei morto, entende? Eu!

— Estranho, não me parece nem um pouquinho morto.

Alonso se calou. Percebia-se estar pensando no que ouvira. Depois murmurou:

— Estou sentindo uma canseira muito grande; o corte feito pelo Miguel na minha barriga está sangrando novamente...

Porcaria! Aquele doutorzinho não passa de um incompetente; suturou muito mal. Abre direto e sangra, olhe!

Aproveitando o convite feito a Joana, Paula alongou o pescoço e *olhou*. Realmente sangrava, e muito! Ferida mais feia, *infeccionadíssima*...

— E não quero pensar nestas coisas; fico angustiado, é muito ruim. Afinal, o que deseja de mim, moça?

— Primeiro, gostaria muito de auxiliá-lo a se sentir melhor, estancando esse sangue todo. Depois, não acha que deveria dormir um pouco, descansar?

— Dormir? Nem pensar! Já tentou fazer isso naquele inferno, no meio do lodo fétido, com um monte de gente gritando e gemendo à sua volta? Impossível, moça! Perigoso também, muito perigoso...

— Se concordar, posso levá-lo a um lugar limpo, protegido, com uma cama macia.

— E em troca? Deve desejar algo em troca, provavelmente vai implorar para eu desistir de assediar o maldito Miguel. Nada feito, mocinha!

— Tudo bem; vamos combinar assim: primeiro cuidamos de você, depois conversaremos novamente. Nada de me conceder algo em troca, ok?

— Ok, mas não pense que me engana; tome cuidado comigo!

Minutos depois, Alonso deixava a sala, mergulhado em profundo sono, facilitado por sua concordância e induzido magneticamente pelos trabalhadores da mesa. Depois, um a um, foram-se retirando, após amoroso cumprimento de despedida, restando somente os dois jovens instrutores, Paula, Joana e Eduardo na sala.

Mais que depressa, Paula tratou de perguntar:

— Joana, essa sua conversa com o Alonso... Estranhei, sabia? Esperava que tentasse convencê-lo de seus erros, que falasse em Jesus...

Joana sorriu.

— De que adiantaria falar de Jesus para nosso infeliz irmão, se o Mestre ainda nada significa para ele? Alonso encontra-se em um estágio evolutivo no qual só pensa em si mesmo e nas sensações ligadas à matéria. Lancei uma sementinha de dúvida a respeito do sofrimento infligido a outras pessoas e o fiz através de seus filhos, embora ele os ame de uma maneira muito instintiva ainda. Quando baixou a guarda por instantes, aproveitei para falar de suas dores, do sangramento, da exaustão, oferecendo ajuda.

— Mas você não deveria insistir para que deixasse o Miguel em paz, esclarecendo o despropósito de julgar o rapaz culpado?

— Também de nada adiantaria, pois está com essa ideia fixa de vingança desde seu desencarne, tendo escolhido Miguel como bode expiatório, jogando a culpa do ocorrido no rapaz em vez de assumir sua responsabilidade na história toda, usando desse artifício para aliviar o próprio sentimento de culpa e frustração. Bater nessa tecla seria perda de tempo. Qual era o objetivo de meu diálogo com Alonso? Conseguir uma brecha que permitisse afastá-lo temporariamente de Miguel, concedendo a nosso amigo tempo para efetuar salutares mudanças: perdoar-se, aprender um pouco sobre as realidades espirituais, elevar seu padrão vibratório. Dessa maneira, Alonso não mais conseguirá chegar perto dele, entende?

— Bom para o Miguel, mas... e o Alonso? Não vai sair daquele sofrimento todo?

— Vai depender do Alonso, Paula. A Terra, na qualidade de escola, seria como um cadinho, possibilitando a depuração de sentimentos das mais variadas classes de Espíritos encarnados, convivendo bons e maus ao lado uns dos outros, não é assim?

— Realmente...

— Na esfera espiritual, porém, a coisa muda de figura; os espaços de convivência são determinados pela lei da afinidade, de acordo com a semelhança de sentimentos. Dessa maneira, ao despertar, Alonso será atraído para o local de sofrimento por ele descrito em nossa conversa, ao lado dos que sentem e pensam da mesma maneira. Esse *inferno* resulta da criação mental desses Espíritos em desequilíbrio, e ele assim permanecerá enquanto sua consciência não despertar. Quando isso ocorrer, implorará pela ajuda de Deus, reconhecendo por fim a existência do Criador e começando a se submeter a Suas leis. Somente então poderemos agir, encaminhando-o para um posto socorrista.

— Vai demorar?

— Acredito que sim... Sua hora de redenção chegará, no entanto, pois todos somos impelidos inexoravelmente ao progresso espiritual.

O MISTÉRIO DOS CRAVOS VERMELHOS

Marcos acordou bem cedo, logo tratando de apurar os ouvidos... tudo quieto no quarto de Miguel. De um salto abandonou o sofá, espiando pela porta entreaberta, tranquilizando-se de imediato, pois o rapaz dormia, uma expressão de serenidade no rosto. Em compensação, seu corpo doía, denunciando a noite desconfortável, solicitando urgentes exercícios de alongamento. Ah, o conforto de sua cama! Tratou de espantar para bem longe os pensamentos egoísticos, prevendo mais algumas noites semelhantes no sofá. O relógio da antessala assinalava seis horas... Cedo, muito cedo, e o tempo parecia não passar! Depois de folhear algumas revistas, decidiu ir até a cozinha da mansão.

Rosa espantou-se com sua chegada.

— Marcos, caiu da cama? Tudo bem com o rapaz?

— Dorme como um anjo. Aproveitei para tomar um café, comer um pedacinho deste incrível bolo de fubá recém-tirado do forno... Ah! E um suquinho de laranja esperto! E desço logo depois, porque o Miguel pode despertar e entrar em pânico, sabe como é... Não esquente, Rosa, eu me sirvo, sente aqui comigo e faça companhia; detesto comer sozinho! E o Manolo?

— Dormindo, acredita? Meu marido está ficando dorminhoco de uns tempos para cá!

Chegando justo naquele instante, ainda de pijama, bem-humorado, Manolo retrucava:

— Dorminhoco! Isso é jeito de falar a meu respeito, Rosa? Estou sim é morto de canseira, canseira da preocupação toda com o que vem sucedendo nesta casa. Esse caso do Miguel, por exemplo. Quem garante a recuperação desse pobre rapaz?

— O Eduardo acredita que dará tudo certo, se tomarmos as providências recomendadas pelo Espiritismo nesses casos de obsessão. Estou apostando nisso, já que nada nos resta fazer. O doutor Luís ministrou o sedativo, afirmando ser bem leve, somente para proporcionar uma boa noite de sono. Parece ter acertado... Gente, vou descendo! Por favor, Rosa, lá pelas nove mande a copeira levar o desjejum do Miguel. Fui!

Rosa e Manolo ficaram vendo o rapaz descer apressado o caminho do alojamento.

Tudo continuava silencioso. Esticou-se no sofá, decidido a esperar, acabando por pegar no sono, interrompido quando uma das serviçais da casa colocou a bandeja sobre a mesa, avisando:

— O café do moço, seu Marcos. A dona Rosa mandou para o senhor também, disse que podia querer.

— Caí no sono... que horas são?

— Passa das nove... O senhor deseja mais alguma coisa? Preciso voltar para a cozinha...

— Pode ir, vou acordar o Miguel.

No quarto, nem sombra da presença ameaçadora de Alonso. Decidiu não interromper o sono profundo do rapaz, deixando-o descansar, pois há muito não o fazia despreocupado da presença do antigo carcereiro. Voltou para a saleta, resolvendo aproveitar o desjejum enviado por Rosa, descobrindo ainda estar com fome. Depois, acomodou-se na *chaise-longue*, lamentando ter esquecido em seu quarto o *smartphone*, pois o tempo parecia não passar durante aquela espera. Lá fora, o canto dos pássaros nos arvoredos, o barulho das águas do riacho rolando sobre as pedras... A revista escorregou de suas mãos, e ele mergulhou no sono novamente, sequer percebendo quando as meninas abandonaram o setor feminino dos alojamentos, subindo para o local destinado à terapia de grupo, em uma das alas da mansão.

Uma mão em seu braço o despertou, fazendo-o pular do sofá, gritando assustado:

— Alonso!

— Não, Marcos, sou eu, Miguel... Acorde, amigo, uma moça trouxe nosso almoço, parece muito bom mesmo. Estou varado de fome!

Marcos ficou olhando para o rapaz, mal podendo acreditar: estava de banho tomado e barba feita, vestia bermuda e camiseta limpinhas e cheirava a cara loção masculina... a sua loção, presente de Cláudia!

Miguel sorriu timidamente, dizendo:

— Passei um pouquinho de seu perfume, só um pouquinho, espero que não se importe. Um cheiro da hora, coisa finíssima. Vamos comer? Não aguento mais esperar, cara!

Os dias seguintes demonstraram claramente que Alonso não mais estava na casa, tendo deixado Miguel em paz. Seria para sempre? Uma dúvida preocupante... Pensando nisso, naquela tarde Eduardo desceu até o alojamento para um conversa séria com o rapaz, encontrando-o no píer, olhos fixos nas águas. Ao perceber sua chegada, levantou-se, recebendo-o:

— Eduardo!

— Olá, Miguel! Tudo bem? Pensei em batermos um papo.

— Claro! Querem que eu vá embora, não é? Depois daquele lamentável episódio de loucura, quando acreditava estar vendo gente morta, conversando inclusive com minhas visões, não censuro vocês por me desejarem bem longe daqui... Estou dando trabalho!

— Não, Miguel, muito pelo contrário, queremos que continue conosco.

— Tem certeza?

— Claro, gostamos muito de você; aquilo tudo pode ser facilmente superado, mas...

— Então tem um *mas*...

— ... mas você precisa sair desse isolamento! Vive entocado em seu quarto, recusa-se a participar das atividades do projeto, sequer concorda em fazer suas refeições ao lado das meninas, forçando-nos a servi-lo separadamente.

— Não tenho motivo algum para buscar a companhia de outras pessoas, Eduardo! Essa coisa toda do tráfico sexual foi horrível. Acreditei na possibilidade de um futuro melhor e acabei violentado!

— Miguel, pense: por acaso teria sido diferente com as meninas? No entanto, elas acreditam em superar a tragédia e recomeçar, não é? E não dispõem pelo menos de um país para retornar, pois a guerra assola a terra delas, a corrupção impera, podem ser escravizadas novamente. Você, meu amigo, tem uma pátria linda, repleta de luz e alegria, para onde pode voltar quando quiser. E uma carreira para recomeçar!

— E essa do Alonso, que só pode ser coisa da minha cabeça endoidando?

— Miguel, nossos hóspedes perfazem um número de onze. Até o momento, o único com a faculdade de enxergar os desencarnados...

— ... os mortos, pode usar a palavra certa, Eduardo, *eu vejo os mortos*!

Eduardo sorriu:

— O Alonso parecia *morto* para você?

— Não, e isso me assusta ainda mais!

— Porque somente o corpo físico do Alonso deixou de existir, *a terra comeu*, como dizia minha avó. A carne se foi, mas o Espírito continua vivo, pois é imortal. Por isso costumamos usar o termo desencarnado, entende? Então, continuando, como você consegue ver os desencarnados, sou forçado a esclarecê-lo sobre algumas verdades a respeito do mundo espiritual, sem as quais continuará nesse sofrimento inútil, resultado da ignorância. Olhe, sabe aquela turminha do lanche lá na mansão?

— Eles lancharam numa felicidade total, e eu fiquei escutando aquelas barbaridades ditas pelo fantasma do Alonso; a comida não descia...

— Aquelas pessoas tão simpáticas iniciaram um estudo envolvendo a espiritualidade, e estou convocando você a participar dele.

— Convocando, não convidando?

— Exatamente, Miguel, convocando!

— Se eu não aceitar...?

— Provavelmente, daqui a alguns dias dará de cara com Alonso em seu quarto novamente!

— Isso é uma ameaça?

— Não, simplesmente estou deduzindo, Miguel. Quer enfrentar o Alonso em vez de uma reunião legal, com direito a um lanche maravilhoso da Rosa? Pode escolher...

— Vou participar; qual é o horário?

Dessa maneira, Miguel integrou-se ao grupo de estudantes, passando a entender os fenômenos inerentes à sua mediunidade e apegando-se a Eduardo, com ele mantendo longas conversas, a ponto de Cláudia implicar:

— Que tanto fala com esse moço, primo? Esqueceu inclusive da gente...

Marcos desatou a rir.

— Minha deusa tem ciúme até de você! A Márcia, no entanto, parece não se importar... Não é, Márcia?

A moça olhou atravessado para Marquinhos, como se desejasse dar uma resposta nada agradável, contudo sorriu, afirmando:

— De modo algum! Seria um absurdo se sentisse ciúmes pelo fato de *meu esposo* estar esclarecendo Miguel. Aliás, eu me garanto, deveriam saber disso. O Eduardo é meu!

— Viu, amor? Sentiu só a segurança?

Cláudia nada retrucou, saindo da sala de cabeça erguida, após fazer uma careta para o noivo. Na cozinha, desabou ruidosamente sobre uma cadeira, a ponto de causar estranheza a Rosa, ocupada em montar uma sobremesa para o almoço do dia seguinte:

— Essa Márcia é um entojo! Não desce, entende? Sempre com aquele nariz empinado, como se fosse a rainha da cocada preta! E tem outra coisa: reparou como trata você? Pensa que é empregada dela!

— Não estou ligando para isso, Cláudia. Provavelmente acha que ser dona de casa é coisa de menos importância, sabe de minha condição servindo os senhores desta casa por décadas, e não me envergonho disso de maneira alguma. Hoje, graças à bondade de dona Mercedes, temos muito dinheiro, mas adoramos viver aqui com vocês; são nossa família. A cozinha sempre foi meu local predileto; gosto de cozinhar essas delícias que fazem todos suspirarem de prazer. Poderia muito bem ficar flanando por aí, ou dar uma de madame depois de velha. Deus me livre! Sou feliz assim, do meu jeito, entende?

Se a Márcia torce o narizinho dela para mim, problema da *senhora psicóloga*! Eu me amo, pronto!

— Ah, mas eu me importo, Rosa. Tinha de escutar a empáfia dela, afirmando ser *a proprietária do Eduardo*. Falava olhando para a Lalinha, acredita? *Não sinto ciúmes!* Será mesmo? Quero ver se a Lalinha chegar muito perto do primo, ah, se quero!

— Cláudia, deixe disso, pode acabar em encrenca! A Lalinha se aborrecerá...

A modelo abandonou o recinto pisando firme, enveredando para os lados do caramanchão de rosas, um ar pensativo e matreiro no belo rosto.

Dias depois, magnífico ramalhete de cravos vermelhos era entregue na guarita de entrada da propriedade, destinado a... Eduardo! No cartão, somente uma frase: *Nunca te esquecerei!*

Ao receber as flores, Eduardo ficou perplexo, depois avermelhou, rasgando imediatamente o cartão e solicitando a uma das serviçais que dispusesse as flores em um vaso da biblioteca.

Nos dias seguintes, outros ramalhetes apareceram, todos de rubros cravos, sempre anônimos, sendo impossível deixar de notar as belíssimas e perfumadas flores, dispostas em diversos ambientes. Certa noite, após o jantar, ao receber as flores entregues por uma das empregadas, o rapaz enfrentou os risos maliciosos do grupo reunido na sala para o cafezinho, e Márcia foi forçada a deixar de lado sua arrogante postura de falsa indiferença. Irritadíssima, indagou:

— Suas flores chegaram, Eduardo? O que diz o cartão, posso ver?

Quase no final da semana, a moça encontrava-se à beira de uma crise de nervos. Eduardo em vão afirmava desconhecer a origem e o porquê daquelas misteriosas entregas, sugerindo à esposa que desconsiderasse a evidente provocação, por certo destinada a minar-lhes o bom relacionamento afetivo.

Na tarde do sábado, reuniram-se os hóspedes e moradores da casa para o lanche, todos rindo e brincando, esquecidos das tais flores. Do nada, Márcia encarou firme Lalinha, perguntando à queima-roupa, em tom alto e agressivo:

– Por que está fazendo isso, Lalinha? Quer o Eduardo de volta, não é? Esqueça!

Todos silenciaram, pressentindo confusão. Sentindo o peso dos muitos olhos, a moça nada respondeu, preferindo abandonar a varanda, desaparecendo entre as aleias floridas do jardim. Minutos depois, Marcos encontrou-a sentada em um banco, chorando mansamente.

– Que foi aquilo, minha irmã? Você não tem nada a ver com essa história dos cravos, ou tem?

– Claro que não, Marcos! Mas que pergunta é essa? Deve ser alguma brincadeira de mau gosto...

– ... ou o Eduardo não é tão santo como pensamos!

– Acredito na lealdade do Eduardo, jamais faria algo assim, um caso por aí, ainda mais com alguém capaz de uma coisa dessas... Impossível!

– A Márcia desceu a lenha depois de sua saída, disse inclusive que estava fugindo para não enfrentá-la. O Eduardo vai penar nas mãos dela; está furiosa, acha que ele tem culpa, entende? Muita sorte dela a Cláudia estar fora durante esta semana. A minha deusa jamais permitiria um barraco desses na mansão, acusando você ainda por cima! Ah, a Márcia iria ver!

– Graças a Deus a Cláudia está desfilando fora de Barcelona, Marcos!

Para azar de Lalinha, as entregas cessaram. Triunfante, Márcia alardeava aos quatro cantos:

– Não falei? Foi só enfrentar a *dona santinha do pau oco* e a coisa parou na hora!

Eduardo ainda tentava contemporizar:

– Márcia, por favor, vamos encerrar este assunto. As pessoas estão ficando chateadas com essa sua insistência em acusar a Lalinha. Não temos provas da culpa da moça, somente suposições suas... Não vale a pena perder nossa paz por algo tão insignificante, flores com cartão anônimo! Olhe, moramos na casa do Marcos, ele tem o maior prazer nisso, somos tratados como príncipes, nada nos falta...

— Não é bem assim! Mandei a Rosa levar umas roupas nossas para lavar e ela não obedeceu, acredita? Enviou a moça da lavanderia para pegá-las! Quem ela pensa que é? Na certa gosta mais da sua ex-namorada, afinal ambas não passam de umas domésticas sem instrução!

— Márcia!

— É isso mesmo! Se o Marcos não fosse rico, a Lalinha estaria esfregando o chão... junto com a desaforada da Rosa!

— Para seu conhecimento, Rosa e Manolo estão nesta casa na qualidade de amigos, assim como nós, minha querida. Se quisessem, poderiam ter uma belíssima casa, um apartamento de luxo talvez, pois a dona Mercedes lhes legou uma soma enorme em seu testamento. São ricos; moram aqui por opção, consideram-se parte de nossa família.

— Da minha família, não mesmo! Falando a verdade, melhor seria se tivéssemos nossa casa bem longe daqui.

— E o projeto, Márcia?

— Dane-se o projeto! E tem mais: vou passar uns tempos com amigos; retorno apenas quando essa coisa toda estiver esclarecida, entendeu? Com certeza, nesta casa só cabe uma de nós duas... a Lalinha ou eu!

O rapaz ficou olhando para a esposa, percebendo ódio nos olhos dela, ódio contra Lalinha. Depois da conversa com o marido, Márcia deixou a mansão com muitas malas, sequer mencionando o endereço dos amigos. Eduardo nada disse, permanecendo trancado na biblioteca, pensativo e triste. Certamente, aquela não era a Márcia gentil e amorosa com a qual acreditara ter casado, movido por uma paixão avassaladora e inexplicável.

Alguns dias se passaram sem nenhuma novidade. A tarde caía lentamente sobre a propriedade, e Eduardo resolveu dar uma volta pelos jardins, procurando recuperar um pouco do equilíbrio perdido desde a desgastante cena com a esposa. De repente, viu-se diante do caramanchão de rosas, deparando com Lalinha sentada no banco de mármore, entregue a pensamentos nada agradáveis, a julgar pela tristeza em seu semblante habitualmente sereno.

— Lalinha...

— Não sou eu, Eduardo! Juro! Jamais os colocaria nessa situação, jamais! Você sabe muito bem de meus sentimentos, não conseguiria bani-los de meu coração de uma hora para outra. No entanto, a partir do momento em que escolheu a Márcia, aceitei, pois amor não se impõe.

— Acredito, Lalinha, mas a Márcia está uma fera; estivemos discutindo quase diariamente, ela não pensa em outra coisa, chega a ser irracional.

— Eduardo, desculpe a pergunta, mas andou tendo namoro ou caso com alguém nesta cidade ou em algum desses seu lugares de trabalho?

— Claro que não!

— Então, meu amigo, a pessoa envolvida nessa história certamente nos conhece. E não se trata de alguém sem recursos, pois os ramalhetes são muito caros, devem vir de alguma floricultura chique.

— Não encontrei nada sinalizando a origem das flores, nenhum daqueles adesivos comumente utilizados. A mensagem impressa no cartão repete-se, acredita?

— Siga o entregador, então!

— Para fazer isso, preciso estar presente na hora da entrega na guarita. Recebo as flores depois, através das mãos de um dos serviçais. Por favor, desculpe a Márcia, tão transtornada está que decidiu passar uns dias em casa de amigos, intimando-me a resolver o problema. E não quer mais ficar nesta casa, acredita? Deseja abandonar o projeto e espera o mesmo de mim.

– Você precisa resolver com urgência o mistério dos cravos vermelhos, Eduardo! Fale com os vigias, combine com eles para segurar o entregador, avisando-o imediatamente.

– Não sabe como me envergonho dessa confusão toda. Há alguns dias nada acontece, reparou? Pode ser que as entregas tenham cessado, e não vou ter como atender à exigência da Márcia.

Na manhã do dia seguinte, mais uma entrega! Desta vez, Eduardo estava de sobreaviso. À tarde, irrompia na casa como um furacão:

– Rosa, cadê a Cláudia?

– Trabalhando, ainda não retornou da série de desfiles para aquela confecção famosa.

– Algum problema, Eduardo?

Encarando Marcos, que naquele instante adentrava a cozinha em busca do café recém-passado, cujo cheiro se espalhava pela casa, Eduardo desabafou:

– Um problemão daqueles, cara! Sabe quem está enviando as flores? *A sua noiva!*

Percebendo a gravidade da situação, Marcos tratou de se sentar em uma das cadeiras ao redor da mesa, receoso perguntando:

– Tem certeza?

– Tenho, tenho sim! Finalmente consegui falar com o tal entregador; o vigia segurou o coitado na guarita e eu dei uma prensa nele, depois o subornei com uma gorjeta polpuda... Não tinha culpa de nada, afinal! Ele me forneceu o nome e o endereço da floricultura. *Adivinhe*? Descreveram a moça responsável pela encomenda, dez ramalhetes de cravos vermelhos, cor da paixão, com sofisticado laço de veludo, pagos antecipadamente, caríssimos ainda por cima! Mostrei uma foto da Cláudia e não deu outra! Rosa, o que foi?

— Agora entendo! Ela entrou aqui irritadíssima com a Márcia, porque ela deu uma de superior afirmando não ter ciúmes de você, e anda empinando o nariz por aí, *também*. Sabe como a Cláudia é; sua mulher ainda não desceu goela abaixo... Ah, Eduardo, desculpe, mas temos absoluta certeza de que aquela história de casamento a toque de caixa partiu todinha dela!

Marcos desatou a rir sem parar, sendo interrompido por um furioso Eduardo:

— Isso não é coisa para rir, gente! Está errado, a Márcia ameaçou deixar esta casa, largar o projeto!

Marcos encarou bem firme o indignado rapaz, refletiu um pouco, finalmente despejando:

— Acho muito engraçado, Eduardo, *acho mesmo*! *Quando* engrenou bonitinho seu namoro com a Márcia, *quando* se casou sem avisar nenhum de nós, *quando* foi passar lua de mel em hotel, *quando* tivemos de contar à Lalinha tudo isso, aguentando a barra de vê-la sofrendo *pra burro*, aí estava certo, não é? Nem você, nem a Márcia pensaram em ninguém! E a Márcia, desde então, olha atravessado para a minha irmã, ou não percebe? E não parece topar muito a gente também... a Rosa, a Cláudia, o Manolo, *eu*! Estamos vendo a hora em que vai implicar com os jovens do projeto. Está errado o que a minha deusa fez? Está! Muito errado mesmo; brincadeira de mau gosto, mas não chega nem perto da falta de companheirismo de vocês dois, da arrogância da Márcia, e a gente passou por cima de tudo, ou pelo menos está tentando.

Rosa completou:

— A Cláudia não engole essa de eterna boa moça da Márcia... e eu também não!

Eduardo ficou como petrificado, enquanto Marcos prosseguia:

— Vou falar pessoalmente com a Cláudia, pedindo a ela que se desculpe com a Márcia. Se ela quiser, pois não posso obrigá-la a nada. Enquanto isso, passe para sua esposa como nos sentimos em relação ao comportamento no mínimo sorrateiro de vocês na época do namoro e do casamento e à empáfia boba dela desde então. A Lalinha é minha irmã, melhor amiga da Cláudia, e não lhe desejamos mais sofrimento, por isso invente qualquer coisa, *principalmente para os nossos complicados hóspedes*, encurte essa história absurda de qualquer maneira, e encerramos o lamentável caso numa boa!

Já saindo para o escritório, Marcos acrescentou:

— Acha que a Lalinha não tem sentido ciúmes, Eduardo? Que não sofre, não chora às escondidas? Qual é a sua, cara, ficou cego e burro de repente?

Observando Eduardo indo na direção do píer, Rosa disse baixinho ao assustado Manolo:

— A coisa esquentou! Bem feito para a Márcia, toda cheia de si por ter sido escolhida pelo Eduardo! Grande coisa, sou mais a Lalinha até debaixo d'água!

— Rosa, ela nem deixou o endereço dos amigos, sabia? Como o Eduardo vai entrar em contato, esclarecer essa bagunça armada pela Cláudia?

— Olhe, meu querido, a Cláudia atirou na mosca e acertou no elefante...

— Não estou vendo aonde quer chegar...

— Simples! A brincadeira tinha por objetivo despertar o tal do *ciúme inexistente* da Márcia, porém acabou detonando a pose de certinha dela, e o Eduardo deu de cara com a verdadeira esposa. Na hora da raiva, conforme costumamos dizer, ela desceu do salto, entende? Caiu a máscara! Precisava ver o que disse ao Eduardo lá no quarto deles! Deu até de dedo, Manolo!

— Rosa, como sabe disso, mulher?

— Espionei atrás da porta, *como uma doméstica ignorante*... Ela disse isso, referindo-se a mim e à Lalinha! Então, espionei sim!

— Rosa, Rosa... Nem pense em mencionar essas coisas à Cláudia, vai dar mais encrenca ainda.

– Vou calar minha boca, pode deixar. Mas, se a Claudinha perguntar...

– Ah, mulheres...!

Dessa maneira, encerrou-se o episódio dos cravos vermelhos. Márcia retornou depois de muitos dias, sem ter realizado uma ligação sequer para o preocupado esposo. Simplesmente chegou, sem explicações ou desculpas, como se nada houvesse ocorrido. Eduardo silenciou, evitando discussões maiores. Assim, tudo parecia ter voltado ao normal, no entanto algo mudara no relacionamento, embora ainda não conseguissem precisar o quê.

Ao saber do tumulto provocado por sua inocente brincadeira, Cláudia pediu desculpas ao primo e à esposa. No fundinho do coração, contudo, aplaudia a crise nervosa da *senhora psicóloga*, pois Márcia continuava a lhe desagradar. Marcos, no entanto, conseguiu colocar definitivamente água na fervura, relatando:

– Amor, sabia que a Márcia quer sair desta casa?

– Muito bom para ser verdade!

– É mesmo? Certeza? O Eduardo vai ter de ir junto, são casados, esqueceu? Acho melhor você recolher suas garras de oncinha e ser um pouquinho mais diplomática pelo menos, já que não consegue gostar dela.

– Essa moça tem alguma coisa que não desce, amor! Reparou no Eduardo...

– Parece normal... ou não...?

– Hoje à tarde peguei o primo no pulo, olhando para a Lalinha com uma expressão estranha no rosto...

– Ih... a Márcia estava por perto?

– Não, ultimamente anda estranha também, arredia, caminhando pelos jardins ou sentada no píer, longe de todos. Sabe a Mirna?

– Mirna? Quem é Mirna mesmo?

— Ah, amor, ainda não aprendeu o nome das meninas do projeto? A loira alta, de olhos azuis, que sempre chega atrasada a tudo... Amanhã é aniversário dela, e a Lalinha, a Rosa e as garotas planejaram uma festinha, reunindo-se debaixo daquela árvore enorme perto da cozinha para enrolar docinhos, tipo brigadeiro, beijinho. O Eduardo estava sentado na varanda, observando a bagunça...

— ... e a minha irmã, pelo jeito!

— Verdade! A Lalinha estava linda no vestido branco longo, entremeado de rústicas rendas, o chapéu de abas largas colocando suave sombra em seu rosto; parecia uma daquelas damas de outrora! E o cuidado com que enrolava os docinhos? Ria da falta de jeito das demais, ralhando amorosamente com aquelas esfomeadas. Elas devoraram quase todos os doces, como se nunca os houvessem visto antes, acredita?

— Não viram mesmo, minha deusa. Estas nossas meninas são aquelas provenientes de países pobres e em guerra; não puderam ser mandadas de volta por isso. Acha que tiveram festas de aniversário em suas vidinhas tristes?

— Verdade! Depois que desceram para os quartos no alojamento, a Lalinha fez outras receitas e está enrolando tudo neste momento, com a ajuda da Rosa; as duas não param de rir do esganamento das garotas!

— Por isso aquela confusão toda na cozinha; expulsaram-me de lá só por causa de um brigadeirinho, acredita? Um só que me atrevi a surripiar e me pegaram no ato! Cláudia, algo me diz que o Eduardo escolheu a pessoa errada para se casar.

— Mas... e aquela paixão doida, amor? Acabou assim, de uma hora para a outra?

— Não sei mesmo! Coisa mais complicada, não é? Não vai ajudar as duas com os doces?

Cláudia desatou a rir:

— E acha que já não fui? Depois de dois brigadeiros e um beijinho escamoteados da bandeja, correram comigo de lá!

Mudando de assunto, parece que as coisas estão melhorando, notou?

– É... Como Eduardo faz questão de salientar sempre, tudo tem seu tempo.

– Também, depois daquele horror todo do tráfico, queríamos o quê? Demora mesmo!

Marcos ficou pensativo.

– Cláudia, aquela história do Alonso quase destruiu o Miguel. Foi por pouco! Depois que se desvencilhou da influência de seu obsessor, ele ganhou vida nova. Aceitou viajar com o Fernando e o Fábio naquela turnê de fotos pela Europa, parece até que pintou trabalho para ele, acredita?

– Claro, amor, um rapaz tão bonito! E o estudo com o Eduardo mudou completamente sua maneira de encarar a existência. As meninas também mudaram muito; preparam-se para uma qualificação profissional, e o Javier está estudando com as autoridades uma maneira de permanecerem na Espanha, a fim de continuar os estudos. São tão jovens ainda, podem tornar-se cidadãs exemplares; seria um absurdo mandá-las de volta a seus países, convulsionados pelas guerras.

– Penso assim mesmo, amor! Agora, vamos entrar? Todos já foram dormir e nós aqui, batendo papo.

– Marcos... Não sei o motivo, mas acabei de pensar em seu pai. Nenhuma notícia dele?

– Nada! Sumiu!

– Não receia que apareça por aqui, principalmente depois de as fotos do Fernando estarem em alta nas revistas mais importantes?

– Nem me fale isso, Cláudia! Espero que esteja muito bem, gastando o dinheiro do resgate, feliz... e nos deixe em paz. Vamos entrar?

– O que aconteceu, amor? Ah, não devia ter tocado nesse assunto desagradável, sou mesmo uma boba, desculpe, desculpe...

Esqueça! Olhe que noite mais linda neste nosso pedacinho de paraíso particular...

Marcos percorreu com os olhos o céu estrelado, os jardins... e então enxergou o homem alto e forte, envergando bombachas e botas de cano alto, camisa de mangas largas, agitadas pela brisa noturna. Arrepiou-se todo, uma sensação de angústia apertando-lhe o peito.

— Vamos entrar, amor! Vamos!

Enquanto Rosa e Lalinha repunham os docinhos, os instrutores espirituais Lucien e Adriano observavam Paula sentada na beirada do píer, iluminada pelo magnífico luar.

— Lucien, olhe lá a Paulinha... Pode imaginar quais seriam seus pensamentos?

— Tenho até medo, Adriano! Vamos até lá, descobrimos rapidinho.

— Meninos, onde estavam?

— Olhando a Rosa e a Lalinha enrolando docinhos para a festa de amanhã. Saudade de nosso tempo de criança na Terra.

— Mas as duas não fizeram isso à tarde?

— As meninas comeram tudo! Agora decidiram substituí-los, escondendo-os na dispensa, devidamente camuflados. Pretendem montar um bolo bem grande também, as assadeiras já se encontram no forno. Poderiam muito bem ter encomendado a festa em uma dessas casas especializadas, não acha?

Paula desatou a rir:

— Bem se vê que continuam a raciocinar como homens! Se as duas seguissem esse conselho bobo, onde ficaria o prazer de receber os elogios por suas artísticas produções culinárias?

— Entendemos! Agora, você parece encucada com alguma coisa.

— Uai, e não tenho razão? Analisem comigo! Eduardo, Lalinha e Márcia... Típico triângulo amoroso, não é? Eduardo e Lalinha sentiam-se atraídos mutuamente, aí pintou a Márcia e uma paixão louca separou os dois, pois ocorreu a tal história de reencontro de um amor do passado... Beijos e abraços, agarramentos sem fim, passeios românticos, casamento, lua de mel tórrida... estão acompanhando meu raciocínio?

— Sim.

— Quantos meses têm de casados? Uns oito? Repararam que a coisa toda esfriou de repente, que nenhum dos dois parece satisfeito com o relacionamento? E o tal *grande amor do passado*, gente? Lucien, você justificou o fato de o Eduardo ter dispensado Lalinha, assumindo radicalmente a Márcia, usando esse amor como argumento, não foi assim? E o Adriano apoiou sua colocação!

— Parece...

— Não tem nada de parece, gente, foi assim, tenho boa memória!

Lucien e Adriano compreenderam: havia sobrado para eles!

A mocinha prosseguia:

— É minha impressão ou o Eduardo está decepcionado com a Márcia? Por mais que se esforce, não consegue manter um diálogo distante de frivolidades com a *nossa psicóloga.*

— Paula, está usando as palavras da Cláudia... *nossa psicóloga*! Por quê?

— Provavelmente porque a moça deveria entender um pouquinho mais dela mesma e da alma dos outros, não acha, Adriano? A *ignorante* da Lalinha consegue! Percebem a dificuldade da Márcia em se relacionar de maneira empática com as pessoas? Ah, deixem isso para lá! Vamos voltar ao amor de outrora entre ela e o Eduardo... ou talvez deva dizer paixão? Afinal, existe diferença?

Adriano fez um sinal a Lucien, pedindo permissão para conduzir a longa explicação:

— Vamos retroceder, Paula, ao momento em que Eduardo e Márcia se conheceram no passado, há séculos, ambos muito jovens, de repente dominados por intensa atração, corações batendo mais forte... Tudo ao redor dos dois passou a ser de menor importância, uma vontade incontrolável de estar um com o outro. Esse seria o início daquilo conhecido como paixão.

Do ponto de vista científico, a paixão envolve uma intensa atividade cerebral e hormonal, tendo efeito muito similar a certas drogas ilícitas, como cocaína, morfina, anfetaminas. Quando se está apaixonado, o distanciamento do outro parece muito com uma crise de abstinência. Só para estabelecer parâmetros de comparação, fisicamente a abstinência dessas drogas poderia ocasionar suores intensos, taquicardia, tensão muscular, aperto no peito, dificuldade em respirar, tremores, náuseas, vômitos, diarreia; emocionalmente, provocaria ansiedade, irritabilidade, insônia, dores de cabeça, falta de concentração, depressão, isolamento social.

— Então o nosso casalzinho do passado, drasticamente separado, deve ter sofrido muito!

— Sem dúvida! Quando a paixão pode ser vivenciada, constitui motivo de alegria e prazer, porém, ao ser cerceada de maneira radical e cruel, causa muita dor e até traumas que podem estender-se por reencarnações adiante.

Toda paixão envolve a idealização do objeto de desejo, ou seja, o apaixonado projeta no outro uma verdade somente existente em sua cabeça, transferindo-lhe a totalidade dos próprios anseios, fantasias e sonhos de amor...

— Assim sendo, o outro seria simplesmente um reflexo de nós mesmos!

— Isso, Paula! Um universo de expectativas é criado, constituindo o nosso ideal do outro, *aquilo que achamos que ele é*. Com o passar do tempo, essas expectativas começam a se frustrar e nenhuma paixão sobrevive baseada nesses parâmetros inicialmente criados. Toda paixão tem um prazo de validade, podendo durar meses e até dois ou três anos, sabia?

— Mas acaba?

— Com aquela euforia inicial, *tem de acabar*, pois não há organismo físico que aguente! A relação precisa crescer para ser saudável, toda aquela empolgação do começo necessita ser gradualmente substituída pela construção dos vínculos de amor, de acordo com o estágio evolutivo de cada criatura. Cada um ama como consegue! Muitas vezes, Paula, os encontros existenciais resumem-se a simples atração física, logo a paixão acaba e, inexistindo indícios de amor ou outro interesse comum, sucede o natural término da relação. No entanto, naqueles casos em que existir um prévio compromisso reencarnatório, haverá uma continuidade do vínculo estabelecido inicialmente pela paixão, e os conflitos surgidos no decorrer do convívio, decorrentes das imperfeições espirituais de ambos, solicitarão um aprendizado do amor.

— E se não conseguirem manter a relação?

— Separam-se, mas a pendência persiste, necessitando ser vivenciada em outra existência. Agora, Paulinha, vamos voltar lá aos nossos amigos? Quando a paixão deles se interrompeu?

— No comecinho, Adriano! Olharam-se, saíram faíscas, quiseram ficar perto, mas foram barrados...

— Exato. Impedidos de vivenciar essa experiência natural a todo ser humano, registraram no inconsciente as emoções decorrentes do episódio frustrante, apresentando, nas futuras reencarnações, vestígios do ocorrido, expressos principalmente através do medo do envolvimento emocional e da busca por um alguém perdido no tempo. Assim se justifica o reencontro dos dois em dias atuais, na tentativa de erradicar conflitos remanescentes.

— Já pensaram, meninos, que a paixão deles no passado poderia ter dado em nada se aquele pai do moço não fosse tão controlador? Passada aquela fase inicial de arrebatamento e cegueira, olhariam um para o outro, contemplando a realidade de cada um, os defeitos...

Adriano cedeu a continuidade da conversa com a mineirinha a Lucien:

— ... como normalmente ocorre em muitos dos relacionamentos, Paula. No entanto, enxergar o outro sem máscaras não impossibilita o relacionamento afetivo, pois aprendemos a aceitar o outro, amando-o sem expectativas.

— Sei não, Lucien... O Eduardo parece equilibrado, consciente do que se espera de um casamento, mas a Márcia está perdidinha. Fica perambulando pelos jardins, tentando descobrir a razão de ter-se envolvido tão depressa com o Eduardo, pois são muito *diferentes*! A Cláudia pressentiu muito bem a confusão emocional da esposa do primo. Será que vão continuar casados ou ela vai *chutar o balde*? Sabia que tem um paquera no meio daqueles tais amigos?

— Paula, andou xeretando *de novo*?

— Uai, sou bem informada, não fico aí desligada como vocês! E ela está bem entusiasmada... Acho que a paixão pelo nosso Eduardo está no finzinho; o coração da Márcia tem batido mais forte por esse rapaz, parecidíssimo com ela, aliás, ligado a coisas mundanas, querendo aproveitar a vida...

— Não sabemos o final dessa história, dependerá do Eduardo e da Márcia somente.

— Ah, meu Jesus, *vamos ter de esperar mais uma vez*? Não dá para dar um empurrãozinho de leve, Lucien?

— Não mesmo!

— Torcer pela Lalinha pode?

— Não, pois estaria influenciando, Paula! Mantenha-se neutra, por favor; de maneira alguma devemos interferir no livre-arbítrio dos dois.

— Esse encontro do Eduardo e da Márcia servirá, pelo menos, para acabar com aquela frustração doida da paixão do passado?

— Acredito que sim. Vamos regressar à nossa colônia?

Segundos depois, o tablado encontrava-se deserto. Todos dormiam na mansão... Então, o Espírito pressentido por Marcos adentrou a casa, percorrendo os espaços como se procurasse por alguém, um nome vibrando dolorosamente:

— Vicêncio, Vicêncio...

No alojamento masculino, agora deserto pela viagem prolongada de Miguel, um homem dormia tranquilamente, escondido dos olhos de todos: José Luís!

Mas... e agora? A história acaba justo na hora em que aparece a misteriosa figura do homem alto e forte, com suas bombachas, botas de cano alto e branca camisa de mangas amplas e bufantes, perambulando silenciosamente pela propriedade na calada da noite, somente pressentido por Marquinhos?

No terceiro e último livro sobre a sexualidade humana, denominado CARLA, presenciaremos a trajetória do belo e misterioso personagem, a intrigante narrativa envolvendo a controversa figura de Carla, a jovem brasileira colega de Joana, suspeita de estar envolvida no esquema de escravidão branca, tragicamente seviciada e morta em Barcelona, assim como detalhes derradeiros da saga envolvendo os personagens das três obras, JOANA, FERNANDO E CARLA. Aguardem!

Joana

Cirinéia Iolanda Maffei ditado pelo espírito Lucien

416 páginas | Romance | 16x23 cm

Uma adolescente de treze anos, que vive em uma das favelas do Rio do Janeiro, envolve-se com Nicolas: um rapaz sedutor que lhe dá a falsa sensação de resgatá-la de uma vida simples e sofrida. Um inocente passeio em Angra dos Reis termina com seu sequestro e envio para Barcelona, onde se vê envolvida com uma quadrilha dedicada à exploração sexual. Uma pergunta não formulada permanece o tempo todo: afinal, quanto conhecemos sobre nossa sexualidade e o que nos incita a ser da maneira como somos em relação ao sexo e ao amor?

17 3531.4444 | boanova@boanova.net | www.boanova.net

CAMÉLIAS DE LUZ

Cirinéia Iolanda Maffei
ditado por Antonio Frederico

Romance
Formato: 16x23cm
Páginas: 384

No Brasil do final do século XIX, três mulheres têm suas existências entrelaçadas novamente... Seus amores, paixões, derrotas e conquistas... Uma história real, lindamente narrada pelo Espírito Antônio Frederico, tendo como cenários as fazendas de Minas Gerais e o Rio de Janeiro pré-abolicionista... Pairando acima de tudo, as camélias, símbolos da liberdade!

O amor restabelecendo o equilíbrio. Mais do que isso, o autor espiritual descerra aos olhos do leitor acontecimentos que fazem parte da história de nosso país, abordando-os sob o prisma espiritual. As camélias do quilombo do Leblon, símbolos da luta sem sangue pela liberdade de um povo, resplandecem em toda a sua delicadeza. Uma história que jamais será esquecida...

 www.boanova.net

 www.facebook.com/boanovaed

 www.instagram.com/boanovaed

 www.youtube.com/boanovaeditora

17 3531.4444 | boanova@boanova.net | www.boanova.net

Levamos o livro espírita cada vez mais longe!

Av. Porto Ferreira, 1031 | Parque Iracema
CEP 15809-020 | Catanduva-SP

www.**boanova**.net

boanova@boanova.net

17 3531.4444

17 99777.7413

Siga-nos em nossas redes sociais.

@boanovaed   boanovaeditora

CURTA, COMENTE, COMPARTILHE E SALVE.
utilize #boanovaeditora

Acesse nossa loja

Fale pelo whatsapp